幼小衔接
课程一体贯通的
区域实践

杜旭红◎主编

华东师范大学出版社
·上海·

图书在版编目（CIP）数据

幼小衔接课程一体贯通的区域实践 / 杜旭红主编.
上海：华东师范大学出版社, 2024. -- （迈向高质量的
幼小衔接）. -- ISBN 978-7-5760-5485-9

Ⅰ. G612

中国国家版本馆CIP数据核字第2024PC3421号

幼小衔接课程一体贯通的区域实践

主　　编　杜旭红
副 主 编　金晓润
责任编辑　蒋　将
责任校对　张　筝
装帧设计　卢晓红

出版发行　华东师范大学出版社
社　　址　上海市中山北路3663号　邮编 200062
网　　址　www.ecnupress.com.cn
电　　话　021－60821666　行政传真 021－62572105
客服电话　021－62865537　门市（邮购）电话 021－62869887
地　　址　上海市中山北路3663号华东师范大学校内先锋路口
网　　店　http://hdsdcbs.tmall.com

印 刷 者　上海颛辉印刷厂有限公司
开　　本　787毫米×1092毫米　1/16
印　　张　17.75
字　　数　343千字
版　　次　2025年1月第1版
印　　次　2025年5月第2次
书　　号　ISBN 978－7－5760－5485－9
定　　价　60.00元

出 版 人　王　焰

（如发现本版图书有印订质量问题,请寄回本社客服中心调换或电话021-62865537联系）

目 录

前 言

"幼小衔接"指的是儿童从幼儿园平稳过渡到小学的教育过程，而这一过程对孩子们能否顺利适应角色和环境的转变，以及积极面对小学阶段的学习和生活至关重要。长期以来，"幼小衔接"一直是我国基础教育的重点关注领域，同时也是教育改革中的难点所在。近年来，国家、省、市各级政府陆续发布了一系列政策文件和实施方案，标志着幼小衔接工作正从理念的树立转向具体行动，从单一执行转向科学规划，从单向衔接转向双向互动。

在这一背景下，2021年5月，宁波市鄞州区被确定为浙江省幼儿园与小学科学衔接实验区，率先提出"全成长"理念，开展区域性的幼小衔接实践。同年11月，鄞州区有幸参与由华东师范大学黄瑾教授主持的全国教育科学规划课题"多主体协同的幼小衔接支持系统及运行机制研究"，专注于"幼小课程一体贯通"的行动研究探索，旨在基于儿童连续性发展，聚焦核心素养导向，建立幼小一体贯通的课程衔接。

在两年来的行动实践中，鄞州区教育局采取了全区统一规划，同步推进幼儿园的入学准备和小学的入学适应教育。基于充分的调研和综合考虑，教育局选定了第一批试点幼儿园和小学，并以"一对一"的方式开展工作。这五对试点园校分别是：宁波市李惠利幼儿园教育集团樱花园与宁波市四眼碶小学教育集团樱花校区、宁波市江东实验幼儿园教育集团镇安园与宁波市镇安小学、宁波市新城第一幼儿园与宁波市新城实验学校、宁波市鄞州区瞻岐镇中心幼儿园与宁波市鄞州区瞻岐镇中心小学、宁波市鄞州区云龙镇中心幼儿园与宁波市鄞州区云龙镇王笙舲小学。通过这些实验园校的前期实践和实验前测，鄞州区在2023年底进一步扩大试点范围，确定了22对"一对多"形式的试点幼儿园及学校，以检验实验成果的有效性。基于对实验效果的充分总结，2024年又开始在全区范围内全面推广幼小衔接课程贯通一体的实验成果。每一批试点园校的实践都涵盖了城市和乡镇不同类型的幼儿园，并建立了深度协作机制。通过不断总结实践经验，形成了具有鄞州特色的双向衔接模式。

通过实践，我们见证了全区幼儿园和小学的积极参与和投入，教育理念不断更新，实践方法不断创新，众多鲜活案例不断涌现。这些宝贵的经验和资源需要被系统地整理、记录和保存。本书的编写不仅是对幼小科学衔接问题的深入探讨，也是对实践研究过程的真实记录，更是对区域实践研究成果的宝贵积累。

幼小衔接课程一体贯通实践的推进得到了宁波市鄞州区教育局和鄞州区教育学院领导的大力支持。在他们的持续引领下，幼小衔接课程一体贯通实践不仅获得了政策上的坚实支持，更在实践层面迎来了前所未有的发展机遇。全区针对幼儿园五大领域及小学各学科组建了幼小衔接六个学习与发展领域，将区域内名师、特级教师纳入其中，带领骨干教师不断实践。他们在直面原有幼小衔接问题的基础上，勇于打破常规，通过不断的对话了解两个学段儿童的认知特点、身心特点、生活特点和学习特点，在挑战中不断反思、调整和完善，形成了众多鲜活的实践案例。

在本书的编写过程中，我们还得到了众多专家和学者的大力支持与帮助。特别是华东师范大学的黄瑾教授，她以前瞻性的理念视角、深厚的学术功底和严谨的治学态度，为我们提供了宝贵的指导。两年多来，她一直关注并指导鄞州幼小衔接的全过程，不仅对本书的理论框架和研究方法提出了建议，还花费大量时间审阅了我们的初稿，并提出了许多建设性的修改意见。感谢华东师范大学的博士生李文娟、王希、熊灿灿，不仅帮助我们架构框架、整理文本，还分享了诸多相关文献、数据资料，帮助我们打开思路。在此，也对华东师范大学出版社蒋将老师对本书编辑出版所给予的大力支持一并表示感谢。

本书由杜旭红和金晓润组织编写，共计八章，具体分工如下：第一章由杜旭红、王希撰写；第二章由严立飞、周依林、吕娜、张萍、朱寅、陈红红撰写；第三章由李维、陈微刚、王芸芸、华星辰、林斌肖、郁磊撰写；第四章由赵培敏、徐畅、徐松炬、胡双双、傅玲燕、高杰旭撰写；第五章由沈百军、周春未、严益红、蔡碧艳、王璐撰写；第六章由张朝辉、潘才冬、娄红丹、刘帆、郁静波、王成撰写；第七章由许颖、周琦、林小桃、韦红霞、陈夏、邱情、郭瑾、吴沁芳、张浩瑛、李霜菊撰写；第八章由沈百军、李文娟、蔡碧艳、严利琴、郑楠、戴娇娜、黄林锋、徐金丰撰写。

在实践、研究、梳理与总结中，我们还有不尽完善之处。感谢给予我们信任和支持的每一位读者，希望通过本书的分享，能够激发更多教育工作者和家长对幼小衔接问题的关注和思考。我们期待每一个孩子都能在这一关键时期得到充分的支持和帮助，顺利地迈向人生的新阶段。

杜旭红

2024 年 8 月

第一章 ／

幼小衔接课程一体贯通的
背景与行动探索

　　2021年教育部颁布了《关于大力推进幼儿园与小学科学衔接的指导意见》（以下简称《指导意见》），第一次正式提出了幼小双向衔接。《指导意见》的颁布清晰地表达出幼小衔接的变化：从理念层面走向了实际行动，从简单执行走向了科学规划，从单向靠拢走向了双向奔赴。但是审视当下，幼儿园与小学两个学段课程之间存在明显的衔接不畅。幼小衔接在课程机制、课程目标、内容实施及课程评价上都存在着诸多问题。因此，基于已有的学段课程，经过调整与优化使之具有连续性、进阶性和发展性，呈现幼儿园与小学两个学段间的一体贯通，是幼小衔接工作的关键所在。

第一节　幼小衔接课程一体贯通的理论思考

　　课程是学校教育的核心，课程衔接是建立幼儿园与小学科学衔接长效机制的关键[①]。我国应汲取国际先进经验，加快推进幼小衔接课程建设。幼小衔接课程高质量一体贯通不仅是支持儿童顺利过渡及终身可持续发展的重要基础，也是我国建设高质量基础教育体系的应有之义。

一、幼小衔接课程一体贯通的现实呼唤

（一）当前我国幼小衔接课程建设存在的问题

　　由于幼儿园与小学采用不同的课程指导文本，实践中也是较为独立地开展教育教学工作，我国幼儿园和小学在课程教学的设计与实施上存在明显差异[②]。幼小课程之间的"断层"问题大大加剧了儿童顺利实现从幼儿园向小学过渡的难度，阻碍了科学幼小衔接实践的有效推进。为解决这一问题，我国幼儿园和小学积极开展幼小衔接课程建设的探索。尽管当前我国在幼小衔接课程建设方面已取得了一定成效，但实践中仍旧存在诸多亟待正视的问题和误区。

　　一是协同性不足。幼小衔接课程建设需要幼儿园和小学两大主体双向衔接，

①　冯晓霞．义务教育新课标背景下的幼小课程衔接问题［J］．上海托幼，2023，（12）：8-9.
②　米志旭，张美琴．幼小课程衔接：价值取向、现实挑战及优化策略［J］．北京教育学院学报，2023，37（02）：61-65.

协同推进。而事实上在建设幼小衔接课程时，幼儿园向小学"单向靠拢"的问题依旧突出。缺乏双向互通的衔接课程常态拉低了衔接课程为儿童终身可持续发展奠基的课程价值[①]。二是科学性欠缺。目前的幼小衔接课程尚存在"侧重行政措施上的衔接而忽视回到儿童学习的衔接探索""侧重行为形式上的衔接而缺乏心理与社会性的衔接支持"等误区[②]。幼小衔接课程建设不能仅局限于参观小学、整理书包及幼小结对等外部组织形态上的衔接活动，而应由表及里，从共同的课程要素入手加强幼小课程的关联和融通，实现幼小课程的深层衔接。

（二）幼小课程一体化建设已成国际趋势

近年来，许多国家都尝试从课程与教学角度切入探索促进幼小科学衔接的可行举措，例如日本提出建设"幼小一贯课程"，要求幼儿园与小学共同研发具有"一贯教育"理念、共同教育目标的幼小衔接课程[③]；芬兰采取在国家课程方案中渗透衔接理念的做法以加强幼小课程与教学的连续性[④]。幼小课程一体化建设已愈来愈成为国际趋势。

幼小课程一体化建设具有多重意涵。一方面，幼小课程一体化建设强调幼小衔接课程建设在纵向上要注重连续性和整体性，主张将幼小两个学段的课程放在一起统筹考虑。2017年经济合作与发展组织（OECD）发布的《强势开端V：幼小衔接》报告中就提到在幼小衔接过程中，应注重学习内容与方式的协调与平衡，重视课程与教学的连续性[⑤]。另一方面，幼小课程一体化建设还强调在横向上要鼓励家庭、幼儿园及小学等多个利益相关主体协同参与，共绘儿童发展的最大同心圆。其中，幼儿园与小学作为两大关键主体，尤其要主动加强两者之间的交流与合作，形成共建共享的"共同体"。只有多元主体在幼小衔接课程建设过程中凝聚教育合力，积极贡献智慧，才能有效促进幼小课程互融互通。

2021年教育部印发《关于大力推进幼儿园与小学科学衔接的指导意见》，要求"坚持双向衔接"，并对幼小课程衔接做出诸多重要指示。2022年教育部又颁布了《义务教育课程方案（2022年版）》（以下简称《新方案》）和各学科课程标

---

① 吉喆．儿童发展视域下适宜性幼小衔接课程的实施路径研究［J］．课程·教材·教法，2023，43（10）：11-17.

② 徐晨盈，胡惠闵．幼小衔接：从课程与教学入手［J］．全球教育展望，2022，51（07）：34-44.

③ 杨慧垚，李玉杰．日本幼小一贯教育改革对我国幼小衔接课程建设的启示［J］．教育探索，2022，（03）：89-93.

④ 徐晨盈，胡惠闵．幼小衔接：从课程与教学入手［J］．全球教育展望，2022，51（07）：34-44.

⑤ OECD. Starting strong V: transitions from early childhood education and care to primary education［M］. OECD Publishing, 2017, 147-200.

准（2022 年版）（以下简称《新课标》），特别地在《新方案》中明确强调要"注重学段衔接与科目分工，加强课程一体化设计"。由此可见，幼小课程一体化建设也是我国加强幼小两学段衔接的重要改革方向。

二、幼小衔接课程一体贯通的理论基础

幼小衔接课程一体贯通实践的推进离不开科学理论的引领与支撑。国内外幼小衔接课程的研究与实践主要受到四种理论视角的影响，分别是儿童发展理论、生态系统理论、社会文化理论以及实践架构理论。理论视角的变迁和丰富为幼小衔接课程一体贯通的构建提供诸多有益基础。

儿童发展理论认为儿童发展"既是一个连续的、不可截然分割的过程，又是一个可呈现出年龄阶段特征的过程"。儿童发展的阶段性决定了不同年龄阶段的儿童有其适合的学习和教学方式，而儿童发展的连续性则决定了相邻阶段的年龄特征及学习方式之间存在相互联结和渗透[1]。幼小衔接课程的建设应当辩证认识到儿童发展是连续性和阶段性的统一，一方面需要注意儿童从幼儿园向小学过渡的过程中，其身心发展遵循一定顺序和规律，幼小衔接课程的设计与实施必须依据儿童的学习特征以及发展水平确定；另一方面，幼小衔接课程要积极促进儿童在幼儿园和小学的学习与发展具有连续性，如加强幼儿园与小学课程内容、教学方式等的贯通一致。

20 世纪 90 年代末期开始，许多研究者提出要加强对幼小衔接的情境、生态以及文化属性的观照，因而这一时期的理论视角逐渐从儿童发展理论向生态系统理论和社会文化理论转变。尤瑞·布朗芬布伦纳（Bronfbrener, U., 1979）的生态系统理论指出发展个体嵌套于相互影响的一系列环境系统之中。基于生态系统理论，雷姆·考夫曼（Rimm-Kaufman, S. E.）和皮安塔（Pianta, R. C.）提出了幼小衔接的生态学动力模式[2]，强调儿童、家庭、学校、同伴和邻里环境之间的关系及其发展变化会对幼小衔接产生动态多样的影响。幼小衔接课程的建设同样受到家庭、学校、社区等系统以及各系统之间动态互动的影响，因此在建设幼小衔接课程时应对儿童所处的情境予以重视，同时要积极发动幼小教师、家长等各利益相关者共同参与课程构建。社会文化理论同样启示在幼小衔接实践（包括幼小衔

---

① 冯晓霞.义务教育新课标背景下的幼小课程衔接问题［J］.上海托幼，2023，（12）：8-9.

② Sara E. Rimm-Kaufman, Robert C. Pianta. An ecological perspective on the transition to kindergarten: A theoretical framework to guide empirical research［J］. Journal of Applied Developmental Psychology, 2000, 21(05): 491-511.

接课程建设实践）中要关注多主体协同共建[①]。此外，社会文化理论认为历史、社会文化背景会影响儿童如何在他们的世界中构建意义，还强调儿童是一个积极主动的参与者和行动者。由此理论观点出发，幼小衔接课程建设应留心关注儿童对于课程、活动的体验和独特看法，儿童也可作为幼小衔接课程建设的重要参与者并对课程构建发挥能动作用。

近年来一些研究者将实践架构理论引入幼小衔接领域的研究。实践架构理论关注实践是如何形成的。根据实践架构理论的主要观点，在参与一个群体实践活动时，参与者相互之间会在主体空间相遇，包括语义空间、物理空间和社会空间。在这三维空间中，存在着三种不同的方式，会同时支持和限制实践活动[②]。聚焦于幼小衔接课程建设，例如在语义空间中，社交的语言媒介，如共有的专业知识或教学信念会限制或支持幼-小教师关于幼小衔接课程的交流与合作。实践架构理论为更好地理解幼小衔接课程建设在特定场域下的展开方式及该场域情境中限制或促进幼小衔接课程延续性的影响因素提供了理论框架，同时对各利益相关者如何合作开展幼小衔接课程建设实践提供了可参考的思路。

三、幼小衔接课程一体贯通的行动路向

加快构建一体贯通的幼小衔接课程的重要性成为普遍共识。结合对国际经验的梳理以及立足本国衔接课程建设现状的思考，确定幼小衔接课程一体贯通的行动路向主要为以下几个方面。

（一）以核心素养为统领，贯通幼小课程目标制定

国外发达国家的实践经验启示核心素养可以为促进幼小课程连续性以及构建幼小衔接课程体系给予积极支持。日本、澳大利亚及芬兰在开展幼小衔接课程建设实践时都不约而同地采用了以"核心素养"为统领贯通幼小课程目标制定的做法。核心素养为幼小衔接课程建设明确了育人方向，也为具体的幼小衔接课程内容设置明确了价值旨趣。

我国在 2016 年也制定了《中国学生发展核心素养》，提出人文底蕴、科学精神及学会学习等六大核心素养[③]。根据这一总体框架，首先在纵向上，幼儿园和小

① 黄瑾，田方.论幼小衔接研究理论视域的转换——从生态系统理论到社会文化理论的研究展望［J］.中国教育学刊，2022，（04）：7-12+84.
② Stephen Kemmis, Jane Wilkinson, Christine Edwards-Groves, Ian Hardy, Peter Grootenboer, Laurette Bristol. Changing practices, changing education［M］. Singapore: Springer, 2014, 4-37.
③ 核心素养研究课题组.中国学生发展核心素养［J］.中国教育学刊，2016（10）：1-3.

学可根据幼儿园大班和小学一年级两个年龄阶段的儿童学习与发展特点，提出核心素养在各年龄段的具体培育要求，不同年龄之间核心素养呈现纵向进阶的特点，从而保证纵向学段的垂直联结。在横向上，还需将核心素养融合于幼小两学段的不同学科（领域）之中，明确不同年龄阶段各学科（领域）所要实现的教学目标。幼小两个学段共同实行这样的目标体系，能够较好地保障幼小衔接课程目标和内容实现连续与进阶，从而可以更好地帮助实现幼小课程的双向贯通。

（二）以关键经验为基点，指导幼小课程内容组织

国外发达国家在幼小衔接课程建设的过程中，都十分注重加强课程内容的连续性、一致性及适当程度的进阶性。这一做法启示我国在推进幼小衔接课程一体贯通时，也要关注幼小课程内容的相融相通。

首先，我国幼儿园和小学也应加强联系，共同厘清两个学段课程内容的"相同点"以及需要加强衔接的"不同点"，这是幼小合力规划衔接课程内容的前提。关键经验是指儿童在某一领域学习与发展中应有的、必要的经验。关键经验为幼小梳理两学段课程内容所要关注重点的联系与差异提供了抓手，是幼儿园和小学进行课程内容贯通的重要"桥梁"。

其次，在明确两学段课程内容联系与差异的基础上，幼儿园和小学要协同构建衔接课程内容，以形成适宜的衔接坡度。关键经验具有连续性特征[①]。鉴于关键经验的内涵和特征，幼儿园和小学可以从我国幼儿园的五大领域及小学的七大学科入手，积极建立幼儿园学习领域与小学学科之间的联系，梳理相同学科（领域）的关键经验并据此合理安排幼小衔接课程内容梯度，从而确保幼小课程平稳衔接。

（三）以整合式、游戏化教学为途径，优化幼小课程实施

课程教学方式的选择应基于儿童的身心发展水平以及学习方式特点进行考虑。根据皮亚杰（Piaget, J. 1952）的儿童认知发展阶段理论，幼小衔接时期的儿童正处在由前运算阶段向具体运算阶段变化的时期，这说明儿童在进入小学初期可能仍然还具有前运算阶段的思维特征，小学低年级段的课程教学方式不宜立马切换为教授法和练习法等方式，而需要与幼儿园阶段所采用的课程教学方式加以衔接。

《指导意见》中明确强调"改革一年级教育教学方式，国家课程主要采取游戏化、生活化、综合化等方式实施，强化儿童的探究性、体验式学习"，《新方案》也贯彻这一思想，专门提出"注重游戏化、活动化、生活化的课程设计"的规定。因此，我国要以整合式、游戏化教学为途径实施幼小衔接课程。整合式教学是指

---

① 顾荣芳，王艳. 3—6岁儿童健康领域的关键经验与实施路径［J］. 学前教育研究，2015，（10）：15-23.

教学要强调综合化、整体性。游戏化教学则具有情境性、趣味性的鲜明特征，将游戏和学习有机融合，让儿童在轻松愉快的游戏与探究过程中获取知识经验[①]。例如，在幼小数学衔接课程实施过程中，教师可以通过多提供与教学内容相关且形式丰富有趣的操作材料，设计一些教学游戏，给课堂内容设置生动的问题情境等等策略来实践游戏化教学。

（四）以形成性评价为取向，促进幼小课程评价衔接

我国幼儿园课程评价多是采用依靠成长档案法、观察评价法等方法进行的形成性评价，而小学则是采用依靠测验分数法、等级评价法等方法进行的结果性评价[②]。幼小学段之间未能形成课程评价的连贯衔接是制约我国幼小衔接课程建设的重要原因之一。在课程评价方面，国际经验都强调要致力于促进幼儿园与小学低年级课程评价方式趋于一致。因此，建议我国幼儿园与小学在幼小衔接课程建设过程中要共同改进评价方式，一贯坚持形成性评价取向。

形成性评价关注过程，是借助评价信息的反馈来改善教学活动过程的评价模式[③]，具体包括学生自评、同学互评及教师点评等多样的方式。形成性评价不同于终结性评价，其根本目的在于充分发挥监督和导向作用。通过形成性评价，人们可以及时、全面地监测幼小衔接课程实施质量和儿童学习与发展情况，反思幼小衔接课程建设进一步改进的方向，也可以及时、全面把握儿童在幼小衔接过程中的点滴进步以及需要予以支持和发展问题，从而更好地促进幼小课程双向衔接以及儿童的长足发展。

第二节　区域幼小衔接课程一体贯通的实践探索

幼小衔接这一关键阶段对儿童在未来成长和发展过程中所起到的重要作用是显而易见的。幼小衔接课程一体贯通并非是新创造一个课程，而是在已有的幼儿

① 范文倩，李媛，张一春.游戏化教学：幼小衔接教学的新趋向［J］.数字教育，2018，4（04）：45-49.
② 黄瑾，田方，乔慧，张萌，俞畅.教师主体在幼小双向衔接中的实践特征、现实困境与协同路向——基于11省市幼-小教师的实证调查［J］.华东师范大学学报（教育科学版），2023，41（11）：1-12.
③ 赵德成.教学中的形成性评价：是什么及如何推进［J］.教育科学研究，2013，（03）：47-51.

园、小学课程的基础上，将两者在教育目标、内容、方法、评价等方面进行无缝对接和整合，形成一个连续的教育过程。这种模式强调在幼儿园和小学之间建立一个平稳过渡的桥梁，确保儿童在认知、情感、心理、社会性等方面能够顺利适应新的学习环境。一体贯通的课程设计旨在帮助儿童在进入小学之前，就具备必要的学习能力和生活技能，从而减少入学适应期的困难，促进其全面发展。

我区通过"基地范式"与"全体浸润"两步走：前者通过实验园校起到带动和示范引领的作用，点上突出；后者通过全区园校人人参与起到研究常态化与深入化的作用，面上铺开，立体式夯实一体贯通，稳步提升衔接质量，并逐步形成区域风格的幼小衔接样板。

一、加强学情分析，一体贯通"全成长"教育理念

幼小衔接涉及到幼儿园和小学两个学段，由于每个学段都有自身所要完成的教育目标，且每个阶段的教育目标有不同的指向，因此导致在课程设置、活动目标、活动方式、活动评价等方面都存在着较大的差异。因此，要一体贯通幼小两个学段的课程，必须先回到儿童本身，思考儿童在这个阶段可能会遇到的困难和问题，思考如何通过现有的方法与手段去帮助儿童解决问题，在调整教育理念的基础上更好地理解幼小衔接课程的一体贯通。

（一）深入剖析现实问题根源，一体贯通教育理念

为了帮助儿童顺利完成从幼儿园到小学阶段的身份转变，并缓解因角色变化所引发的各种问题，我们依据教育部颁布的《指导意见》，重点关注了"幼儿入学准备"以及"小学入学适应"这两大具体发展目标，并以此为基础，展开了"幼小课程一体贯通"建构的初步探索深入剖析问题根源，加强整体规划布局。

首先，组织幼儿园和小学两个学段的老师们进行儿童学情分析，共同探讨和研究那些即将步入小学的孩子们可能面临的生活和学习变化，以及这些变化可能引发的问题。比如从幼儿园到小学，我们会发现儿童身边的人发生了变化，老师变了、小伙伴变了，部分孩子由于缺乏一定的交友技能，产生畏惧上学的心理；儿童的学习方式发生了变化、学习环境发生了变化，从幼儿园的愉快游戏变成了要完成多种作业，有些孩子一下子无法适应，于是产生学习压力；儿童还感受到父母期望的变化，从之前的关注有没有吃饱、在幼儿园开不开心转变成有没有完成作业、考了几分，部分孩子由于能力不及就会产生焦虑的情绪等等。

这些问题的产生背后是幼儿园和小学存在着物理和文化意义上边界的不同，幼儿园更多考虑的是养育、自由、快乐，而小学更多的是教导、规范、课程，于是导致幼儿园与小学虽然是相互连接的两个成长阶段，但却呈现着截然不同的教

育样态。但是当我们用全人的眼光来审视时，我们会发现不管哪个成长阶段，教师所采用的教学方式与策略都是为儿童的未来可能奠基，最终指向的都是人的核心素养的发展。

（二）构建全成长发展阶梯，一体贯通发展目标

自2021年起，我区就确定了"全成长"教育理念，幼小衔接工作更是以此为引导进行实践。我们关注小、中、大及小学各阶段所经历的种种环境、学习内容、生活方式等方面的转变，我们觉得每个阶段都有其独特的教育价值和发展规律，都亟需得到充分的尊重和引导。因此，从儿童进入幼儿园的第一天起幼小衔接工作就已启动。

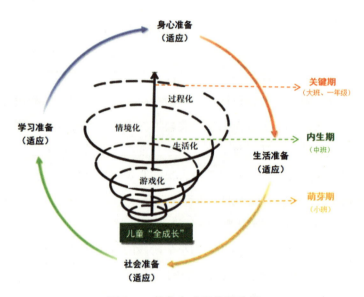

图 1-1　儿童全成长发展阶梯

为了更好地促进儿童的全面成长，我们搭建了全面成长的阶梯系统。将幼儿园、小学两个学段贯通，从纵向上将儿童的成长划分为萌芽期、内生期、关键期等。这些节点对幼儿的成长具有重要的影响，尤其是关键期横跨两个学段，需要幼小两个学段的教师拥有长远且一致的发展目标。同时，为了更有效地引导幼儿顺利度过这些关键期，我们采用一系列创新的教育方法，包括游戏化、生活化、情境化、过程化的教学方式。这些方式有助于解决幼儿在入学适应过程中遇到的问题，帮助他们更好地过渡到小学阶段。

通过这样的方式，希望能够建立一个清晰的儿童纵向生长的脉络，让幼儿在每个阶段都能得到恰当的引导和培养，从而实现全面而持续的成长。这样的教育理念和实践，不仅符合教育的本质规律，也体现了我们对儿童全面成长的尊重和关爱。

（三）以核心素养为衔接纽带，一体贯通研究方向

当深度分析思考幼儿园《3—6岁儿童学习与发展指南》、小学《义务教育课程方案和课程标准（2022年版）》，我们发现无论是哪个学段的课程标准，它们的最终指向都是学生核心素养的发展。而且，当我们把六大核心素养与《指导意见》中详列的16个具体发展目标进行对照分析时，发现这16个发展目标都紧密围绕核心素养展开。这表明，作为儿童终身学习不可或缺的品格和关键能力，核心素养在幼小衔接的科学过渡中提供了切实有效的解决方案。我们可以从六大核心素养出发寻找到两个学段儿童发展共同指向的关键经验，以此为桥梁一体贯通研究方向。

二、组建"六域"共同体，一体贯通"全协同"研究机制

幼小衔接面临的真实困境是幼儿园与小学之间缺少互通、互学与互动，因此幼小课程一体贯通实践的首要任务是引领幼小教师增进合作、携手共研。在幼儿园五大领域、小学学科类型的基础上，对接六大核心素养，我们发现其中有着交织交融的联系。如幼儿园的健康领域与小学的体育学科、劳动学科共同指向了人文底蕴、健康生活、责任担当与实践创新四个核心素养；幼儿园的社会领域与小学的道德法治学科共同指向了健康生活与责任担当两个核心素养；幼儿园语言领域与小学的语文学科则共同指向了人文底蕴与学会学习两大素养；幼儿园科学领域（数学）与小学的数学学科共同指向学会学习与实践创新；幼儿园科学领域与小学科学学科共同指向科学精神与实践创新；幼儿园艺术领域与小学音乐美术学科共同指向了人文素养与实践创新两大核心素养。经过分析，我们明确了幼儿园领域教学与小学学科教学共同聚焦的发展目标，成立了融幼儿园与小学两个学段的六大学习与发展领域工作组，分别是生活与健康成长、情感与社会发展、语言表达与交流、数学认知与应用、科学思维与探究、艺术审美与表现（见表1-1）。

表1-1 "六域"共同体情况表

学习与发展领域	关联的核心素养	关联的领域（幼儿园）	关联的学科（小学）
生活与健康成长	C1 人文底蕴、C4 健康生活 C5 责任担当、C6 实践创新	健康领域	体育学科、劳动学科
情感与社会发展	C4 健康生活、C5 责任担当	社会领域	道德与法治学科
语言表达与交流	C1 人文底蕴、C3 学会学习	语言领域	语文学科
数学认知与应用	C3 学会学习、C6 实践创新	科学领域	数学学科

续　表

学习与发展领域	关联的核心素养	关联的领域（幼儿园）	关联的学科（小学）
科学思维与探究	C2 科学精神、C6 实践创新	科学领域	科学学科
艺术审美与表现	C1 人文底蕴、C6 实践创新	艺术领域	音乐、美术学科

每个发展领域由幼儿园、小学两个学段的学科特级、名师领衔，均组建双衔共同体，将两个学段的业务骨干纳入其中，达成研究成员队伍结构上的贯通。同时建立幼小发展领域双衔共同体两周一次教研机制，第一学期的教研主场为小学，第二学期的教研主场为幼儿园，通过多样化的研究形式达成幼小课程研究队伍与机制的一体贯通。

本书第二章至第七章将以儿童学习与发展的六个领域为线索具体展开幼小课程各个领域下的课程一体贯通实施。

三、提炼关键经验，一体贯通"全学段"课程目标

我们知道，在儿童生长的进程中，幼小课程的目标是不可能完全一致的，我们希望通过整体设计与调整，既体现总目标的一致性，又体现出教育阶段的差异性。因此，识别并聚焦共同的关键教育经验，并以此调整两个学段目标的进阶是重点，也是幼小衔接课程能一体贯通的关键。

在"核心素养"视野下，双衔共同体教师首先明确了具体梳理路径：总目标（幼儿园、小学）→年段目标（幼儿园、小学）→提炼共性目标块→提炼关键经验点。此过程旨在确保双衔共同体教师能够清晰地掌握实施路径，为幼小课程的一体贯通提供坚实的支撑和明确的指导。具体分三步展开：

第一步，明确方向——提炼儿童发展关键经验。我们依据六个核心领域的关键经验梳理路径，针对六个核心素养进行了详尽的提炼，从而整合出 29 个幼小课程一体贯通的关键经验。如"语言表达与交流"发展领域从《3—6 岁儿童学习与发展指南》《义务教育科学课程标准（2022 年版）》两份文本中聚焦两个学段的总体目标，提炼出具有共同指向的目标点：倾听习惯、语言表达、阅读兴趣与习惯、书写习惯。这四个关键经验点既是幼小两个学段的具体课程目标的共同聚合点，也是核心素养 C1 人文素养、C3 学会学习的具体落地。整合出的 29 个关键经验旨在确保学习过程的连贯性和系统性，详见图 1-2 所示。

第二步，完善调整——形成一体贯通目标体系。在推进教育衔接工作中，我们采取了补充、删减、调整等策略，以明确双方（小学与幼儿园）在儿童发展的

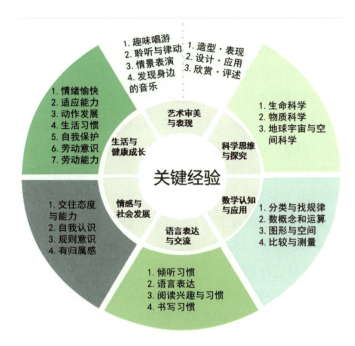

图 1-2　幼小衔接课程一体贯通关键经验图

共同价值诉求。如下图表系生活与健康成长发展领域整理的儿童劳动能力贯通式目标概览。该图表旨在协助小学教师明确幼儿在此前的教育阶段中已累积的劳动能力发展经验，同时也为幼儿园教师提供了参考，使其能够依据小学的具体教育目标，合理调整幼儿园活动的教学内容和尺度，确保教育衔接的顺畅进行，实现双方教育的有效呼应。

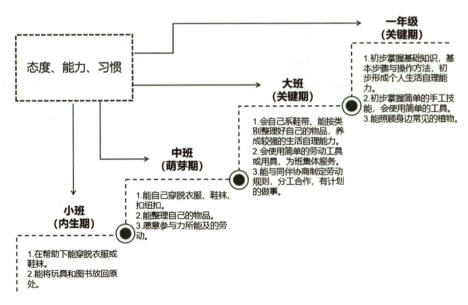

图 1-3　儿童劳动能力发展阶梯式目标

第三步：反复审视——研磨课程目标进阶曲线。

在幼小衔接课程目标的研磨过程中，我们采取了反复审视和精细调整的策略，以确保课程目标的连贯性和递进性。通过深入分析幼儿园和小学阶段的教育目标，我们发现，尽管两个学段在教育内容和方法上存在差异，但它们在培养儿童核心素养方面有着共同的追求。因此，我们需要对已有的课程目标进行分析，避免陡坡、原地踏步甚至倒退。如幼儿园大班科学活动《认识磁铁》目标中提及"引导幼儿通过操作了解磁铁能同性相斥、异性相吸"，而小学一年级的科学学科《好玩的磁铁》目标定位为"通过玩一玩、试一试，了解磁铁能够吸住铁制品"，显而易见，幼小课程的目标进阶性出现了较大的问题。面对此种状况，六域共同体需要及时地调整与优化目标设定，将幼儿园的目标适当降低，将小学的目标适当提高，使目标曲线符合儿童最近发展区。

当然，在目标的研磨中要始终关注核心素养的发展轨迹。例如，在人文底蕴这一核心素养上，幼儿园阶段主要通过故事讲述、角色扮演等方式培养儿童的想象力和语言表达能力；而到了小学阶段，则通过阅读经典文学作品、参与辩论等活动，进一步提升儿童的文学素养和批判性思维能力。通过这样的目标进阶，教师能够更加明确地了解儿童在不同学段应达到的教育目标，从而有针对性地设计教学活动，确保教育内容的衔接和递进。

四、活动不断优化，一体贯通"全时段"课程实施

有了关键经验点和具体的目标线，接下来的任务是如何将这些点与线串联起来，形成有逻辑、有层次的活动序列。在实践中，我们发现每一个活动并非只聚焦某一个关键经验点的，而是若干个关键经验和目标线的聚合，因此教师在设计衔接活动时通过学段之间的互联形成儿童经验的"自然对接"，这需要双方的教师深入辨析儿童经验的衔接点，准确分析经验的生长点，聚焦关键经验，提炼衔接要素，找到适合双方的形式，展开协同设计。因此在实践中我们坚持衔接活动的同一性与差异性相统一；把握衔接内容连贯性，避免"遗漏教学"；遵循教学内容规律性，避免"超纲教学"；注重教学内容阶段性，实现"螺旋上升"。

（一）建立课程任务群

围绕核心素养培育为主线，关注儿童在各活动环节中全面素养的培养，跨越学科限制，参照幼儿园主题教学模式，小学阶段亦积极探索整合多元学科，构建课程任务群。每个任务群均包含主题网络、具体活动、重点领域、课时安排、特色作业等要素，并以主题形式展开。

以"我是小学生"课程任务群为例，教师设计了五个子主题活动，包括"我

的一天""我有好习惯""我爱阅读""我的铅笔盒""同学，你好"。在课程的开展过程中，教师会根据具体的活动内容，以"跨学科"的方式促成学科内容的整合。在"同学，你好"子主题活动中，教师通过语文活动"我的朋友"鼓励学生用猜谜的方式进行趣味互猜；通过美术活动"我能喜欢新朋友"让学生给新朋友制作一张名片；通过体育活动"学会合作"引导学生在运动游戏中感受合作的重要性。整个子主题活动中，教师综合了语文、美术、体育等各学科的内容，帮助学生进行整合式学习。

（二）链接课程实践线

孩子由幼儿园迈入小学，虽然处在一个连续的时间线上，但是在内容的选择上则更多的关注连续与延展，使儿童在幼儿园中获得的知识与经验可顺畅的对接至小学。如幼儿园大班主题"再见了幼儿园""我要上小学"等主题与小学一年级的"我是小学生""校园生活真快乐""学习很有趣"等主题进行对接（如下图）。这些主题之间既能顺应儿童幼小衔接的时间线索，又能呈现有梯度的，螺旋上升的图景。同时，在具体的课程内容上关注儿童当下的经验，如幼儿逐步根据书包的构造特点，实现了从单一学习物品分类摆放至多类学习用品在同一书包空间内的合理布局。这一过程既是对经验的系统梳理与积累，同时也是对个体能力进行螺旋式提升的具体体现。

图1-4 幼儿园大班"我要上小学"和小学一年级"我要上小学"主题对接

（三）优化课程组织方式

贯通式课程虽然都是指向人的核心素养，但因为年龄段存在，差异也一定是存在的。如小学生每周都会设定较长的学习时间，幼儿则大部分时间都是在游戏活动和实践拓展中进行。学习方式与学习时间的较大差异会带来儿童的抗拒心理、

15

沮丧心理，导致教学效果不理想，因此需要在教学方式上进行双向的优化与调整。幼儿园阶段适当调整学习与游戏的比例；小学阶段，则赋予学习更多的游戏性、活动性、情境性，以此来减缓坡度。这些调整是需要由幼小团队共同思考、争辩、研磨而完成的，我们力求让每一个贯通式活动课例都在实践—反思—调整—完善的闭环中趋于适宜，达至贯通。同时，通过将研磨后的点状课例再次重组，形成贯通式课程群落。

在幼小衔接的桥梁构建中，"关键经验的确定"与"目标的分析与调整"为两学段的顺畅过渡提供了坚实的支撑。我们采取"课程任务群整合"的策略，打破了传统界限，使课程内容更加连贯；通过"课程实践线链接"，确保孩子们在知识、技能及情感上的稳步发展；同时，"课程组织方式的优化"则让学习过程更加生动有趣，激发了孩子们的学习热情。

在此过程中，需同样重视教师团队的成长与协同。通过六域共同体两周一次的常态化教研，组织跨学段的教师论坛、工作坊以及联合研究项目，教师们得以深入交流教学心得，共研困惑问题，共享成功案例，进而推动幼小衔接课程的一体贯通。我们鼓励教师以研究者的姿态投身于教学实践中，不断探索适应儿童发展规律的幼小衔接新模式。

第二章 ／

情感与社会性发展领域
课程一体贯通的实施

幼儿和小学阶段是基础教育的开端，是学生形成个人终身发展和社会发展所需的必备品格和关键能力的重要时期。《中国学生发展核心素养》确立了六大核心素养，情感与社会性发展正是"健康生活""责任担当"核心素养，即"社会责任、国家认同、珍爱生命、健全人格、自尊自爱"关键要点的重要体现。"情感与社会性发展作为一种'软能力'，它区别于智力因素，是一种超越学科学习的能力"，对学生德智体美劳全面发展有重要作用，它强调处理好自我与他人的关系，处理与社会、国家等关系方面所形成的情感态度、价值取向和行为方式。

纵观现行幼儿大班社会领域和小学一年级班会、社团课、综合实践、心理健康与情感与社会性发展的课程建设，存在协同性、系统性、科学性不足的问题，具体表现为课程建设的主体单一，课程设置学段之间不贯通，存在重复、倒退以及脱节错位等现象，课程实施加法现象、经验思维。为有效提升幼小"情感与社会性发展"领域课程的整体性和贯通性，我们始终秉持立德树人的宗旨，遵循儿童认知发展规律及情感与社会发展目标；强调课程内容紧密联系儿童现实生活，确保素养导向的一致性；注重学校、家庭和社会共同参与，合力促进有利于孩子情感与社会性发展的良好环境氛围与课程构建；融会学科或跨学科实践教育方法，积极开展情境化、活动化、游戏化课程学习，贯彻教学评一致性，进而为促进儿童在幼小衔接时期的平稳过渡以及未来的可持续发展奠定基础。

第一节　幼小学情分析

幼儿和小学阶段是儿童情感与社会性发展的关键时期，对于孩子的情感健康、人际关系和社会适应有着重要影响。虞永平教授认为："幼小衔接的根本是以儿童为本，无论是入学准备还是入学适应，都应遵循儿童身心发展规律和教育规律。"于是，深入一线进行学情调研，以访谈和观察为主要方式，重点落实在课堂观察与班主任交流，关注这两个学段儿童的情感认知、情绪管理力，人际交往和团队合作等能力的特点和变化，通过比较发现异同，最后提炼、总结如下：

一、培养目标分析

以幼儿园《3—6 岁儿童学习与发展指南》和小学情感与社会性相关课程标准

为指引，发现幼小两个学段社会领域中的个人意识、情绪管理、人际交往、爱国情感和亲社行为等目标培养上有一定的连贯性。如个人意识培养，从引导幼儿表达自己的需求和感受到更加深入地认识自己和他人，包括自己优点和缺点；在交往能力与态度培养上，从注重对分享、等待、轮流、合作等游戏中交往能力的培养到学习、生活中的团队合作、沟通等更高级的社交技能培养；在归属感方面，从愿意为集体做事，为家乡的发展变化感到高兴到为自己是中国人感到骄傲，培养家庭责任、感恩自然的品质，用实际行动为祖国增光添彩。

但仔细分析两个学段的目标，仍存在诸多问题：

1. 目标原地踏步

如在交往态度与能力方面，一年级的环境发生变化，同伴关系改变，学生需要重新建立社交圈，但相应的课程目标原地踏步。

2. 目标跨度急剧

如幼儿园在社会领域对个性和自由比较关注，规则意识相对弱化，对游戏规则和爱惜物品两个方面比较关注，小学阶段规则意识增强，遵守学校纪律，对维护课堂秩序，遵守校园生活规则等方面提出了较高的要求，目标跨度较大。

3. 目标"倒退"

如小学阶段归属感目标只要求认识国旗、国徽，知道自己是中国人，知道中华民族是一个统一的大家庭，幼儿园却提出了更高的要求，知道中国是一个多民族的大家庭，各民族之间要互相尊重，团结友爱，了解国家一些重大成就，为自己是中国人感到自豪等，两者目标明显"倒退"——学在前的反倒难度更高。

二、儿童发展特点及其学习方式分析

对实验园（校）儿童展开精准学情调研，整理得到大班幼儿和小学一年级新生在"情感与社会性发展"领域的现实发展水平，围绕交往态度与能力、自我认识、规则意识以及归属感四个方面展开，具体如下：

在交往态度与能力方面，大班幼儿能够做到主动交流、友好协作以及进行情感表达，小学一年级新生则在此基础上进一步发展，在交往中更加积极热情、具有团队意识以及能够掌握一定的沟通技巧。

在自我认识方面，大班幼儿能够描述自己的外貌特征、个性特点、兴趣爱好，开始在活动中表达自己的想法，小学一年级新生则对自己的价值认识加深，能看到自己的进步和不足，欣赏他人的优点和长处。

在规则意识方面，大班幼儿能够理解并遵守简单的规则，规则的形成依赖于实践体验，小学一年级的新生则对规则的认知更加全面，学习、生活、运动等方面规则的重要性认识加强，但容易受到情绪和外界的影响，一定程度表现出自我中心。

在归属感方面，大班幼儿愿意承担集体的责任和义务，开始表现出集体荣誉感，喜欢倾听老师、家长介绍家乡和祖国的变化和成就，表现出对国家、民族的自豪感；进入一年级后，学生的归属感进一步发展，加入了更强的责任感和对更广泛群体的归属感，如家庭、班级、学校、家乡、祖国，这种积极的情感促进了责任感和成就感的发展。

受其身心发展水平制约，大班幼儿和小学一年级学生在社会领域的学习上表现出自身所特有的学习方式特点。

（一）形式不同：直接体验、无意 VS 间接学习、有意

《指南》中指出，幼儿社会领域的学习与发展是在人际交往和社会环境的相互作用中进行的。在人际交往和社会适应过程中，幼儿往往通过模仿、同化、强化以及体验的方式进行着社会学习。此外，大班幼儿的学习以无意性为主，没有明显的预定目的，受情境特点影响明显，学习过程中自我调控能力较弱。因此，儿童的社会性学习和发展往往具有较强的自发性和随机性。

一年级学生同样也在人际交往和社会环境的相互作用中获得对社会性与情感方面的能力，但其学习方式更加丰富，他们依靠语言和文字符号来间接学习的比重增加。此外，小学一年级学生以有意性为主，他们需要按照指定的目标和任务进行思考，有目的地解决问题。

（二）场景不同：日常 VS 课堂

大班幼儿与小学生相比，社会性与情感的发展渗透在一日生活的各个环节，行为的养成和情感的培养贯穿于各种活动中，在游戏情境、生活情境中习得，具有潜移默化的特点。而一年级小学生，更多在课堂中认识和培养，在人际交往中获得社会性与情感方面的能力，通过教师的讲授，学生之间的互动、交流、合作中习得，在以学科学习为主，跨学科学习和综合实践活动学习中，培养良好的行为习惯和学习习惯。

三、教学方式的分析

幼儿大班的活动以游戏为主，活动设计更具情境性、趣味性，以学生的直接参与，亲身经历为要素，通过场景在线、角色扮演等游戏形式，幼儿体验社会规则，发展交往能力，提升社会情感力。因班级人数一般在 20—30 之间，座位编排更聚焦，活动空间更大，儿童学习更加自由，学习同伴的选择，展现的方式等能尽量满足学生的意愿，教师也能更好地关注每一个孩子的学习过程。

小学一年级课堂教学也力求趣味性和互动性，尽可能贴近儿童身心特点设置

游戏和情境，但是更注重系统性和连贯性。明确的课程标准让学习内容系统化，学生需要按照规定的进度学习，形象思维和抽象思维相结合更明显，依靠语言和文字符号来学习的比重逐渐增加，不仅注重自我感受的表达，讨论、合作等方式也更为普遍。对学生的规范学习行为，如课堂纪律、作业习惯和时间管理等方面的要求也更明确，45人一个班级无论是学习空间还是关注度都明显下降。

四、评价方式的分析

大班幼儿教学评价上更加注重过程性评价和表现性评价，比如幼儿语言表达、社会行为、活动作品等，教师通过观察、记录幼儿在社会领域学习重要事件来反映发展水平，反馈上更具及时性、具体化和生活化，以正面鼓励和激励评价为主。

小学一年级的评价方式更加量化，通过课堂观察、非纸笔测试的游园活动等方式记录检验学生在社会领域的学习成果并转换为一定的分值或者星级，来评估孩子的情感调节、社交技能和合作能力，评价方式更加注重结果性评价和综合性评价，及时反馈与集中反馈相结合。

第二节　以核心素养为导向的关键经验梳理

关注核心素养的培养是时代发展的要求，是基础教育实现质量提升的必然选择。核心素养指向过程，关注学生在培养过程中的体悟，这对贯通课程目标设置有着积极的指导意义，为进一步聚焦关键经验提供了有力依据。基于核心素养解读和学情的调研，明确了幼儿园大班和小学一年级实现有效贯通成功的关键要素：以培养"全面发展的人"为核心，以落实"健康生活""责任担当"两大素养为导向，以一体贯通为指导思想，以幼小时段的独特性和需求为基础，顶层设计核心素养下的关键经验。

一、领域目标对比分析

进一步聚焦《中国学生发展核心素养》，特别关注社会情感领域相关联的"健康生活"和"责任担当"素养下的六大基本要点——"珍爱生命、健全人格、自尊自爱、社会责任、国家认同、国际理解"，同时对《3—6岁儿童学习与发展指南》以及《义务教育道德与法治课程标准（2022年版）》（以下简称《新课标》）文件中的社会领域核心素养要点、幼儿5—6岁发展目标与小学第一学段学习目标的异同进行对比梳理，结果如表2-1：

表2-1　领域目标对比表

核心素养及要点	《3—6岁儿童学习与发展指南》社会领域5—6岁发展目标	《新课标》中社会与情感性发展相关第一学段（1—2年级）学习目标
一、健康生活 1. 珍爱生命 2. 健全人格 3. 自我管理 **二、责任担当** 1. 社会责任 2. 国家认同 3. 国际理解	（一）人际交往 1. 愿意与人交往。有自己的好朋友，也喜欢结交新朋友。有问题愿意向别人请教。有高兴的或有趣的事愿意和大家分享。 2. 能与同伴友好相处。能想办法吸引同伴和自己一起游戏。活动时能与同伴一起分工合作，遇到困难能一起克服。与同伴发生冲突时能自己协商解决。知道别人的想法有时和自己不一样，能倾听和接受别人的意见，不能接受时会说明理由。不欺负别人，也不允许别人欺负自己。 3. 具有自尊、自信、自主的表现。能主动发起活动或在活动中出主意、想办法。做了好事或取得了成功后还想做得更好。自己的事情自己做，不会的愿意学。主动承担任务，遇到困难能够坚持而不轻易求助。与别人的看法不同时，敢于坚持自己的意见并说出理由。 4. 关心尊重他人。能有礼貌地与人交往。能关注别人的情绪和需要，并能给予力所能及的帮助。尊重为大家提供服务的人，珍惜他们的劳动成果。接纳、尊重与自己的生活方式或习惯不同的人。 （二）社会适应 1. 喜欢并适应群体生活。在群体生活中积极快乐。对小学生活有好奇和向往。	（一）政治认同 1. 认识国旗、国徽，知道自己是中国人。了解老一辈无产阶级革命家和英雄模范人物，对他们有崇敬之情。 2. 感知中华优秀传统文化的主要文化符号，对中华优秀传统文化具有亲切感。 3. 认识党旗，热爱中国共产党，积极加入中国少年先锋队。 4. 知道中国是社会主义国家。 5. 知道社会主义核心价值观。 （二）道德修养 1. 知道健康生活、卫生习惯的基本常识和要求。 2. 懂礼貌，讲诚信，守约定，不撒谎，与同伴友好相处。 3. 感知父母的辛劳，孝敬父母，尊师重长。 4. 爱护家庭、学校和公共环境卫生，爱护公物，遵守公共秩序。 5. 爱劳动，知道财富是由劳动创造的。 （三）法治观念 1. 遵守学校纪律，维护课堂秩序。 2. 了解生活中的规则，知道在生活中人人都应遵守规则，具有初步的规则意识。 3. 了解生活中基本的安全常识，掌握常用的求助信息。 （四）健全人格 1. 热爱生命，懂得自我保护，远离伤害。 2. 体会成长的快乐，能够看到自己

23

核心素养及要点	《3—6岁儿童学习与发展指南》社会领域5—6岁发展目标	《新课标》中社会与情感性发展相关第一学段（1—2年级）学习目标
	2. 遵守基本的行为规范。了解规则的意义，能与同伴协商制定游戏和活动规则。爱惜物品，借用他人物品也知道爱护。做了错事敢于承认，不说谎。能认真负责地完成自己所接受的任务。爱护身边的环境，注重节约资源。 3. 具有初步的归属感。愿意为集体做事，为集体的成绩感到高兴。能感受到家乡的发展变化并为此感到高兴。知道自己的民族，知道中国是一个多民族的大家庭，各民族之间要互相尊重，团结友爱。知道国家一些重大成就，爱祖国，为自己是中国人感到自豪。	的进步和不足，欣赏他人的优点和长处。 3. 能够感知自己的消极情绪，知道可以向老师和家人寻求帮助。 4. 乐于学习，逐渐培养专注力。 5. 能够表达自己的感受，学习倾听他人的意见。 6. 感知并学习适应环境的变化。 （五）责任意识 1. 学会自己的事情自己做，减轻父母的负担。 2. 热爱学校和班集体，积极参与学校和班级活动，有集体荣誉感，能够关心和帮助他人。 3. 知道中华民族是一个统一的大家庭。 4. 亲近自然，爱护动植物。

二、关键经验的具体指向与发展要求分析

根据如上表格，结合华师大版《完整儿童活动课程》以及小学人教版《道德与法治》一年级教材以及大班和一年级学生的学情分析，从横向、纵向的角度不断比对、分析，梳理分歧点、共通点和融合点，再提炼贯通。

如第四条关键经验"有归属感"梳理源于2个步骤：首先是关键经验的提炼。基于中国学生发展"责任担当"核心素养及素养的要点"社会责任、国家认同、国际视野"，结合《指南》社会领域5—6岁发展目标"社会适应"的第三点"具有初步的归属感"和《新课标》第一学段（1—2年级）学习目标的第五点"责任意识"，发现学习目标均从"责任担当"的素养出发，培养学生的家国归属感。对比发现"有归属感"的表达更具象，更贴合幼小衔接的学段表达。其次是具体指向和发展要求的梳理。继续研读三者的具体条目，发现"有归属感"从自我、家庭、自然、集体、民族、国家的角度进行说明，两个学段的条目有相同，有提升，有不同。结合之前的学情分析，从"集体、家乡、国家"三个方面来贯通落实幼小衔接阶段"有归属感"的培养更有针对性、层次性，于是再次对比、梳理，确定了三条具体且能达成的两个学段的贯通发展目标。

最后确定"交往态度与能力、自我认识、规则意识、有归属感"四条关键经验，梳理出两个学段相对应的具体指向和发展要求，为幼小衔接情感与社会发展一体贯通课程确定了可观测、可操作、可评价的目标指向及要求，如表2-2：

表2-2　幼儿园大班和小学一年级社会领域关键经验具体指向和发展要求

关键经验	幼儿园大班关键经验 具体指向和发展要求	小学一年级关键经验 具体指向和发展要求
1. 交往态度与能力	① 有自己的好朋友，也喜欢结交新朋友。 ② 能有礼貌地与人交往，能关注别人的情绪和需要，并能给予力所能及的帮助。 ③ 乐意亲近同伴、教师、长辈等，有问题愿意向别人请教，有高兴的或有趣的事愿意与大家分享。 ④ 能想办法吸引同伴和自己一起游戏，与同伴发生冲突时能自己协商解决，不欺负别人，也不允许别人欺负自己。 ⑤ 活动时能与同伴分工合作，遇到困难能一起克服。 ⑥ 接纳、尊重与自己的生活方式或习惯不同的人，知道别人的想法有时和自己不一样，能倾听和接受别人的意见，不能接受时会说明理由。	① 主动认识新同学，结交新朋友，积极介绍自己的好朋友，体验自我介绍、结交朋友的过程，获得同伴交往的积极情感体验。 ② 知道分享能交到更多的朋友，学会仔细、小心、礼貌等多种方法，乐于与同伴多角度分享，感受分享的快乐，初步学会换位思考。 ③ 熟悉学校的老师、校工，愿意和他们亲近、交往，感受他们的关心和爱护，能主动礼貌问候。 ④ 喜欢和同龄人一起玩，感受一起玩的快乐，在游戏中互帮互助，增长智慧，初步学会友爱同伴，尊重别人，有乐群的意识。 ⑤ 知道合作无处不在，掌握合理分工、巧妙配合、不埋怨、会倾听等合作的方法和技巧，感受合作的快乐，愿意尝试同伴合作。 ⑥ 在自己与他人想法不同时，能倾听和接受他人意见和建议。学会用适当方式控制自己消极情绪，发生冲突能妥善解决。
2. 自我认识	① 知道自己快要上小学了，多种方式感知自我的变化和成长，尝试感受和体验身份的变化。 ② 能主动发起活动或在活动中出主意、想办法。 ③ 做了好事或取得了成功后还想做得更好。 ④ 自己的事情自己做，不会的愿意学。 ⑤ 乐意尝试有计划地安排自己的时间和活动内容，并努力做到。	① 上学了，感受自己身份的变化，感知并学习适应环境的变化。 ② 乐于探究，在学习与生活中遇到问题能够想办法解决，提高动脑动手能力。 ③ 体会成长的快乐，能看到自己的进步和不足，欣赏他人的优点和长处。 ④ 学会整理书包和准备学习用品，愿意学习更多的生活与学习本领，坚持自己的事情自己做。

关键经验	幼儿园大班关键经验 具体指向和发展要求	小学一年级关键经验 具体指向和发展要求
2. 自我认识	⑥ 主动承担任务，遇到困难能够坚持而不轻易求助。 ⑦ 与别人的看法不同时，敢于坚持自己的意见并说出理由。	⑤ 学会合理安排学习和休息时间，养成做事认真不"马虎"，有始有终，用各种方式督促自己。 ⑥ 能制订出切实可行的目标，认真完成自己承担的任务。遇到困难时分辨哪些困难应该求救，哪些事情应该自理，学会有礼貌地向他人求助，说清楚，讲明白。 ⑦ 能够表达自己的感受，学习倾听他人的意见。
3. 规则意识	① 理解规则的意义，能与同伴协商制定游戏和活动规则，并遵守班级和幼儿园的规则。有遵守规则的意识。 ② 爱惜物品，借用他人物品也知道爱护。 ③ 做了错事敢于承认，不说谎。 ④ 能认真负责地完成自己所接受的任务。 ⑤ 爱护身边的环境，注意节约资源。 ⑥ 奏国歌、升国旗时能主动站好，懂得爱护国旗。	① 知道学校生活有规则，懂得遵守规则的重要性，了解校园生活的一般规则，能自觉遵守课堂常规，校园规则。 ② 认识校园生活中的公共设施，学会正确使用设施，爱护公共财物。 ③ 学习分辨是非，做了错事勇于承认和改正，不撒谎。 ④ 做事认真，有始有终，不拖拉。 ⑤ 坚持垃圾分类，节约资源，有保护环境的意识。 ⑥ 懂得爱护国旗、国徽，知道法律不允许毁损、涂画国旗、国徽，知道奏唱国歌的有关规定，能在学校升旗仪式上做到脱帽、肃立、行注目礼，少先队员敬队礼。
4. 有归属感	① 愿意为集体做事，为集体的成绩感到高兴，有初步的集体荣誉感。 ② 能感受到家乡的发展变化并为此感到高兴。 ③ 知道自己的民族，知道中国是一个多民族的大家庭，各民族之间要互相尊重，团结友爱。知道国家一些重大成就，爱祖国，为自己是中国人感到自豪。	① 融入集体生活，能认真完成集体交给的任务，主动为集体做力所能及的事，积极参与学校和班级活动，为集体的荣誉感到高兴。 ② 了解家乡的风景名胜和主要物产，关注家乡的发展变化。 ③ 认识国旗、国徽，学唱国歌，知道我们国家的全称是中华人民共和国，认识中国版图，知道自己是中国人。知道我国是一个统一的多民族国家，有 56 个民族，为此而感到自豪。

第三节　活动／教学设计与实施

从"经验"到"实践"其实是一个不断循环往复的过程，需要在实践中反思：如何把幼小衔接这个陡坡转变为缓坡，让孩子们在身心、生活、学习和社会各方面自然过渡，科学衔接？如何开发更有针对性的贯通课程内容，如何制定更适合班本化的活动／教学目标，如何实现贯通活动／教学的实效性，如何提升幼小衔接的教研实效性？同时，用新的思路去匹配现实的行动，继续修正思路，实现关键经验的连贯性和综合性是促进儿童适宜成长的关键之路。

一、活动／教学的设计原则

贯通式课程情感与社会性发展领域教学设计强调以学习者为中心，以"上下贯通，有效衔接"为目标，帮助儿童正确认识自我，建立良好的人际关系，拥有积极向上的生活态度，养成遵纪守规的品质，为后续的学习生活奠定坚实的基础，有效落实儿童核心素养的培养。通过贯通课程的实践，给出以下几点教学设计建议：

（一）树立贯通融合理念，强调适应性与情感性的统一

聚焦儿童核心素养发展，体现幼小有效教学的整体性、一致性和发展性，打造幼小衔接贯通式课程，树立融合贯通的理念是第一步。守正创新是贯通融合的基本要求，问题导向是贯通融合的根本方法，贯通融合的不仅是学段、内容，更是方法、过程。教师在设计教学中，要时时反问自己：我设计的内容是否达到了贯通的要求，是同一主题的贯通，还是不同主题的融合？我制定的教学目标是否在两个学段中达到了贯通？我预想的教学方式、学习方法是否达到既保持了自己学段的要求又为另一个学段提供了发展的空间……

儿童从幼儿到小学一年级的这段学习与生活有相通性，有区别点，有进阶要求，这要求老师在贯通课程的设计中首先要满足儿童的适应要求，因为他们要经历的是两个不同的学习、生活环境，不同的学习内容、方法，良好的适应性是发展的前提。其次，自我认同、自我管理、认同感、归属感等这些都是情感社会发展领域有别于其他领域的关键点，教学设计中要以情感体验为出发点和终极目标，教师需要支持和满足了解他们的想法和感受，尊重他们的个性，给予适当的自主

27

权和选择权，积极地鼓励，引发真实情感的发生，帮助儿童更好地适应新生活。因此，适应性与情感性统一是情感与社会性领域贯通融合的最终目标。

（二）注重素养与经验勾连，锚定具体培养目标的落实

幼儿大班和小学一年级学段情感与社会性领域核心素养的培养更加注重道德和人格品质素养、自我认知智能、情感管控能力、社会责任和意识等方面的培养，更加重视传播社会主义核心价值观，并对儿童的生命价值及基本需求给予关怀。基于情感与社会性领域的核心素养的关键经验包含"交往态度与能力、自我意识、规则意识、有归属感"四大维度以及幼儿大班和小学一年级的若干条具体指向和发展要求，我们在设计中要注重把"珍爱生命、健全人格、自我管理、社会责任、国家认同、国际理解"情感与社会性发展密切相关的核心素养要素与"交往态度与能力"等具体的关键经验勾连，上下贯通，落实到具体的培养目标之中。

如"自我管理"核心素养要求是正确认识与评价自我；依据自身个性和潜质选择合适的发展方向；合理分配和使用时间与精力；具有达成目标的持续行动力等。核心素养下的关键经验"自我意识"包括自我认知、自我体验、自我管理，通过增强自我意识，个体能够更好地进行自我管理，实现情感与社会性领域中个人的成长和发展目标。勾连核心素养和关键经验为课程目标的确定提供了明确的方向、清晰的目标、整体的视野。幼儿大班"我会整理"和小学一年级"自己的事情自己做"两个课例基于勾连，形成贯通的课程目标："我会整理"以"自己的事情自己做，不会的愿意学"为具体要求，小学一年级"自己的事情自己做"以"学会整理书包和准备学习用品，愿意学习更多的生活与学习本领，坚持自己的事情自己做。"为具体课程目标，构成了一个从思想到行动的连续体。

（三）聚焦关键经验引领，坚持班本的"个性化"需求

结合情绪心理学、发展心理学和儿童教育学，以幼儿园《3—6岁儿童学习与发展指南》中"（三）：社会"和《新课标》为导向，梳理的"自我认识""交往态度与能力""规则意识""有归属感"四大板块的若干条关键经验是教学设计的指引，但它并不是唯一。每个孩子的成长速度、学习方法、兴趣爱好以及适应能力各不相同，而每个家庭的教育理念和经历也存在差异。此外，学校和教师等教育资源的影响也不容忽视。因此，"个性化"需求无形中对教学设计提出了更高的要求。

在教学设计时既要勾连"关键经验"，又要链接"班本特色"。根据学情精准制定适宜的教学目标，最好能展示出一定的范围区间，确保基础与提升并重；选择与儿童特点相匹配，能引起儿童兴趣的教学策略，多考虑儿童在活动中的行为表现，关注学习过程中出现的问题，重视特殊儿童的需求，发挥优势儿童的示范作用；采用多元化的评价方式，确保每个孩子的情感和社会性发展都得到提升。

例如，以"融入集体生活，主动为集体做力所能及的事，为集体的荣誉感到高兴"这一核心经验为引领，结合幼儿园绘本教学的多样性以及小学"绘本中的学校"这一校园文化特色，我们开发了"校园是我喜欢的地方"这一课程。为了帮助儿童更好地适应新学校环境，产生归属感，我们设计了"探秘校园"小任务，在课堂上交流"探秘约定"。随后，根据既定路线一起探秘校园，发现校园雕塑与绘本之间的联系，回忆绘本内容，在探索过程中初步了解校园文化特色和办学理念等基础信息。最后，孩子们通过夸夸我喜欢的校园一景，表达对校园一角的喜爱，对校园的学习和生活产生向往之情。

（四）强化具身体验学习，贯彻活动型游戏性学科特点

强调把"具身体验学习"运用到情感社会性发展领域的学习中，贯彻综合性、开放性、活动性的学科特点。

幼小衔接阶段，儿童还是处于直观的动作思维和具体的形象思维为主的阶段，游戏、体验还是主要的学习方式。教师通过创设一定的情境，让儿童以自然的身心状态参与到课堂教学活动中，通过具身交互和沉浸体验进行学习，唤醒儿童主观能动性，唤醒儿童心灵深处的内在潜力和重要需求，在"游戏-参与-互动-探究-反思"这样的具身体验学习模式中见微知著、触类旁通，在真实的情感激发中汲取社会性成长的力量。

强化具身学习体验，教师要根据儿童的年龄特点，结合儿童的生活经历、困惑问题，有针对性地创设具身情境，把生活中的典型场景展示在儿童面前，运用多媒体资源和手段，结合空间场域的造设，让儿童积极参与；教师设计各种富有教育意义的活动，如故事育人、游戏体验、角色扮演、榜样示范等，让儿童在"境"中玩，学中思，做中提升，与环境互动、与同伴合作，从多角度、多层面引导儿童去理解、认识自我、他人和社会，获得对新环境、新生活的亲身体验和感受，实现新知识、新经验、新能力的主动建构。

在幼儿园的"朋友真好"和一年级的"我们和好吧"这两节课例中，教师都采用了剧情演绎的方式，使儿童在沉浸式的具身体验中提升能力。在幼儿园大班，孩子们通过绘本情境自主挑选角色进行扮演，通过互动演绎，他们学会了分享、合作、互助，并且总是设身处地为他人着想。这些多样化的活动形式使得幼儿与同伴之间的交往变得生动可见；一年级的教学重点在于利用日常生活中个人及他人之间的矛盾冲突进行剧本演绎，引导学生学会以恰当的方式修复友谊。教师与学生共同挑选角色，并分阶段或有选择性地进行角色扮演，注重在方法指导上下功夫。通过提出问题、亲身示范、寻找榜样以及持续追问思考等策略，唤醒儿童原有经验，激发即时的创造性思维。这样不仅使学生掌握了恰当的冲突解决技巧，还逐步增强了他们的社交能力。

29

（五）珍视生活经验价值，促进知行合一全面育人过程

"生活"是儿童的主场，儿童独特的生活经验对于其成长的积极意义至关重要。儿童的生活具有内在深度，不仅包括外显的活动、言行，还包括儿童的感受、思考、情感以及其他精神活动等不可见的内在生活。教学设计要实现从"经验"到"实践"的转变，既要引导儿童过好当下的生活，也要引导他们超越当下的生活，为未来做准备。

无论是课前的调查体验活动，还是课中的具身体验学习，或者是课后的生活实践作业，建议都要通过现实情景的捕捉和再创造，让儿童感受生活的美好和快乐，激发热爱生活的情感；另一方面通过引入儿童生活中的典型问题进行探究活动，鼓励儿童自己在探寻问题、解决方案的过程中，参与生活、创造生活，展示儿童多样化的个性和丰富的智慧，培养乐观积极的生活态度；同时，引导儿童对自己的整体生活进行反思、体悟、整理、想象、提升，最后形成"自为"的生活，回应"促进知行合———全面育人"。

如一年级"欢庆元旦"一课中，通过学习单"元旦活动卡"，课前引导儿童用画笔记录真实的元旦生活，带来幼儿园和小学学会的小手工、小制作；课中借助问题的任务——"怎样庆祝欢快的元旦？"驱动儿童思考，分享快乐的元旦生活，用自己的小手来装扮教室，用独特的创意美化教室，让儿童在观察与生活回忆中感受元旦的喜庆和欢乐，并为集体做力所能及的事而高兴；课后清理教室践行"扫尘"的习俗。珍视儿童的生活经验价值，珍视实践对儿童知行合一的促进作用，进一步发挥课程的育人功能。

（六）发挥多维多元评价，实现社会适应能力稳步发展

《新课标》指出："评价不仅是为了了解儿童的学习结果，它本身就是儿童丰富多彩的学习过程"。教师不仅仅重视最后的结果，还要珍视儿童体验宝贵经验的过程，更多地去关注他们在活动过程中付出努力的程度和自我发展的成长足迹。为此，把表现性评价和过程性评价相结合，以"评"促"学"，以"评"促"行"。过程性评价关注孩子在学习过程中的表现，如参与度、合作精神等，结果性评价则关注孩子在社会认知、社会技能等方面的达成情况，评价的主体可以是教师，也可以是孩子自己、同伴、家长等，通过多元主体、多元途径，更好地促进孩子社会性的发展。

例如，小学"整理书包"活动过程中，当儿童在规定时间内都能积极参与、有序完成整理自己书包的小任务，教师就及时颁发"小能手奖章"作为鼓励，并在课后布置为期 2 周的"整理书包小能手"打卡评价，鼓励家长和老师共同参与评价；幼儿园大班"任务小达人"中，既有活动现场即时性的任务挑战与体验，也有活动后班级里与家庭中的持续性任务手册。

二、活动／教学的实施保障

教育部出台《关于大力推进幼儿园与小学科学衔接的指导意见》，其中特别提出"建立联合教研制度""鼓励学区内小学和幼儿园建立学习共同体，加强教师在儿童发展、课程、教学、管理等方面的研究交流，及时解决入学准备和入学适应实践中的突出问题。"

相关调研发现区内幼儿园和小学联合的活动常见于联合开展开放日活动，如幼儿园小朋友进入小学，观摩、体验小学生活，小学教师来园座谈交流等，很少从"课"的角度进行双向研讨，且联合教研样态单一，流于形式，弱化了联合教研的功能。为了双向提升幼儿园和小学教育质量，促进幼小衔接的可持续发展，实现学生素养的达成，我们积极探索"联合教研保障幼小衔接课程一体贯通的有效实施策略"，并对联合教研新样态提出了新目标：

* 组建优势互补的团队，成立"园校双向联动教研组"，实现互利共赢；

* 创新联合教研形式，达成两个学段在教学目标、教学内容、学习方式、教学方式、评价模式上的一体贯通；

* 基于数据化分析，开发课堂评估工具，实现教学评一致性；

* 开拓联合教研对话及沟通平台，实现多渠道合作交流、资源共享。

经过一年多的实践和互学互研，在双向贯通、共同奔赴的过程中，初步形成了三种联合教研的新样态，让联合教研逐步走向纵深，真正落到实处。

（一）"共愿景"跨界教研团

1. 打通教研通道

"跨界"是基于开放的视角、打通的思路，以互动的形式促进共同目标的实现。跨界教研不仅跨学段，而且跨学科，跨专业领域。在区教育局的推动下，区教育学院牵头，指定几所幼儿园园长、小学学科负责人、大班教师、一年级教师加入其中，有骨干力量，有青年教师，有道德与法治老师，有语文老师，有园长，有班主任，有普通教师……通过打通幼小教研通道，建立幼小联动教研机制，成立"幼小衔接跨界教研团"，力求解决"谁来研"的问题，为后续更好地建立园（校）联合教研保驾护航，从而推动幼小科学衔接向纵深发展。

2. 凝练共同愿景

幼儿园与小学的教育方式不同，两个学段的教师对幼小衔接的认识也不同，因此急需共同绘制"跨界联合教研团的愿景"。通过前期的线上、线下会议，深入学习《中国学生发展核心素养》《幼儿园入学准备教育指导要点》《小学入学适应教育指导要点》《3—6岁儿童学习与发展指南》和《新课标》，以头脑风暴的形式展开研讨，最后确定了共同愿景：幼小一体化情感与社会性领域贯通课程实施，让学生"健康生活"和"责任担当"的素养看得见。

3. 达成战略共识

"共同的愿景"是贯通课程实施的方向标，但是需要通过联合教研活动去达成共识，这种共识是进行贯通课程实践的依据，是开展教学活动的标准。根据学情分析完成了关键经验的梳理，为进一步明确与幼儿园和小学课堂的相关问题，开展"如何贯通幼儿园与小学课堂"的教研活动。大班老师走进小学，小学老师进入幼儿园，参观校（园），观察学生上课活动，面对面交流各自的课堂情况，最后达成了共识：幼儿园要"紧一紧"，小学要"放一放"，在作息时间、物理空间、习惯要求、教学内容、课堂节奏、呈现方式等方面给孩子一个平稳和逐步适应的过程。

（二）"新思维"贯通教研路

"新思维"是一种导向，是一种理念，是一种方法，是一个过程。跨界教研团统一部署，以解决幼小衔接贯通课程的"真问题"为导向，以"微项目"教研为主要形式，通过察学、议课、思维风暴等方式，寻方法、探路径、提合力，研思并举，提升教师的问题解决能力，促进学生的素养达成。

1. 从"观教"走向"察学"

提倡教师身份的转变，不仅仅关注教师的教学方法，课堂的投入状态，更多关注学生的学习状态、学习方法和学习成效，觉察两个课堂的情感需求间的差异，审查两个学段在课堂上是否实现了经验的贯通。根据联合教研的"微项目"主题，运用"课堂察学量表"这一支架，灵活设计量化表，如学生"情感投入状态""参与活动时间""学习目标达成"，教师"课堂教学方法和手段的运用""典型环节"等，以小组分工的形式进行观察与记录，方便后续的"议课"。如图2-1：

情感与社会发展领域　课堂察学量表

课题：＿＿＿＿＿＿＿　　执教者：＿＿＿＿＿　　观察者：＿＿＿＿＿　　时间：＿＿＿＿＿

时间段分钟	情感投入较高且持续久 人数/组1	学习方式	情感投入断断续续 人数/组1	学习方式	情感投入不太理想 人数/组1	学习方式
5						
10						
15						
20						
25						
30						
35						
40						
典型环节记录		我的思考				

图2-1　情感与社会领域课堂察学量表

2. 从"评课"走向"议课"

不再简单就课论课，而是针对"察学量表"中记录的具体数据和典型事件，两个学段的老师站在对方的角度，通过"头脑风暴"进行"换位式分享交流"，商讨更精进的设想，达成新的共识。首先，不论老师们的想法是否正确或者合理，记录员（桌长）都需在明显的位置（如大黑板）用记录关键词语的方式记录所有成员对本次"议课"内容的想法，随后，主持人对大家的观点进行梳理和筛选，聚焦关键的1—2个"点"进行更加深层次的发散思考，最后进行总结凝练。通过这样的"议课"，让每一次的"微调"促进幼小的距离更"靠近"，让每一次的思想碰撞使幼小衔接更加贯通连接。

3. 从"普通就坐"走向"世界咖啡"

不再拘泥于传统的会议长桌或者学生式的就座，尝试灵活、流动的"世界咖啡"讨论形式。"桌长"以思维导图的形式对大家的观点进行梳理，教师轮流参与到每组的交流讨论中，发表各自的见解，最后再回到原"咖啡桌"，围绕研讨主题进行新一轮深入研讨，并梳理汇总研讨内容，以图文、关键词等架构思维图，阐述小组的研讨成果。通过"质疑""补充"，建立一个充满生机的集体会谈网络，每个教师不是被动地接受和消化信息，而是在碰撞中形成新的教育智慧。

"新思维"教研创新了探讨的模式，破解幼小衔接中情感与社会性发展领域的难题，守护幼儿从容步入小学。

（三）"多场域"活力教研场

面对当前任务紧、情况多、教师忙的情况，为了更好地做好幼小贯通课程的研究，探索多场域的教研空间，线上线下，固定、移动相结合，突破了时空局限，创新教研方式，促进实践共同体协同提升，实现"共研、共享、共赢"。

1. 无边界，行走教研

情感与社会性领域的学习更具活动性、体验性，对课堂提出了新的要求，有些教学内容需要走出教室，在沉浸式的场域里更好地实现社会性发展和情感的提升。如归属感关键经验下有一节"校园是我喜欢的地方"通过探秘校园，说说喜欢的校园一景并尝试介绍，凸显归属感。课的开始学生领取探秘校园的任务和交流探秘约定在教室进行，课的第二个部分是校园探秘在校外进行，第三部分因为要说明自己喜欢的一景并尝试介绍又回到了教室。因此，教研的内容随着行走的课堂发生了变化。深入教室关注学生的参与度和情感力，走出教室聚焦学生的兴趣点和经验生成，从"看得见"向"看不见"处思考，反思学习内容与方式之间的关系，学习目标与效果达成度的情况等。行走教研这种全新的模式，让教研形式更为多样，更凸显幼小阶段的独特性，在行走中观察、发现、探讨和共赴愿景，从而让贯通式的研修走向纵深。

2. 云端场，网络教研

借助网络，在虚拟的云端进行联合教研，使活动开展更加自由、开放。我们以"三研"形成一个网络教研的闭环。首先，研前调研，促教研主题优化。教研员通过问卷和访谈等形式，寻找最有价值的、来自教师真实困惑的研修主题，再由老师们收集与主题相关的学习资源进行学习。其次，研中互动，促教研实施高效。每位参研者既是学习者，也是观点的阐述者，大家对某一个主题进行深入探讨，在倾听和碰撞中越辩越明、越思越深。最后研后跟踪，促教研效果迁移。教师们可采用"录制"教学等方式，把自己的教学成果传到云端学习场，再次反思。

第四节 典型案例解析

实践过程中，围绕"交往态度和能力、自我认识、规则意识和有归属感"四个维度展开实践与研究，对课例进行选择、设计与实施、复盘重构、深度反思，通过团队的群力合作，鼓励批判性对话、理性总结和异质参与，力求研究更有深度、高度和温度，现聚焦其中三个关键经验设计案例进行具体解析。

一、指向关键经验"交往态度和能力"的案例解析

（一）关键经验与学情分析

幼儿园大班与小学一年级阶段是儿童交往态度和能力发展的关键时期。在幼小衔接的阶段，由于环境变化和角色转换，孩子们展现出极高的可塑性和适应性。对实验园（校）关于交往态度和能力的相关教育进行调研，发现幼儿园没有特定的教材，交往态度和能力的相关教育零星地散落在日常教育和一些游戏活动中，小学教学主要体现在一年级上册第一单元《我是小学生啦》教材中，以引导学生认识同学和老师为主。由于缺乏对交往态度和能力方面的持续和高效关注，儿童在两个学段的学习过程中更多地体验到时空的变迁和交往对象的差异，而未能实现学段间交往态度和能力的提升。

根据"交往态度和能力"的关键经验具体指向和发展要求，对两个学段儿童

的交往态度和能力进行了学情分析。大班儿童在交往态度上主要表现为个体差异，部分胆小，缺乏自信，不敢主动和他人交往，沉浸于独自游戏（学习）的状态。从交往能力看，幼儿园能和同伴分享食物和玩具，交流想法等，但"合作与分享，团队意识，协商解决冲突"的能力仍旧处于初级阶段。儿童自我中心的性格还是比较普遍，表现在不愿意与他人分享玩具、学具或经验，甚至出现冲突时，会对他人进行言语或身体上的攻击。

小学调研中发现三个问题：其一，刚入小学因为需要适应新的环境，重新建立交往圈，因此在刚开学时候大多数儿童不太愿意主动与他人交往，需要更多的时间适应，消除他们的紧张、害羞和不自信。其二，缺乏有效的沟通技巧，表现为：表达自己的想法和感受的能力存在不足，并且个体之间的差异相当显著；普遍存在以自我为中心的现象，缺乏耐心倾听他人的意见和需求；理解并接纳他人的观点往往是一个挑战。其三，缺乏解决冲突的能力，表现为：在交往过程中，有时只关注了自己的感受，造成了冲突和问题后，无法控制自己的情绪，不知道如何妥善处理矛盾，导致只会"告状"或引起言语和行为的冲突。

（二）具体课例设计

为了进一步提升儿童的交往意愿，循序渐进习得交往的策略，逐步学会解决冲突的方法，建立良好的交往圈，以"健康生活"核心素养培养为导向，结合"交往态度与能力"的关键经验，以华师大版《完整儿童活动课程》以及小学人教版一年级教材中情感与社会性相关发展内容为依据，融合了校本化的内容，确定了两个课例。幼儿园大班"朋友真好"课例，通过两个好朋友相处中发生的开心、矛盾及和好的经历，实现"能有礼貌地与人交往，关注别人的情绪和需要，与同伴发生冲突时能自己协商解决"；小学一年级"我们和好吧"课例，以校园学习、生活中的典型小矛盾产生案例及解决的过程，实现"能倾听并理解他人的想法，学会调节和管理自己的情绪，妥善解决冲突，初步学会换位思考"。通过两个课例，实现了从"学会调节和管理自己的情绪"到"初步学会换位思考"的交往态度和能力的转变，以及从"尝试协商解决"到"妥善解决冲突"的能力贯通提升。

同时提出从"具身体验"的角度对两个课例的学习方式进行突破优化。强调教师持续观察两个学段学生在交往中的具化问题为导引，为学生创设更为真实的交往情境，"角色扮演"作为具身体验的重要学习方式，不仅要在两个学段一体贯通，而且要体现能力的提升，如幼儿园尝试站在别人的角度思考，学会及时调节和管理自己情绪来解决矛盾，小学则通过进一步主动的方式挽回友谊，实现幼小课程的一体贯通。以下为具体教学目标、教学过程的设计：

幼儿园大班"朋友真好"

【活动目标】

1. 绘本导读、了解与朋友友好相处的方法，在角色扮演、"晴雨心情"绘制中初步尝试解决同伴间的小冲突。

2. 回忆生活、绘画故事等方式感受朋友的重要性，在角色代入中共情，体验交朋友的乐趣。

【活动过程】

（一）课前画画，回忆故事

用谱图的形式画一画生活中跟好友一起发生的快乐事。

（二）介绍朋友，聚焦话题

1. 师生谈话：你的好朋友是谁？你们是怎么成为好朋友的呢？

2. 幼儿自主介绍分享。

3. 小结：原来互相帮助，主动交往，分享玩具，能够让你们成为好朋友。

（设计意图：以情感体验为出发点，创设轻松的谈话交流氛围，说一说自己的好朋友，通过教师的积极鼓励和帮助，唤醒幼儿对于好朋友的已有经验，融入课堂，积极参与课堂，引发其真实情感的发生，顺利开启本次教学活动。）

（三）绘本导读，晴雨心情

1. 观看封面，认识角色

（1）提问：今天来了两位客人，看看他们是谁？他们会是什么关系呢？

（2）幼儿自主交流。

（3）小结：大老虎和小老鼠是一对好朋友，他们觉得有朋友陪着自己很开心。

2. 观看画面一，感受角色的心理

（1）提问：甜甜圈只有一个，他们该怎么办啊？如果是你，你会怎么做？

画面一

（2）幼儿自主分享想法，教师与幼儿互动，引导观察画面，进一步了解故事。

（3）小结：大老虎和小老鼠在一起的时候，没有公平的分享，让小老鼠很难受。

3.自主阅读画面二、三，了解情节

（1）幼儿分组观看画面二（大老虎当好人，小老鼠当坏人）、画面三（小老鼠帮大老虎摘花）

（2）个别交流，分享发现，绘制"心情图表"。

（3）小结：像大老虎这样，只顾着自己，不为别人着想，是会让自己的好友伤心的。

（设计意图：幼儿还是处于直观的动作思维和具体的形象思维为主的阶段，通过绘本故事中生动有趣的情节，帮助幼儿搭建支架，凸显活动性的学科特点，也为下一教学环节作情感铺垫，能在交往中关注到同伴的情绪。）

画面二和画面三

（四）角色扮演，产生共情

1.自由选择，表达理由

（1）过渡：如果你是小老鼠，想不想跟这样的大老虎交朋友呢？

（2）幼儿自主将爱心贴

在"能做朋友"和"不能做朋友"的图表上，自由表达想法。

2.观看画面四，迁移经验

（1）提问：善良的小老鼠还是选择继续和大老虎做好朋友，后来又发生了什么事情？（心爱的玩具被踢倒）小老鼠和大老虎还能继续做朋友吗？

（2）小结：这次小老鼠是真的生气了，它离开了……大老虎感到非常伤心、难过，因为可能他心里还想着它的朋友。

3. 角色扮演，寻求原谅

（1）提问：如果你是大老虎，你会怎么做？如果你是小老鼠你会怎么做？

（2）师生共演、同桌对演

（3）小结：做事时候多想想对方的感受，控制自己的情绪和做法，或许就不会跟好朋友吵架了。如果犯了错，也要诚心诚意跟好朋友道歉，相信能赢得朋友的原谅。

4. 阅读故事，迁移

（1）最后，小老鼠和大老虎怎么样了？（大老虎为小老鼠做了那么多的事情，小老鼠选择原谅了他。）

（2）交流：你们有没有跟他们一样的故事，通过双方的努力又和好了？

（设计意图：教师通过创设一定的情境，让儿童以自然的身心状态参与到课堂教学活动中，唤醒儿童主观能动性，唤醒儿童心灵深处的内在潜力和重要需求。通过具身交互和沉浸体验，在角色代入的活动中，感受绘本中小老鼠和大老虎的心理变化过程，获得同理心；在角色扮演、同伴协商中了解与朋友友好相处的方法，初步尝试解决同伴间的小冲突。）

（五）总结方法，渲染情感

（1）提问：现在，你们觉得好朋友在一起应该怎么样呢？

（2）小结：朋友之间要相互分享，相互合作，相互帮助，多为对方着想，这才是朋友相处的好方法。

（3）教师配乐讲述《朋友真好》

（设计意图：选择与儿童特点相契合的方式，是受儿童喜闻乐见的教学策略，教师用声情并茂的方式，总结与同伴交往时的方法，引导幼儿能有礼貌地与人交往，达成关注别人的情绪和需要，与同伴发生冲突时能自己协商解决的教学目标。）

（六）课后延伸，绘画故事

和好朋友发生的趣事进行记录，粘贴在《好朋友故事册》

中，一学期内完成册子即可点亮"交友灯"。

（设计意图：通过现实情景的捕捉和再创造，让儿童感受生活的美好和快乐，激发热爱生活的情感，借助《好朋友故事册》这一实物载体，支持和引导幼儿在日常中感受与朋友交往的乐趣。引导儿童对自己的整体生活进行反思、体悟、整理、想象、提升，最后形成"自为"的生活，回应"促进知行合一全面育人"。）

小学一年级"我们和好吧"

【活动目标】

1. 阅读绘本故事知道对待同一件事物，别人想法可能会不一样，能倾听和接受他人意见。

2. 模拟生活情境，有解决冲突的勇气，用所学方法大胆尝试，化解冲突，乐于交往，乐于分享。

【活动过程】

（一）课前回忆，点燃热情

画一画、写一写自己的好朋友以及你们之间的小故事。

（二）游戏导入，交新朋友

1. 交交新朋友：谁想和老师交朋友？你平时喜欢做什么？握握手，抱一抱，做做好朋友。

2. 小结：看来有共同的爱好，就能找到好朋友。

3. 了解成为新朋友的原因：你的好朋友是谁，怎么成为朋友的？

4. 儿童回忆交友经历，自主分享，教师随机小结：因为距离相近、兴趣相同、性格相近、合作关系……成为了朋友。

5. 小结：这么多人都有新朋友啊！伸出双手，用你们的小手指告诉老师，你们快乐吗？

（设计意图：通过老师热情主动地问候，消除一年级孩子心中的陌生感，与孩子们拉近距离，用老师的亲和力帮助学生更好地适应小学的课堂。交流儿童在入学之前的交友经历和经验，了解儿童的想法和感受，是对儿童在幼儿园习得的交友技巧的回顾，激起交往的兴趣，引发真实情感的发生，初步体会交往的乐趣。）

（三）巧借绘本，化解冲突

1. 阅读绘本《南瓜汤》，认识冲突

图2：绘本《南瓜汤》

出示绘本《南瓜汤》：我们小朋友都找到朋友了，森林里也住着三个快乐的好朋友。

（1）分片段阅读绘本，儿童自由交流鸭子、松鼠、小猫的想法。

① 提问一：三位好朋友分别是谁？他们一起做了什么？（感受朋友的和谐快乐）

② 提问二：哎呀，发生什么事了？为什么吵架？

（2）认识冲突：虽然大家都想把南瓜汤煮好，但是大家的想法不一样。当我们因为一件事产生不一样想法的时候，就会和朋友有了矛盾，产生冲突。

2. 角色代入，学习化解方法。

（1）互动交流，了解情绪

提问：你觉得这个时候的鸭子，会不会难过？猫会不会伤心？松鼠会不会还有点生气？

（2）再次质疑：

① 问题一：小木屋里一团糟，什么都听不清了，那可怎么办啊？

② 问题二：小动物们听了大家的建议冷静下来了，可是他们谁也不理谁，你们能再帮帮他们吗？

（3）剧情演绎，学会冷静：儿童根据自己的生活经验自主交流化解冲突的方法

（4）教师小结：冷静下来，听听对方的想法，一起想想解决办法，"我们和好吧"——握手或拥抱结束冲突……

（设计意图：教师从绘本中提取儿童生活中的典型场景，从绘本故事到角色扮演，让儿童在"境"中玩，"境"中学、

"境"中思、"境"中做，与情境互动、与同伴合作，引导儿童在轻松愉快的氛围中，知道对待同一件事物，别人想法可能会不一样。学着能倾听，接受别人的意见，不能接受时说明理由，初步习得化解冲突的办法。）

（四）课间操活跃课堂气氛：手势操《我的情绪小怪兽》

（设计意图：关注到儿童年龄发展特点，选择与儿童特点相契合的教学方式，通过音乐律动和简单的手部活动，调动儿童的积极性，有助于后续专注于课堂；在帮助儿童放松的同时，引导儿童关注自己的负面情绪，有方式地释放负面情绪。）

（五）回归生活，践行方法

1. 链接生活，再现情境

（1）过渡：像森林里的这几个小动物一样，我们小朋友在生活中也会发生冲突。

（2）播放"生活中的小冲突"视频

（3）帮助视频里的同学化解矛盾

引导：视频遭到损坏，中间缺失了一段，消失的片段可能是什么，他们是怎么做的？

预设：少数服从多数、石头剪刀布、其中一方谦让、轮流……

比较做法

引导：大家想的方法能帮到他们，那生活中的他们究竟是用了同学们的方法，还是有了自己的想法呢？我们一起去看一看。儿童再次观看视频里的方法。

（设计意图：珍视儿童生活经验的价值，捕捉儿童真实生活中会出现的冲突场景，鼓励儿童结合刚刚学到的化解冲突的办法，自己探寻问题的解决方案，参与生活、创造生活，展示儿童多样化的个性和丰富的智慧，培养乐观积极的生活态度，做到知行合一。）

2.课堂实操，践行方法

（1）送爱心贴纸：送给之前发生过冲突的小朋友，真诚地和他去和好。

（2）教师小结：希望这张贴纸给你勇气，勇敢地跨出一步，积极面对冲突。

（设计意图：通过送"爱心贴纸"，引导儿童对自己的真实生活进行反思、整理。由点及面，引导全班动起来，尝试主动化解冲突。通过自身实际参与，巩固刚学到的化解冲突的交往技巧，进一步强化交往技巧，帮助学生形成"自为"的生活，回应"促进知行合一全面育人"。）

（六）阅读故事，友情画展

1.课外阅读故事《纸船和风筝》

2.当你和同伴发生冲突时，用画画的方式表示你想和好的心愿。

3.学期末进行"友情绘画展"

（设计意图：由课堂延伸至课外，进一步遵循"促进知行合一全面育人"的原则，引导儿童将课堂上学习到的方法内化，并与自身真实生活相链接。通过"画展"开启化解冲突、同伴之间友好交往的大门，用儿童的方式践行交往的初心。）

（三）教学实践反思

基于儿童交往态度和能力的发展现状，对标《新课标》与《3—6岁儿童学习与发展指南》，聚焦"健全人格""健康生活"基本素养要点，贯通两个学段的目标、方式方法，实现课堂增效，让儿童的交往能力和态度真正获得成长，以下是四个方面的思考：

1.基于儿童的真实经验是前提

儿童的经验是零散、琐碎、狭小的，但正是这些被视为"小儿科"的经验，代表着他们对世界、对生活的独特理解和真实感知，体验着归属感和意义感，构建着对自身和世界的理解，是课堂的起点和可能，是活动的前提。进行贯通式课程活动设计的前提是充分了解儿童的认识和现状，了解他们的生活经验，这是基于儿童的立场。儿童的经验里包含着各种事实和真理，包含着他们自己的独特见解和个体需求。如果能把儿童所熟知的日常生活及独特经验和课程内容有机联系，不仅可以让儿童迅速地进入到课程的学习中，而且可以使他们更快得获得新的情感与体验。尤其是具有典型意义的经验是学习最好的起点和资源。如果对此经验进行改组、改造和不断生成，更是对儿童下一个经验的再塑，在积累的过程中实现生命的整体发展，学生"健康生活""责任担当"的素养达成。

如这两个课例中，教师通过师生交流完成的课前调查，对儿童交往过程中的经验有一个具象的回顾，再透过现象看本质，经验为教学所用。如设计"如果你是大老虎，你会怎么做？你的生活中有没有类似的事情，你们是怎么解决的？"拍摄了"生活中的小冲突"视频等，都是基于学生经验的教学设计与实践，以发现和理解为起点，以运用和改造为手段，以丰富和发展为旨归。

然而，在幼儿大班的课程实例中，通过绘本故事场景引导幼儿将所学与自己的生活经验相联系时，由于幼儿年纪尚小且表达能力有限，他们往往难以理想地再现生活经验。因此，建议教师持续观察，以识别幼儿日常交往中普遍存在的共性问题以及个别差异。通过多样化的教学手段来补充这一过程，有助于孩子们更有效地将学习内容与生活经验相融合，解决实际交往中的问题，实现核心素养与关键经验的勾连，达成课程目标。

2. 忠于贯通的目标制定是关键

在社会领域的幼小衔接教学设计中，明确贯通式的培养目标是关键。幼儿园大班儿童与小学生的生活经历、关注的内容是不同的，但他们的生活和学习在一定程度上相通，只是存在进阶的需求。聚焦两个学段在交往态度与能力的关键经验发展目标，做到定位适宜、层次递进，确保教学目标具有科学性、可操作性和可达成性。在学前教育阶段结束时，大多数儿童愿意跟同伴一起玩，不知不觉中明白了交往的重要性，掌握了一些交往的技巧，但这些能力更多是在游戏、生活中潜移默化、润物无声中习得的，能力强弱有差异。尤其是全新的一年级新环境对儿童的交往又是一个新的挑战。因此，在目标锚定上，幼儿园大班"朋友真好"的关键经验聚焦在"能有礼貌地与人交往，关注别人的情绪和需要，与同伴发生冲突时能自己协商解决"，小学一年级"我们和好吧"则聚焦在"能倾听并理解他人的想法，学会调节和管理自己的情绪，妥善解决冲突，初步学会换位思考"。幼儿园大班交往的"礼貌性"以及"学会和不同的对象交往"是能力提升点，更好地为适应小学阶段的交往助力。小学在幼儿园的基础上，要求"学会控制情绪""初步学会换位思考""尝试用各种方法挽回友谊"这对儿童的情感和社会性发展提出了更高要求，为进一步提升交往能力，从儿童发展的适应性和进阶性角度提供了经验。

3.富于真情的具身体验是保障

"健全人格"素养的落实不是通过讲授来实现的，它需要通过儿童具身化的实践去体验、感悟、内化。幼儿园教学活动以"趣"字贯穿始终，相对小学的课堂，班级人数增多，教室座位安排有所变化，如对"坐姿、倾听、表达"提出了更具化的要求，对学生来说全程、全身心投入需要有个适应的过程。因此，"活动型、游戏性"的活动设计是课堂实效性的保障。

幼儿园老师和小学老师通过前期互相深入课堂一线，了解各自上课的活动空间、授课模式、活动设计，观察学生的心理状态和课堂反应，再商讨本次交往课程最合适的活动形式，发现爱听故事是低龄儿童的共性，因此两个课堂均采用"绘本有约"，用这种具身化的方式搭建起交往的心桥。老师们引导孩子观察绘本画面，想象当时的情景和心情，预测故事情节的发展与结局，让儿童入情入境，尝试理解他人的感受和需求，触及自己的内心和情感，提升交往态度。当然"绘本有约"的呈现方式根据年段学生的特点需实现进阶，幼儿园选择一步步呈现，小学则是一次性呈现。

此阶段的儿童特别喜欢模仿，因此教师在指导儿童与同伴沟通、解决冲突时采取"剧本演绎法"。活动中幼儿园大班侧重于与朋友交往的好方法，以绘本的情境自主选择角色扮演，互动演绎，相互分享，相互合作，相互帮助，多为对方着想等，各种形式代入让幼儿与好朋友的交往"看得见"。一年级教学立足大班提供的发展空间，侧重于交往发生冲突时如何化解。采用了生活中自己和他人的矛盾冲突进行剧本演绎，尤其是通过各种方法化解自己生活的冲突，如采用倾听和接受他人意见和建议，学会用适当方式控制自己消极情绪，送贴纸，拥抱、握手等方式妥善解决冲突，更突出现实性。

在剧本演绎中，由于各小组的发展水平有差异，有些小组表达能力弱，一下子找不到合适的方法呈现自己的想法。因此，教师给予儿童的支架需要更多样化，如要表达对对方的谢意，教师可以放一些笔、纸让学生来画一画、折一折，自制表达心意的小礼物，也可以放一些其他儿童的不同做法的照片等，用这种看得见的小策略鼓励学生学会自由选择、发散思维，更符合幼儿大班和一年级儿童的心理发展规律，在积极的表达中内化情感体验的价值，促进儿童交往态度和能力的发展。

4.归于生活的教育意义是核心

学生的情感与社会性发展能力是一种"软能力"，归于生活的教学要求学生从"经验"到"实践"的转变，实现交往态度与能力在一日生活中的"软着陆"。在大班活动"朋友真好"课中，追问孩子在生活中有没有遇到"和小伙伴相处时，总想着自己多玩一点，多拿一点等不公平的待遇"，让儿童联系自己的生活实际说一说、演一演"后来是怎么解决的"，活动后结合"好朋友故事册"，粘贴与好朋友发生的趣事，更好地持续促进与朋友交往。一年级"我们和好吧"课中，选取孩子交往问题进行交流、演绎，以自己的成功和失败的经验得出结论：控制自己的情绪是第一步，化解冲突的关键是勇敢面对。在教学尾声时，儿童把爱心贴纸送给之前发生过冲突的小朋友，真诚地与他去和好，实现了导行的目的。课后的延伸作业"用画和好"也是用儿童的方式践行交往的初心，"友谊画展"提升了学生的持续交往热情。

"为学之实，固在践履"，要思考的是如何利用对现实生活的捕捉和再创造，做到幼儿和小学的关键能力点的承接。本课例从幼儿正面交往的角度让学生躬身实践，而小学一年级则关注交往的矛盾解决。教师和家长应在生活中为孩子提供与同伴交往的机会，关注每一个孩子的情绪和行为，鼓励孩子主动与其他孩子交往，用课堂上学过的交往策略，获得朋友，积极理性地处理冲突，向"自为"的生活靠近。

二、指向关键经验"自我认识"的案例解析

（一）关键经验及学情分析

自我认识是个体对自我存在状态的认知，包括生理、心理的等方面的状态，具有一定的连贯性和进阶性特征。在对实验园（校）关于自我认识的相关教育调研中发现，幼儿园大班的教学主要体现在第一学期"特别的我"主题中，以发现自己的特点，感受与他人的差异为主；小学教学主要体现在一年级上册第一单元"我是小学生"和一年级下册第一单元"我的好习惯"教材中，以感受自己身份的变化，学习适应环境的变化和养成良好的习惯为主。

两个学段都关注到儿童的自我认识，但由于身份的变化，一年级的"整理"主题在幼小衔接中的重要性不容忽视，是入学适应的难点；以"健康生活"核心素养培养为导向，结合"自我认识"的关键经验，基于儿童共有的生活经验，选择贴近儿童生活的"整理"为主题。根据"自我认识"的关键经验具体指向和发展要求，对两个学段儿童的自我认识进行了学情分析。大班儿童在自我认识上主要表现为主体意识的薄弱，往往处于被动的状态，没有主动形成对自我的清晰认识。在整理能力上，由于包办代替，导致缺乏生活经验和操作经验，没有掌握自主整理的方法，缺乏整理体验带来的成功感，无法萌发对自我的认同与认知。小学儿童能感受到自我的变化，但是主动性及积极性仍旧不强，难以通过自身的尝试去感知和适应外界的变化。在整理过程中，由于缺乏有效的技能和方法，未能

熟练掌握和运用，导致坚持性不足，整理尚未成为生活的一部分，因此难以察觉到自己的进步与不足。

（二）具体课例设计

幼儿园大班"我会整理"课例，在对学习用品分类整理的自主尝试、问题探究、互助解决中进行练习，实现"自己的事情自己做，不会的愿意学"；小学一年级"爱新书，爱书包"课例，在自主观察、榜样示范、操作体验、互评共促的过程中，实现"学会整理书包和准备学习用品，学会更多的生活与学习本领，坚持自己的事情自己做"。实现从"自己的事情自己做"到"坚持自己的事情自己做"，从"学习做各种事情"到"学会做各种事情"的贯通，让儿童在亲身体验、实际操作中体会到自己更快、更好、更强的新变化，从而形成对自己多角度、全方位的认识。

在教学方式上，幼儿园大班"我会整理"遵循"游戏导入——创享深入——挑战升级——生活拓展"等活动环节设计，"游戏体验""互动分享"等形式让本课教学活动充满生机与活力。小学一年级"爱新书，爱书包"遵循"观察认识——榜样示范——操作尝试——同伴互评"，活动环环相扣、层层递进。两个课例的目标贯通、内容衔接，在教学形式上又能突显各自的年龄特点，幼儿园大班呈现"游戏化教学"，一年级运用"体验式教学"，都能强化具身体验学习，贯彻活动型游戏性学科特点。

幼儿园大班"我会整理"

【活动目标】

  1. 感知有序整理的重要性，在情境体验、合作探究中探索分类、排序、叠高、使用工具等不同的整理方法。

  2. 体验整理带来的便利与舒适，萌发"我会整理"的劳动自豪感，提升对自我的认同。

【活动过程】

（一）游戏导入，引出问题

  1.盒子导入，引发兴趣

（1）幼儿人手一个盒子，里面装有各类文具。

（2）质疑：孩子们，在我们的手上都有一个盒子，里面装着什么呢?

2.游戏:我说你拿

导语:今天我们来玩一个"我说你拿"的游戏。看谁能根据指令,快速找到物品,速度最快的人获胜。

(1)播放录音,拿取物品。

(2)交流分享:在刚才的游戏中,老师的速度快还是你们快?为什么?

(3)梳理问题:原来物品摆放得太凌乱,所有东西都混在一起,所以速度很慢。

(设计意图:通过游戏体验,自然抛出矛盾,聚焦实质问题,让幼儿在回答中引发浅层思考,产生共鸣,从而引发继续探究的兴趣及欲望。)

(二)创享深入,内化经验

1.问题驱动,寻找妙招

质疑:有什么办法能解决刚才的问题,让拿取物品的速度变快?

2.自主操作,改造盒子

(1)提供小纸盒、硬纸板、纸筒、牛奶盒等物品,幼儿自由选择,进行盒子的改造,重新整理物品。

引导:老师在后面的桌子上为你们准备了一些材料,说不定能帮上你们,快去试试看吧。

(2)幼儿操作,教师巡导

(3)交流分享,提升经验

质疑:你们用了什么好方法改造盒子,谁愿意来分享一下。

(4)小结:使用纸板、纸筒等材料将盒子分割,再将同类物体放在一起,干净又整洁。

3.再次游戏,体验成功

引导:刚才你们都改造了自己的小盒子,现在我们再来玩一次"我说你拿"的游戏,看看速度会不会变快。

(设计意图:深度聚焦需要解决的问题,幼儿根据自己的不同需求选择材料,把自己的感知经验内化外显,通过与他人的多维交流,获得经验的更新与提升。)

（三）挑战升级，拓展经验

1. 抛出问题，集体思考

过渡：我们马上就要上小学了，还有许多东西需要我们自己整理。瞧！后面的桌上就摆放着许多需要整理的物品，请你们用上刚才的好方法去整理一下吧。

2. 挑战尝试，突破难点

（1）教师介绍操作材料

操作材料 1：铅笔、水彩笔、钢笔、笔袋、笔筒等若干。

操作材料 2：各类大小、厚薄不同的纸；订书机、文件夹、回形针等。

操作材料 3：各类图书、笔记本；书架、档案盒等。

（2）幼儿自主选择组别，完成各项物品的整理收纳挑战。

（3）小组共建，分享交流。

提问：你们是怎么整理的？哪一组先来分享自己的方法。

3. 小结梳理：不同的物品可以使用不同的工具进行收纳整理，让整理更轻松、更方便。

（设计意图：问题情境引发新探究，提供自主学习材料，自主建构经验，同中求异，拓展更多可能性，从而不断巩固、创生新的经验。）

（四）生活拓展，经验延伸

1. 播放视频，丰富认知

过渡：今天我们学到了那么多整理的好方法，老师这里还有一段关于整理的视频，看看他们是怎么整理的吧。

2. 总结概括，生活延伸

小结：原来，不同的物品有不同的整理方法。你还会用哪些合适的方法整理教室呢？你可以继续去做一做、试一试。

（设计意图：动静交替，运用视听结合的方法，逐步引导幼儿通过解读视频画面，去发现其中藏着的整理小妙招，增加了趣味性，丰富收纳整理经验。同时，通过整理教室里的角角落落，引发幼儿在生活和游戏中继续巩固、操作，从而体验成功的乐趣及自我的成长。）

小学一年级"爱新书，爱书包"

【活动目标】

1. 通过情景剧再现、绘本故事交流等知道书本、书包等学习用具是学习的好伙伴，懂得爱惜它们。

2. 在儿歌帮助、榜样示范、反复模仿中学会整理书包的方法，能感受到自己整理物品的好处。

3. 沉浸体验整理书包、爱护书本，体会成为小学生角色的变化，感受成长与变化带来的愉悦。

【活动过程】

（一）学习伙伴拍拍拍

1. 游戏导入，引出书包

（1）互动游戏：小朋友们，在上课前跟着老师来拍拍小手，做个好玩的游戏吧——学习伙伴拍拍拍。

（2）游戏规则：老师叫学习伙伴的名称，学生拍拍拍，如文具、书包、书本。

2. 揭示课题：爱新书，爱书包。

（1）导入：哇，看来你们认识不少学习伙伴了。这节课就让我们一起走近这位小伙伴——小书包吧！

（2）板贴课题：爱新书爱书包

（设计意图：选用孩子喜欢的拍手互动游戏，快速拉近与学生之间的距离，活跃课堂气氛，快速进入课堂，揭示活动内容。）

（二）小小书包真神奇

1. 小书包，大容量

（1）实物展示：老师带来了一位小朋友的书包，里面都有什么呢？

（2）小结：哇，原来小书包的肚子里能装这么多东西啊，真是一个神奇的小背包。

2. 小书包，引思辨

（1）小朋友们，这些都是我们学校书包里能放的东西吗？

预设：零食和玩具不能被带到学校。

点评：才短短几周，看来你们已经学会遵守学校规则了。

（设计意图：借助实物展示，引导学生感知书包容量不小，为接下去的课堂整理书包活动做好铺垫；设置小小思辨环节，逐步引导学生树立规则意识。）

（三）小小书包我会整

1. 来自图图的求助

（1）过渡：这么多东西我们该怎么整理呢？大耳朵图图也正为难呢，而且他似乎遇到了一些麻烦，快来帮帮他吧！

（2）播放情景剧：大耳朵图图的烦恼（图图的书包乱得一塌糊涂，要上体育课了，他却找不到毽子）

（3）提问：大耳朵图图遇到了什么麻烦？

预设：找不到毽子。

（4）追问：这是为什么呢？

预设：都是不会整理惹的祸。

2. 整理心得我分享

（1）学生分享：自己会整理书包的同学，我想你肯定有很多经验或法宝能跟图图和我们来分享的。

（2）追问：能不能给图图支支招？

预设：水杯跳绳可以放在两侧口袋里，毽子也可以这样放。

（3）过渡：我们班上有一位整理书包的小能手呢！你猜到他是谁了吗？

3. 夸夸班级小能手

（1）小手展风采：课件播放班级中小能手动手整理书包的视频。

（2）小嘴道风采：请小能手和全班同学分享自己的整理书包心得。

提问：在小能手的身上，你发现整理小窍门了吗？

预设：用到了两个文件袋，分别用来整理小练习本和纸张。

（3）小结：你有一双火眼金睛，一下子就发现了这位小能手的整理窍门——用好文件袋。难怪他能把书包整理得这么整齐！

（4）颁发奖章：请这位小朋友上台领取"整理小能手"奖章！

4. "小书包"我来整

（1）创编儿歌：老师把大家的方法编成了一首儿歌，把它

送给图图。（播放儿歌音频）

> 小书包，勤整理。
>
> 大下小上放里面。
>
> 水杯跳绳放两边。
>
> 零散物品单独放。

（2）"小书包"我来整：结合儿歌，谁来试着整一整。（播放音频，学生上台利用板贴进行练习）

（3）小结：儿歌真有用！

5. 整理书包我能行

（1）活动约定：想不想自己动手整理小书包！别着急，动手前我们有个小约定，整理的时候请起立，书包放在椅子上。整理结束，书包放在椅子旁，人坐正。小耳朵听音乐，音乐响，整理开始，音乐停，活动结束。比一比哪组完成得又快又安静。

（2）教师巡视，提醒学生完成后可以帮助其他同学。

（四）互动整理我来评

1. 现场 PK（出示整理好的几个书包图）：你觉得这样整理合适吗？你有什么建议？

2. 交流反馈

3. 同桌互查，再次整理：根据小朋友提出的建议，同桌之间互相检查一下吧！你也可以给同桌提提建议，不合理的再整一整。

4. 同桌检查完过关后，教师奖励给整理过关的孩子一枚"整理星"

5. 部分学生第三次整理书包：还没有过关的小朋友也不要着急，请在同桌的帮助下再次整理小书包，请他评一评，是不是可以达到整理星。（同桌奖励给整理过关的孩子一枚"整理星"）

6. 小结：有了儿歌和小窍门的帮助，相信你们的书包以后都能这样来整理了。

（设计意图：通过创设帮助图图的情境，引导学生回顾生活经验，既营造了轻松、有趣的氛围，又能帮助学生梳理总结整理小妙招；取材于学生真实生活，选出班上的整理小能手，利用小榜样，吸引更多的孩子学会整理、乐于整理；让孩子实现动手操作，有助于孩子在体验中树立信心，激发自己的事情自己做的主人翁意识。）

（五）爱惜书本我能行

1.书本遇险记

（1）出示"书本遇险记"图片展：你看到了什么？（出示观察到的真实照片：卷边、折页、没有放整齐等等）

预设：书本朋友受伤了。

（2）提问：书本都遇到了什么危险？你又是怎么对待书本朋友的呢？快和你的同桌讨论一下吧！

2.对待"朋友"有妙招

（1）学生分享

预设：包书皮、轻拿轻放、不乱扔、不乱画、不乱撕。

（根据学生回答相机板贴：不乱扔　不乱涂　包书皮）

（2）反馈：偷偷告诉你们，书本很喜欢你们这样爱护它们，它们想和你们做朋友。

（3）小结：老师也相信你们一定能爱护好自己的书本朋友。

（设计意图：引导学生在思考交流中自己总结出保护书本的好办法，同时利用好学生的真实资源，更能激发学生的情感共鸣。）

（六）我是整理小能手

1.接受挑战：孩子们，敢不敢接受来自徐老师的挑战？能干的孩子一起来比一比吧。（ppt出示表格）

2.任务激励

（1）拓展延伸：我们在课堂上自己动手练习了整理书包，回家之后请你继续坚持练习。请爸妈做评委，整理的时候我们需要注意些什么呢？

预设1：根据课程表整理书包。

预设2：要保护好书本。

预设3：根据老师布置的任务来整理。

预设4：要整理好第二天要用到的学习用品。

（2）拓展整理策略：偷偷告诉你们，我们班上还藏着一位

厉害的整理小能手呢！（播放该能手在家做完作业后整理书包的视频）

（3）互动采访。

（4）小结：这节课我们掌握了这么多整理小窍门，回家之后坚持去做一做吧！做到一点就能获得一颗星，坚持九天，看看谁的星最多！注意，在整理的过程中要保护好我们的学习伙伴，还可以寻求儿歌的帮助哦！相信你一定能成为整理书包小能手的！

3.课堂总结

小朋友们，书本和书包都是我们学习上的好朋友，所以大家要好好爱护我们的朋友哦！

（设计意图：依托任务表格，家校共同合作，使学生习惯养成更有成效。通过参与活动，获得星星，让学生体验到坚持练习整理书包带来的喜悦和成就感，帮助孩子乐于坚持自己的事情自己做。）

（三）教学实践反思

基于"知行合一"的思想，以华师大版《完整儿童活动课程》以及小学人教版一年级教材为依据，融合校本化的内容，更好地促进两个学段在目标、内容、方式上的递进式联结与贯通，实现关键经验的连贯性和综合性，让儿童的整理意识和整理能力不断获得提升，形成"自为"的生活，从而更好地认识自我、体验自我、生长自我，形成对自我的清晰认识，逐步实现全面育人。具有以下三方面的思考：

1.问题与需求的捕捉，满足发展需要

幼小课程贯通一体的最终目标指向的是儿童的全面发展，捕捉真实的问题与真实的需求让课例设计与实施成为有源之本。自然的、持续的日常观察，发现儿童在自我认识上存在的真实问题，通过对标核心素养及关键经验来准确判断、分析儿童的发展情况，并以此为依据，预设开展适宜的教学活动，助推儿童向更高水平发展。如在以上两个课例中，教师就是通过一段时间的连续自然观察，发现幼儿园儿童存在时常找不到画笔、收纳筐乱糟糟等现象，小学儿童存在不会整理书包，不爱护书本等现象。基于对儿童现实问题的捕捉，通过对两个学段儿童发展目标的整体贯通，确定以"整理"为主题的课程，并预设相关活动内容助推儿童发展。

同时，坚持以人为本，始终将儿童作为活动的主体。在预设的基础上，动态调整活动内容，使活动能满足幼儿真实的、鲜活的发展需求。如在幼儿园的课例中，就是以"找物游戏"导入活动，既能了解儿童的现有水平，也能关注到儿童真实的发展需求，并在此基础上调整操作材料的难易程度，以满足儿童的发展需要。在小学的课例中也设置"小小书包我会整"的环节，同样关注到儿童对于整理书包的真实发展需要，并以适宜、适切的方式给予及时的回应，动态调整教学活动。

2. 操作与体验的互通，获取真实经验

幼小阶段儿童以具体形象思维为主，仍体现出一定的直观行动性。他们善于通过动手操作、具身体验、多元互动，获得对外部世界认识，从而不断内化、巩固、提升，最终转化为有益于自身发展的真实经验。

教师基于前期的学情分析，聚焦教学目标，有针对性地提供具有操作性、适宜性、多样性的学具，使儿童在有效的操作中获得整理方法、技能、经验，从而获得自我效能，最终指向自我认识的不断发展。在两个活动中，教师都有针对性地提供了操作材料，幼儿园提供的材料有练习本、纸张、笔等需要整理的物品，以及笔袋、小书架、文件夹等整理小工具；小学提供的材料有书包、毽子、跳绳、新书等学习用品，多样化的操作材料让教学目标的达成更有针对性。但是，对于操作材料的提供也要注意适切及有效，并非一味的追求多，反而会对儿童的学习产生干扰。如幼儿园提供的文件夹等远离儿童生活经验的材料可以适当删减，使操作能更有针对性地达成发展目标，促进幼儿有效发展。

操作使活动的参与性、积极性、深入性更直观，但它只是方式，是教师让儿童获得真实体验的一种支架和策略，充分关注儿童在活动中的亲身体验，通过反馈、交流等方式，始终让体验贯穿在整个教学活动中，包含儿童与自我的体验、儿童与他人（同伴、教师）的体验、儿童与环境（材料）的体验非常重要。如幼儿园的分组合作探究整理方法、小学的整理心得我分享等，都能让儿童在多维的体验中，获得真实经验，引发真实成长。

3. 赋能与自省的联结，实现素养落地

儿童的自我认识是一个完整的、系统的、连续的经验建构过程，通过"认知—行为—反思—习得"的循环递进模式不断巩固、提升，从而获得自我认识的发展。教学活动不仅贯穿于活动本身，更要延展至儿童生活的点滴。

在两个活动中，都注重对"知"的延续，将"行"贯通始终。通过有目标、有计划、有策略的方式不断为儿童赋能，形成生活教学化的良好样态，既引导儿童过好当下的生活，也引导他们超越当下的生活。如在幼儿园的活动中，在最后延伸环节通过播放各种生活小技巧，拓展儿童对整理的认知经验，并通过整理教室的各个角落，让儿童有机会在游戏、生活中继续巩固整理技能，不断获取新经验。在小学的活动中，通过"整理星"的奖励，引发儿童在日常生活中对书包、新书等整理的坚持性与习惯性。在持续不断的体验、激励、收获中实现"知行合一"，使儿童不仅习得新的知识技能，更在持续性的获得中逐步清晰自我认识，实现对自我的认可，感受自我成长的喜悦，从而实现素养的有效落地。

但值得注意的是，儿童的生活是丰富的、多样的，因此，除了不断为儿童赋能，还需要与家园、社会等共同携手，达成教育目标的一致性。从时间与空间多方面对幼儿的整理习惯养成、自我意识培养等方面进行合力贯通，在良好的氛围中不断促发儿童自我成长的内驱力，从多方面共同实现儿童素养的有效落地。

在"自我认识"的两节贯通式课程中，始终强调以学习者为中心，基于"知行合一"的思想，以"上下贯通，有效衔接"为目标，帮助儿童正确认识自我，拥有积极向上的生活态度，为后续的学习生活奠定坚实的基础，有效落实儿童核心素养的培养。

三、指向关键经验"规则意识"的案例解析

（一）关键经验及学情分析

规则意识的培养不仅关系到儿童日常行为的规范，更是他们未来融入社会、与人交往的基础。有良好规则意识的幼儿能够快乐地适应小学学习生活，对小学学习的体验感、获得感和满足感都会更加强烈，久而久之就养成良好的学习和生活习惯。

通过对实验园（校）儿童学情调研，我们发现幼儿园与小学两个学段对于规则意识教育既有共通之处，又存有差异。幼儿园的规则意识培养融合在常规教育活动中，主要帮助幼儿养成良好的生活习惯，实现有序地管理，如文明进餐、排队洗手、安静午睡、玩具归位等；小学则通过专门的教学和各个课程空隙中的多次提醒，通过不断强化和督促逐步养成。一年级上册专门的课程主要体现教材编有单元"过好校园生活"，引导学生遵守校园生活规则、课间活动规则、课堂常规等。

根据"规则"的关键经验具体指向和发展要求，对两个学段儿童的规则意识进行学情分析。首先是氛围不同。幼儿园教育是宽松活泼的，幼儿园的孩子上课时可以自主上洗手间、喝水，虽然也有一些约定俗成的要求，但相对比较自由，在课堂上允许自由发言，即使不举手也是被允许的；小学教育是严谨规范的，课堂规范要求是抱臂坐正、不随便说话、发言先举手、学习用品放整齐、课本作业不准撕、上课不准喝水等。其次，由于课堂教学时长不一样。幼儿园每天只有1

小时左右的集体教学时间，一次课 30 分钟；小学每天安排 6 节课，一节课持续 40 分钟，对于习惯了幼儿园"自由"生活的儿童来说，无法长时间安静就坐是许多孩子在入学初期的共同现象。第三，幼小学习方式发生突变。从游戏活动中的感性知识转为课堂教学中的学科知识；从动作思维、形象思维为主转为逻辑思维为主，低结构化互动转向高结构化互动，两个学段的儿童在课堂规则意识教育上不够深化，在规则执行能力上缺乏进阶。所以建立良好的课堂规则意识能帮助儿童快速适应小学的新环境和新集体，为后续的小学生活奠定坚实的基础。

（二）具体课例设计

为了让儿童更好地去适应制度化的校园生活和规范化的课堂学习，健康、安全、积极愉快地参与学科学习，以"法治观念"核心素养培养为导向，结合"规则意识"的关键经验，以华师大版《完全儿童活动课程》以及小学人教版《新课标》一年级教材为依据，融合了校本化的内容，确定了两个课例。幼儿园大班"大卫上学去"课例，以大卫上小学遇到的困难为导线，通过比较发现、体验探究，自主架构课堂规则经验，实现"了解小学不同于幼儿园的集体学习，理解课堂规则的意义，有遵守新规则的意识，同时缓解情绪焦虑，对快乐的小学生活充满向往"；小学一年级"学做课堂小主人"课例，以"学做课堂小主人"任务驱动，通过实操体验引导儿童熟悉小学的课堂常规，并能坚持执行规则，初步建立积极的适应感。两个学段衔接贯通，确保了规则意识的连贯性，从"遵循日常活动规则"提升至"遵守课堂常规"。

在教学方式的选择上，幼儿园大班"大卫上学去"以"绘本导读，初识规则——支架建构，认识规则——情景体验，实践规则"为主要活动环节，小学一年级"学做课堂小主人"以"课堂礼仪我能行""听讲举手有方法""养成规则我坚持"三个主活动展开。两个课例目标贯通，内容衔接，活动环环相扣，生动有趣，学法上各有侧重。以下为具体教学目标、教学过程的设计：

大班社会"大卫去上学"

【活动目标】

1. 借助绘本、图谱，在观察、操作及体验中了解小学与幼儿园规则的不同。

2. 借助视频和体验，感知遵守规则的意义，有遵守规则的意识，向往成为一名优秀的小学生。

【活动过程】

一、谈话导入，激起质疑

1. 出示音配画大卫留校图，导入：今天老师带来了一位好朋友，这是大卫。今天大卫第一天上小学，可是他很不开心，他怎么了？

2. 质疑：你觉得大卫为什么被留校呢？

（设计意图：以绘本为载体，通过孩子们熟悉的大卫形象导入，引出大卫上小学遇到的问题，唤醒幼儿已有经验，对大卫不开心的心情展开讨论，顺利开启本次活动。）

绘本《大卫去上学》部分

二、多维架构，了解上课规则

（一）图片分析，初识课堂规则

1. 出示大卫违反上课规则图，引导分析：大卫上课的时候在做什么？你觉得大卫做得对吗？为什么？

2. 学生交流分享

3. 小结：原来这些事在上课时不能做，大卫是因为不遵守课堂规则，才被老师留校了。

（二）分享交流，梳理课堂规则

1. 导入：我们马上就要像大卫一样成为小学生了，你觉得小学上课时和幼儿园一样吗？（不一样）你觉得哪里可能不一样？

2. 学生根据已有认知，交流分享。

3. 教师补充：老师准备了一些小学哥哥姐姐上课的图片、视频，还邀请一位小学老师，我们一起去看一看，听一听，小学和幼儿园上课哪里一样，哪里不一样？

4. 幼儿自主开展学习，比较小学和幼儿园的课堂规则。

5. 分享交流，教师用图片辅以梳理和总结：

（三）具身体验，实践课堂规则

1. 引导：我们发现小学哥哥姐姐跟我们坐得不一样，他们还多了课桌，你们想不想像小学生一样体验一下？

2. 幼儿体验并交流：坐到 1 分钟了，有什么样的感觉？

3. 小结：原来坚持坐 1 分钟，还要认真听老师讲课，是一件很困难的事情，但你们知道小学一节课有几分钟吗？是的，小学有 40 个 1 分钟，你们能做到 40 分钟都坚持坐好吗？老师也相信你们一定能成为一名优秀的小学生！

（设计意图：通过阅读绘本内容，幼儿了解大卫上小学遇到的困难，从而引出幼儿园与小学上课规则的不同。通过图片、视频、教师图谱三个支架，让幼儿潜移默化了解小学的基本规则，并通过一分钟端坐体验，进一步体验课堂规则，深入感受两个学段规则上的不同，突出活动重点。）

三、借助图谱，了解课间规则

1. 过渡：小学生每天上的课比我们多，课与课之间就需要有十分钟的活动时间。你们猜一猜这十分钟小学哥哥姐姐会做些什么呢？我们一起来看看课间十分钟都可以做什么事情吧。

2. 观看视频并质疑：从视频中，你知道了课间 10 分钟能做什么?

3.学生交流,教师用图示表示并小结:十分钟可以做那么多的事情,这十分钟可真丰富呀!

4.选一选,贴一贴:

(1)老师给你们准备了很多有趣的事情,请你们去选一选这十分钟你想做什么?贴好请小朋友分享做了哪些事。

(2)设疑:大卫上课又出现问题了,他怎么了呀?——书找不到了。

(3)小结:原来课间不单单玩游戏,要把重要的事情先做好,除了准备课本,还有哪些是重要的事情呢?为什么?

5.操作:请你们再去调整一下,把重要的事情安排到前面做。将你的选择重新排序。

6.小结:你们都把重要的事情放在前面做了,相信你们肯定能成为一名优秀的小学生!

(设计意图:小学的学习生活与幼儿园较大的区别在于上课时间的长度以及课间十分钟的休息时间,学会合理安排课间十分钟,对于即将步入小学的幼儿来说十分重要。此环节通过视频的观看,了解到小学课间十分钟的自主性与多样性,通过二次整理排序让孩子们知道把重要的事情放到前面做,学会合理安排课间十分钟,突破课间十分钟规则这一难点。)

四、丰富感知,激发积极情感

1.引导:小学除了上课和课间,还有哪些有趣的事呢?

2.观看视频,感受小学生活的丰富和美好。

3.小结:原来小学的一天可丰富啦,除了刚刚的那些,还有什么呢?(大课间、早操、吃饭……)你们期待上小学吗?老师相信,你们一定能顺利适应小学生活,做一个优秀的小学生。

4.课后拓展:去采访哥哥姐姐,用图画的你了解到的学校生活。

（设计意图：此环节通过各种形式再现小学校园生活的多样化，引起孩子们对小学的向往。同时，以课后采访哥哥的形式，激发孩子们进一步探索小学校园规则，加强规则意识的培养，并向往成为一名优秀的小学生。）

小学一年级"学做课堂小主人"

【活动目标】

1. 通过观察、对比，知道学校生活有规则，懂得遵守规则的重要性。

2. 通过儿歌、游戏等方式，知道并体验课前准备、课堂的站坐礼仪、专心听讲、举手发言等学习常规，感受小学的校园学习生活。

3. 在活动中熟悉小学的课堂常规，初步建立积极的适应感。

【活动过程】

（一）谈话导入，引入规则

1. 认识校园吉祥物"和宝"。

2. 说一说：幼儿园和小学上课的区别。

3. 猜声音。

（1）猜一猜：出示三种不同的校园提示铃声

（2）听一听上课铃声

4. 揭示课题：学做课堂小主人。

（设计意图：和校园吉祥物打招呼，聊聊熟悉的幼儿园生活，卡通形象和聊天话题都比较贴近学生的生活，可以快速拉近和学生的距离，引出本节课的课题。）

（二）实操体验，了解规则

活动一：课前准备初体验

1. 课前准备有哪些？

（1）学生交流

（2）看图片，判断对错

2. 小挑战：摆放学习用品。

（1）摆一摆

课前准备大比拼

挑战规则：1. 老师说"开始"后才能动手；
2. 在桌上摆放《道德与法治》书本和铅笔盒；
3. 准备好就坐端正。

（2）评一评：随机拍照，屏幕展示成果

（设计意图：通过判断对错明确课前准备的内容。在小挑战时，通过老师点评，学生自评获得小小成就感，为接下来的学习铺垫。）

活动二：课堂礼仪我能行

1.读一读：《课堂礼仪儿歌》。

2.学习课堂常规行为。

（1）看视频，判断站姿。

（2）互动：上课该是怎样的坐姿？

（3）小挑战：一分钟坐姿。

（4）评一评

3.做一做：《课堂礼仪操》。

（设计意图：从学生的已有经验进入学习，通过读儿歌、视频事例判断、情景模拟等多种方式感知课堂常规，寓教于乐，让规则学习不枯燥。《课堂礼仪操》动一动，既让学生巩固已学到的常规，也起到调节注意力的作用。）

活动三：听讲举手有方法

1.学习专心听讲。

（1）听故事，回答问题。

（2）提问：为什么小朋友都能答对呢？

（3）交流：听讲小妙招

2.学习举手发言。

（1）过渡：刚才回答问题的时候，小朋友有不同的举手姿势。看图，哪一个举手发言是最正确的，并说明理由。

61

（2）讨论交流

①什么时候，要在课堂上举手呢？

②为什么上课发言要举手呢？

③如果自己举手老师没让发言，让其他同学发言时，应该怎么做？

3. 小结

（设计意图：通过小故事和情境创设，引导学生进行思维探索，明白专心听讲和发言举手的重要性，并给予学生一定的方法，减少学生的压力感。）

（三）欣赏榜样，巩固规则

1. 过渡：这节课我们学习了很多课堂礼仪，看看哥哥姐姐是怎么做的，看视频《校园一日礼仪》。从视频里，你又学到了什么？

2. 总结：恭喜你们，已经学会了认真上课的本领，希望你们牢记在心，真正成为课堂的小主人。

（设计意图：引导学生及时回顾，分享收获的喜悦。观看示范视频，感受规范行为带来的美好形象。）

（四）活动延伸，习惯养成

1. 向爸爸妈妈分享新学到的课堂常规，巩固课堂儿歌。

2. 班级开展"课堂小标兵"评选活动，帮助孩子们养成遵守课堂规则的好习惯。

附：一周《课堂小标兵》评价单

一周《课堂小标兵》评比活动			
评比项目	自评	同学评	老师评
课前准备			
课堂礼仪			
听讲发言			
每天能做到：★ ★ ★ ★ ★ 基本能做到：★ ★ ★ 偶尔能做到：★			

（三）教学实践反思

对标《新课标》与《3—6岁儿童学习与发展指南》，聚焦"健全人格、自我管理"基本素养要点，在实施贯通式课程儿童"规则意识"的课例研究中，基于儿童规则意识现状，贯通两个学段间的学习目标和学习方式，从"教-学-评"一体化设计的角度，以评价为导向，规划教学路径，做到"精准教、有效学、科学评"，逐步落实核心素养，提升课堂实效。

1. 基于学习起点，设计目标与评价

学习目标是学习的起点，也是学习的终点，目标的定位不仅要基于课标的指向和学情的共性，还要基于评价的可行性，以三步走实现学习起点为终点服务。

首先，梳理贯通课程的关键经验及具体指向和发展要求，找到贯通方向。通过对"表1-3"的梳理，本课例的规则意识从"理解规则的意义，能与同伴协商制定游戏和活动规则，并遵守班级和幼儿园的规则"向一年级的"有遵守规则的意识，知道学校生活有规则，懂得遵守规则的重要性，了解校园生活的一般规则，能自觉遵守课堂常规，校园规则"贯通。

其次，立足学情，找准学习目标的着力点。根据前期调研，我们发现大班的孩子在生活中对小学生活有一定了解，但孩子对小学生活的认知有差异，有的充满期待，也有的表现焦虑。在入学的第一周，我们发现由于年龄月份的差异，课堂规范的执行也有较大差距。较大的孩子往往展出更强的规则意识，而年龄较小的则可能自控力较弱，容易出现丢三落四的情况，或者坐立不安，或者难以集中注意力听讲。据此学情，幼儿园大班在进行课堂规则意识教育时，目标定位为了解小学与幼儿园规则的不同，有遵守规则的意识，向往成为一名优秀的小学生。小学目标定位为知道学校生活有规则，懂得遵守规则的重要性，在活动中熟悉小学的课堂常规，初步建立积极的适应感。

最后，设置一个衡量标准，"以始为终"逆向设计，体现"教-学-评"方向一致。一年级教学"学做课堂小主人"，老师设置三个闯关任务（课前准备，坐立礼仪，专心听讲），要求完成一个任务，自评贴大拇指。而大班教学，由于学生稚嫩，不能完全做到客观评价自己，所以教师采用以小组方式进行评价。如，老师借助图片、视频，还邀请一位小学老师，让学生去发现小学和幼儿园上课哪里一样，哪里不一样。发现一处可以给自己加一颗星。在课堂教学中，教师的教、学生的学和对学生学习结果的评价处在一个闭环中，三者相互协调、相互配合、相互促进。学习和评价密不可分，评价标准对应教学目标任务，发挥评价在推进学生素养培养的作用。

2. 聚焦问题解决，搭建思维支架

学生规则意识的养成关键在于"认知"与"行动"的内在协同，"知"与

"行"的稳定性在于规则知识和理念获得后的行动改善力，而课堂就是这两者之间的衔接纽带。学生的学习过程的第一步是了解"理性知识"，通过课堂和课后的巩固化为"德性实践"。学生在一定的情境下，发现问题冲突，在聚焦问题解决中通过教师为学生搭建的思维支架，让学生的角色从信息的接受者向理智的行动者过渡。

在幼小贯通课程中，大班教学通过绘本故事"大卫上学去"迁移到生活中的课堂规则，通过图片、视频，教师三支架，让幼儿自主了解小学的规则，并通过一分钟端坐体验，进一步感受课堂规则，在多通道学习和体验中，解决了活动的重点目标。"学做课堂小主人"教学中，老师整堂课用闯关游戏串联，激发了学生的兴趣。同时，用夹叙夹演的方式，让学生练习和巩固了课堂上的行为规范。借助图谱这一支架，在辨一辨的环节中不断深化学生的认知，提高了学生的思辨能力和选择能力；借助儿歌来牢记规则，用榜样示范引领孩子行为。学生在活动中知道了学校生活有规则，也进一步熟悉了小学的课堂常规，初步建立起对小学这一新的学习阶段积极的适应感。

"学贵于知之，更贵于行之。"在贯通课程课例实施中，教师以目标为统领，通过情境导行、辨析导行、实操导行、儿歌导行等有效途径与方式，逐步使其道德思维向更高阶段发展，进而将"知"转化为"行"，自觉完善自己的道德行为，实现知行合一。

3. 统整多元评价，贯通学习过程

在进行规则教学时，会出现学生明知道这个规则很重要但不愿或者不能执行，或者想执行但是却被其他因素干扰无法坚持。要改变这个现状有必要采取更为开放的行为评价，即学生进行自我评价和共同监督的评价模式。因此，在贯通课例实施中，强调评价贯穿教学全过程，联通目标设置、情境创设、问题驱动、成果展示等环节，完整嵌入教学过程中，并延伸到课外，提高课程目标的达成度，提升学生的核心素养。

如幼儿园大班课例中，如果一开始用太多的规则约束孩子，会让孩子产生焦虑，甚至会产生厌学情绪，所以对于课堂规则需要从迈小步开始，逐条强化评价。"大卫去上学"课堂教学中有意识地对孩子课堂表现进行口头评价，摸摸头，点点赞，竖竖大拇指，让学生能对课堂规则有初步的概念。课后设置相关评价单，重点关注孩子的"坐"（坐的时间，坐的姿势），教师、同伴、家长协同评价，激励孩子持续成长。这样多主体共同参与评价、形成多元学习共同体，为孩子的好习惯的形成奠定基础。

"学做课堂小主人"活动中，学生对"课前准备""坐立礼仪"展开实操，老师随机拍照、屏幕展示成果，并通过教师点评，学生自评，让儿童获得小小成就感，激励学生习惯养成。课后利用评价单在班内开展"课堂小标兵"评选活动，帮助孩子们养成良好的学习习惯，更好地达成了素养目标。两周后，对学生进行了调查，课前准备良好的学生占到80%，而且生生之间会互相提醒；坐立礼仪，举手礼仪达到90%，比之前增长20%。但是专心听讲还有待提升，因此在后续教学中，还要强化听讲的训练。

要达成幼小衔接课程一体贯通，评价是关键。教师应在活动开始前深入了解班级学生的起始水平，并设计适当的学习任务或情境，将评价标准提前展示，确保学生清楚自己的努力目标。在课堂上，教师应密切关注整个教学过程，重视课堂上即时产生的教学资源，并及时调整教学策略，教师应尽可能地关注每一位学生，主要采用激励性评价，引导学生自我超越和成长。课后，教师应通过多种方式全面观察和记录学生在日常生活中的行为表现，挑选学生生活中的典型事例，并在常规教学中进行反馈，利用榜样效应来提升学生遵守规则的能力，使教学更具活力，学习更具持续性。这种过程性评价和阶段性评价能确保教学、学习和评价三者之间的一致性，更有效地促进了习惯的养成和品性的培养。

第三章 ／

科学思维与探究领域
课程一体贯通的实施

科学课程要培养的学生核心素养，主要是指科学精神和实践创新能力的培养，是整个科学学科教学过程中要重点落实和关注的。科学精神主要是指学生在学习、理解、运用科学知识和技能等方面所形成的价值标准、思维方式和行为表现，具体包括理性思维、批判质疑、勇于探究等三个基本要点。实践创新主要是学生在日常活动、问题解决、适应挑战等方面所形成的实践能力、创新意识和行为表现，具体包括劳动意识、问题解决、技术应用等基本要点。

科学思维与探究是落实科学核心素养培养的关键要素。幼小衔接阶段是儿童思维高速发展与变化的时期，也是儿童逐渐从直观形象思维走向逻辑思维的关键期，这一阶段的儿童保持着对周围事物和现象及其相互关系的好奇心、认识兴趣和探究欲望，他们也具备一定的发现问题、探究问题、解决问题的能力，这些是儿童科学素养发展的重要基础。

然而，在现实层面，由于幼儿园与小学衔接之间的"急转弯"，科学学科教学断层现象依旧存在，一年级老师很少会去研究了解孩子入学前的幼儿学情，导致一年级老师和学生需要较长时间的互相磨合期，科学教学缺乏过渡性与平缓性，很难真正支持儿童用科学的思维探索世界，用科学的探索发现世界。

为此，在幼小衔接一体贯通"科学思维与探究"领域开发的过程中，我们需要回归科学教育的价值追寻，重点关注儿童科学思维以及探究兴趣、探究能力的发展，这也体现了核心素养是组织幼小衔接课程一体化设计的内在脉络这一核心逻辑，始终以保护儿童的好奇心为前提，整合现有的科学教育资源，以生活化、游戏化、操作化的科学教育形式，让儿童在持续的探究活动中学会发现问题、解决问题，获得成功的体验，让其成为童年生活的一种自然延伸和过渡。

第一节　幼小学情分析

幼小衔接一体贯通的设计与开发要充分认识到儿童的发展具有连续性、整体性和可持续性，要尊重儿童的原有经验和发展差异，明晰儿童的发展脉络，设计出适合儿童的课程内容与教学方式。科学是一门以探究性、实践性、系统性、实证性和趣味性为特点的学科，不管在学前阶段还是小学阶段，教师都需重在启发儿童的好奇心与探究欲望，引导他们亲自操作、主动探究，培养科学思维，提高科学核心素养。

为此，我们深入对比解读了《3—6岁儿童学习与发展指南》与《义务教育科学课程标准（2022年版）》（本章以下简称《科学课程标准》）；同时通过对幼儿园大班科学活动内容（以《完整儿童活动课程》为主）和教科版小学一年级科学教材对比分析，围绕情感态度、科学思维、探究能力这三个维度展开学情调研，了解学生的现实水平，准确把握新入学儿童的科学学习现状。通过调研和数据分析，我们发现儿童各项能力都得到了发展，但是也存在以下三个方面的问题：

一、情感态度维度的学情分析：指向学习动力激活的衔接缺失

从科学教育的学科特性出发，学习动力在塑造儿童情感、态度及精神世界方面扮演着至关重要的角色。因此，在科学教育的实践过程中，我们需时刻关注并促进儿童情感的健康发展。针对幼儿园大班与小学一年级学生的调研结果显示，"儿童对于不同学习内容的兴趣呈现出显著的差异性"，具体体现如下：

无论大班儿童还是小学一年级儿童都对大自然充满好奇，通过生活经验和日常观察，已经认识了生活中常见的动植物及其基本特征，并初步理解动植物生长变化与环境之间的关联。但是也发现他们对于"地球与宇宙空间"的学习缺乏兴趣，追问原因，大班孩子表示"不好玩，只能玩玩地球仪，小虫子可以抓可以养"，一年级学生则表示"地球这个单元没有什么特别好玩的实验，非常无趣，更喜欢实验多、操作多的单元。"由此可见，我们在原先的幼小衔接工作中，对情感态度的关注依旧是停留在"学生喜不喜欢"，而在如何激发并转化为儿童内在的学习动力，即"使之乐于学习"方面，尚显设计不足与思考欠缺。比如可以尝试引入更多元的教学策略，如实地观察、多媒体辅助等，化静为动，让儿童去感受日月地球之间的关系，还可以在教学过程中代入真实问题，如"地球在转，为什么我们却能保持平衡？"以此激发学生的探究兴趣。

二、科学思维维度的学情分析：指向纵深思维发展的衔接缺失

思维能力是儿童认识世界的基本能力，科学学科是培养儿童思维发展的重要学科。不管是学前阶段的前概念，还是到小学阶段的科学概念，思维都是引导其进入自我成长的内在驱动力，为其可持续发展提供坚实的基础。

在调研中，我们发现儿童的"思维进阶未有明显变化"：比如在生命板块内容

的调研中，大班幼儿能在成人提示下，能较好分析两种生物之间的相似性和不同点，但是概括能力不足，对于食肉动物和食草动物的归类比较困难。到了小学一年级，我们发现新生能在老师指导下，根据食性、生活环境等动植物的外部特征，对常见动植物进行简单分类，但昆虫、软体动物等生物学分类上，缺乏认知，如蚂蚁、蜗牛等分类上存在较大困难。虽然儿童的发展显而易见，但在"分类"这个关键能力上却依旧面临不少挑战，可见思维发展出现了"停滞现象"。面对这一现状，我们在一体贯通课程设计中应深入探究如何运用各种思维可视化工具和方法，比如可以用调查表、图示等方法收集学生探究过程中的思维痕迹，了解其思维变化发展的特点，从而有针对性地优化教学过程，促进学生思维向更加纵深的方向发展。

三、探究能力维度的学情分析：指向问题解决能力的衔接缺失

儿童学习科学的过程，实际就是科学探究的过程，通过观察描述、提出问题、假设验证、形成解释等进行科学探究与发现。通过亲身经历的探究活动，要着重发展多方面的探究能力，包括观察能力、科学思考能力、表达交流能力、设计制作能力等。

通过对幼儿园大班和小学一年级的调研，我们发现儿童的探究能力得到了一定的提升，例如，大部分幼儿能在实验的过程中发现物体的性质与用途；会用磁铁区分哪些物体能被吸住，哪些物体不会被吸住，动手操作得到提升。到小学后，在教师的指导下，学生能运用自身的感觉器官，对事物的特征和现象进行简单的比较、实验，会用磁铁对不同物品进行操作并得出正确的结论。

当然我们也发现，儿童在"发现问题并解决问题的科学关键能力"方面依旧不理想。例如，在探讨不同纸张吸水性的实验中，大部分幼儿能进行较好的猜测和解释，但在实际操作和验证方面，依旧停留在"说和想"上。到了小学一年级，通过对具体现象与事物的观察和比较，儿童有了初步的提出问题和制定计划的意识，但对于如何验证和操作依然缺少依据，往往是"老师让我怎么做，我就怎么做"。基于这样的现状，我们在做一体贯通课程的实施中，建议围绕一个具有挑战性的学习主题，结合儿童的生活实际进行整合，让儿童有充足的自主空间准备材料、收集信息、观察操作、科学制作等，在发现问题与解决问题中实现各种探究能力的发展，促进儿童的深度学习。

第二节 核心素养导向的关键经验梳理

在编制和实施幼小衔接一体贯通时，我们科学研究小组聚焦幼儿园和小学两个阶段课程的"关键经验"，深入研究《3—6岁儿童学习与发展指南》《完整儿童活动课程》《义务教育科学课程标准（2022年版）》小学教科版科学一年级教材。我们从科学学科学段目标和关键经验两个维度出发，对比分析幼儿园后期和小学初期幼儿"能够"与"应该"学习的内容，并提出符合鄞州区域儿童发展需要的具体发展要求。

一、领域目标对比分析

对比小学和幼儿园科学学习的具体目标，两者在核心素养的统领下都呈现出了明确的方向和板块，内容也相当广泛。小学阶段注重培养孩子的科学探究能力、科学思维能力和科学实践能力，幼儿园阶段的科学学习目标则更加侧重于激发孩子的好奇心和探究欲望，培养他们的观察力和实验操作能力。

表 3-1 领域目标的对比分析

	幼儿园大班	小学一年级
学习目标	1. 对自己感兴趣的问题总是刨根问底。 2. 能经常动手动脑寻找问题的答案。 3. 探索中所有发现时感到兴奋和满足。 4. 能通过观察、比较与分析，发现并描述不同种类物体的特征或某个事物前后的变化。 5. 能用一定的方法验证自己的猜测。 6. 在成人的帮助下能制订简单的调查计划并执行。 7. 能用数字、图画、图表或其他符号记录。	1. 能在好奇心驱使下，对常见自然现象或生活现象表现出直觉兴趣。 2. 能初步具有从不同角度提出观点的意识，能突破对常见物品功能的思维定式，利用发散思维、重组思维等方法，提出不同想法。 3. 能如实记录观察到的信息。 4. 能利用多种感官或简单的工具，观察对象的外部特征及现象，并能对这些特征和现象进行简单地比较、分类等。 5. 能在教师指导下，通过对具体现象与事物的观察和比较，提出感兴趣的问题，作出简单猜想，并了解科学探究需要制订计划。 6. 能初步分清观点和事实，根据问题提出假设，具有提供证据的意识。 7. 能利用材料和工具，通过口述、绘图、画图等

	幼儿园大班	小学一年级
学习目标	8. 探究中能与他人合作与交流。 9. 能察觉到动植物的外形特征、习性与生存环境的适应关系。 10. 能发现常见物体的结构与功能之间的关系。 11. 能探索并发现常见的物理现象产生的条件或影响因素，如影子、沉浮等。 12. 感知并了解季节变化的周期性，知道变化的顺序。 13. 初步了解人们的生活与自然环境的密切关系，知道尊重和珍惜生命，保护环境。	方式表达自己的想法。 8. 会愿意倾听他人的想法，乐于分享和表达自己的想法。 9. 能认识周边常见的植物和动物，能简单描述其外部主要特征和生长过程，知道植物和动物的生存需要环境条件。 10. 能知道常规简单科技产品的结构决定了其功能。 11. 能认识常见物体的基本外部特征，认识生活中常见的材料。 12. 能描述太阳升落、季节变化和月亮形状变化等自然现象，说出天气变化及其对人类生活的影响。 13. 能树立珍爱生命、节约资源和保护环境的意识。

　　具体来说，幼儿园阶段的科学学习目标包括让孩子通过观察、操作和实验等方式，初步了解自然界的奥秘和规律，如物体的颜色、形状、大小、重量等基本属性，以及水的流动、磁铁的吸附等基本现象。同时，幼儿园引导孩子通过游戏和活动等方式，培养他们的空间感知、时间感知和逻辑推理等初步的科学思维能力。而到了小学一年级，科学学习的目标则会有所提升，更加注重培养孩子的科学探究能力和科学实践能力。例如，小学一年级的科学课程会涉及更多的自然科学知识，如植物的生长、动物的生活习性、地球的结构等，同时还会引导孩子通过观察和实验等方式，探究这些自然现象背后的规律和原理。此外，小学一年级的科学课程还会注重培养孩子的科学思维能力，如分析、综合、归纳、演绎等能力，以及科学实践能力，如设计实验、操作实验器材、记录实验数据等能力。

　　尽管两个阶段的科学学习目标在角度上保持一致，但要求上却略有拔高，这也较好地契合了贯通课程理念。然而，在实践中我们也发现，部分目标之间缺少梯度性，甚至出现"倒退"现象。例如，幼儿园阶段可能更加注重培养孩子的观察力和实验操作能力，而到了小学一年级则可能更加注重培养孩子的科学探究能力和科学实践能力。这种转变可能会让孩子感到困惑或难以适应，需要我们在教育实践中进行适当的调整和优化。

　　因此，为了更好地实现幼小衔接贯通课程的目标，我们需要对两个阶段的科学学习目标进行更加细致和系统的规划。根据儿童的认知发展规律和教育规律，科学制定教育目标，引导儿童逐步发展科学探究能力、科学思维能力和科学实践能力等多元能力。同时，我们还需要注重目标之间的梯度性和连贯性，避免出现

"倒退"现象，让孩子能够顺利地从幼儿园过渡到小学阶段的科学学习。

二、关键经验的具体指向和发展要求分析

基于两个学段科学学习目标的对比分析，我们进一步聚焦具有一致性、连贯性的三类关键经验：生命科学、物质科学和地球宇宙与空间科学，细化具体指标及发展要求，为幼小衔接一体贯通的实践探索指引方向。

表 3-2　幼儿园大班和小学一年级科学思维与探究领域关键经验具体指向和发展要求

关键经验	幼儿园大班关键经验具体指向和发展要求	小学一年级关键经验具体指向和发展要求
生命科学	• 生物的身体特征 1. 能运用一种或几种感官观察生物的特点。 2. 尝试对人体内部进行简单理解（例如，跑动的时候心脏跳得更快）。 3. 比较两种或者更多种生物的相似性与不同点。 4. 能区分生物和非生物。 • 生物的基本需求 1. 知道有些需求对所有的动植物都是基本的。 2. 理解各种植物和动物满足其基本需要的不同方法。 3. 初步了解人对环境的需要。 • 生物的生命周期 1. 能感知不同生命体的周期长短和细节是不同的。 2. 会根据观察，感知和描述植物与动物的生命周期。 3. 通过观察和比较，发现动物、植物和他们的亲代是非常相像的。 4. 初步了解自己家庭成员涉及的关于人的生命周期的现象。 • 生物与环境的相互作用 1. 感知和体会生物会引起它们所生存环境的变化。 2. 初步感知动物的生存离不开植物。 3. 感知和体验人类的生存依赖于自然环境和人为环境。	• 生命系统的构成层次 1. 能识别人的眼、耳、鼻、舌、皮肤等感官，并尝试运用多种感官进行观察。 2. 会描述人体用于呼吸的器官，列举保护器官的方法。 3. 能说出周围常见植物的名称及特征。 4. 说出生物与非生物的不同特点，描述生物的特征。 • 生物体的稳态与调节 1. 能说出植物的生存和生长需要水、阳光和空气。 2. 会描述植物的生存和生长需要阳光、水、空气和适宜的温度。 3. 能说出人体生长发育所需的主要营养物质及其消化吸收的过程。 • 生命的延续与进化 1. 能举例说出植物从生到死的生命过程。 2. 能举例说出植物通常会经历由种子萌发成幼苗，再到开花、结出果实和种子的过程。 3. 列举动物帮助植物传粉或传播种子的实例。 4. 能举例说出动物从生到死的生命过程。 • 生物与环境的相互关系 1. 能说出生活在不同环境中的植物的外部形态具有不同的特点，以及这些特点对维持植物生存的作用。 2. 能举例说出动物在气候、食物、空气和水源等环境变化时的行为。 3. 能举例动物行为的基本类型。

关键经验	幼儿园大班关键经验 具体指向和发展要求	小学一年级关键经验 具体指向和发展要求
物质科学	• 物体与材料的特性 1. 感知物体的结构与功能之间存在的关系。 2. 能发现材料的特性可以通过某种途径进行改变。 3. 能发现不同材料的特性通过不同的方式进行改变。 4. 能发现材料有不同的存在状态：固态、液态和气态。 5. 会使用简单的工具对物体的性质进行测量和比较。 • 物体的位置和运动 1. 感知物体有多种运动方式。 2. 发现物体的运动方式是可以改变的。 3. 发现影响物体运动的因素有多种。 4. 感知物体的运动状态会随着外界条件的改变而发生变化。 5. 探索各种机械，体验机械的作用。 • 声光电磁热等物理现象 1. 发现声音的特征与声音的来源有关。 2. 能感知噪声的产生及危害。 3. 能感知光的亮度取决于光源和光源距离。 4. 能发现影子的大小和形状与物体和光源的位置有关。 5. 体验光对生活的重要性。 6. 能感知简单的电路。 7. 能感知电器在日常生活中的用途。 8. 会尝试使用常见的电子产品。 9. 感知磁铁可以相互吸引或者相互排斥，也可以吸引或排斥某些其他材料。 10. 能体验磁铁在生活中有广泛的应用。 11. 知道热可以在物体之间相互传递。	• 物质的结构与性质 1. 能观察并描述物体的轻重、颜色表面粗糙程度等外部特征。 2. 能根据物体的外部特征对其进行简单分类。 3. 能根据物体的特征或者材料的性质将两种混合在一起的物体分离开来。 4. 能说出冰、水、水蒸气在状态和体积等方面的区别，如三者虽然状态不同，但都是同一种物质。 • 物质的运动与相互作用 1. 能知道对物体运动的描述与所选参照物有关。 2. 能举例说明二力平衡的条件，以及力是物体运动状态变化的原因。 3. 会用相对于另一个物体的方向和距离来描述运动物体在某个时刻的位置。 4. 会举例说明给物体施加力可以改变物体运动的快慢，可以使物体开始或停止运动。 5. 能举例说明生活中常见的力，并能说明其意义。 • 能量的转化与能量守恒 1. 知道声音因物体的振动而产生。 2. 知道噪声的危害和防治，学会保护听力的常用方法。 3. 知道来自光源的光或来自物体的反射光进入眼睛，能使人们看到光源或物体。 4. 知道光的直线传播，了解相关现象。 5. 描述光被阻挡时形成阻挡物影子的现象。 6. 知道电路的基本组成，会画电路图。 7. 会举例常见的不同形状的磁铁。 8. 知道磁体周围存在磁场并能说出证据。 9. 能描述空气受热上升的现象。 10. 知道风是一种空气流动的现象，能举例生活中常见的形成风的方法。

关键经验	幼儿园大班关键经验 具体指向和发展要求	小学一年级关键经验 具体指向和发展要求
地球宇宙与空间科学	• 地球物质的特性 1. 通过观察知道太阳和月亮的基本运动模式。 2. 知道太阳提供了保持地球温度所需的光和热。 3. 体验四季变化顺序。 4. 初步体会和了解不同季节与动物、植物的关系。 • 天气和气候 1. 感知每天的天气都会变化。 2. 知道天气可以通过相关测定的量来表示。 3. 了解沙、石、土、水具有不同的种类，不同种类的特性存在差异。 • 地球与人类的活动 1. 初步了解地球的表面在不断地变化。 2. 知道地球的变化会影响人类的生活。 3. 了解空气污染对人类有危害。 4. 知道要节约用水、保护水源的清洁。 5. 初步了解自然灾害对人类生活的影响。	• 宇宙中的地球 1. 能观察并描述太阳每天在天空中东升西落的位置变化。 2. 能初步学会根据太阳的位置辨认方向。 3. 会描述一年中季节变化的现象。 4. 能举例说出季节变化对动植物和人们生活的影响。 • 地球系统 1. 能知道阴、晴、雨、雪等天气现象。 2. 会描述天气变化对动植物和人类生活的影响。 3. 能知道土壤为众多动植物提供了生存场所。 • 人类活动与地球环境 1. 会举例说出人类的生活与自然环境有关。 2. 能知道地球是人类与动植物共同的家园。 3. 知道有些材料可以被回收利用。 4. 能树立节约资源、保护环境的意识。

第三节　活动/教学设计与实施

　　幼小衔接一体贯通科学思维与探究领域教学设计要以促进学生核心素养发展为宗旨，以"上下贯通，有效衔接"为目标，以学生认知水平和已有经验为基础，呵护学生对自然现象的好奇心和求知欲，建立前科学观念，发展科学探究技能，提升科学思维能力，为后续的科学课程学习作好铺垫，真正落实科学精神和实践创新能力的培养。通过幼小衔接一体贯通的实践，我们给出以下几个教学设计建议：

一、全过程培育科学探究兴趣

不难发现，无论是大班幼儿还是一年级新生，他们的科学探究兴趣点往往呈现出易变的特性。桌上的一张纸、一支笔，同伴的一句话、一个动作等细小的外界干扰刺激都会影响孩子的兴趣，而且这种善变的情况在大班幼儿阶段尤为凸显。

《科学课程标准》和《幼儿园教育指导纲要》都明确指出科学教育的关键是激发探究兴趣。大班阶段采用游戏方式激发科学探究兴趣，让孩子在探索新奇玩具的游戏性操作体验中唤起强烈的好奇心，激发实验操作兴趣。小学一年级新生则可以用创设情境的方式引发兴趣，用孩子最喜欢的动画形象创设趣味性的故事情境，引发学生的探究热情。

科学探究活动的设计不但要关注兴趣的激发，更应重视兴趣的维持，支持学生维系较长时间的实验操作，尽可能排除各种影响和分散孩子注意的外界干扰因素。大班幼儿活动区域设置上宜采用听讲与操作分区的设计，操作区放置四张长方桌，避免与听讲区相互干扰，确保孩子的操作兴趣。小学一年级新生的科学活动则可以在原有实验桌设置的基础上增设小组实验区，将讨论区和实验操作分开来，这样既是对幼儿分区教学的一种形式上的衔接，也是对这一阶段孩子兴趣点易分散的一种保障措施，让孩子能专注于实验操作，进行深入探究。

二、全环节培养有序操作技能

在实际的动手探究中，大班幼儿和一年级新生都缺乏一定的规划，不太知道先做什么，后做什么，再做什么，没有章法。大班幼儿完全是凭着自己对材料的直觉来进行操作，很少关注同伴怎么说或怎么做，因此往往是一次性的，要么成功，要么失败，不会做相应的调整。一年级新生尽管也是凭直觉操作，但会适当考虑老师或同伴的建议，对操作活动做出相应的调整，会做多种尝试。

在科学探究活动中要让孩子有序操作，首先要让孩子知道操作的"序"，即整体的操作流程。幼儿园大班人数相对较少，适合用面对面演示的方式，加以儿童化的教学语言讲解，让幼儿知道实验操作的整体流程。小学一年级班额人数较多，可以用加了拼音注解的操作提示微课，以视频动画的具象化形式进行讲解，孩子会更感兴趣，理解更深入。

不管是大班幼儿还是一年级新生，只是知道操作的整体流程还是不够的，应该对操作的关键步骤进行提炼与强化，这样才能真正让孩子认识操作的"有序"。大班教学中，老师可以在孩子讨论的基础上归纳出操作的关键步骤，并以强调性语言的口吻作进一步的强化。一年级新生的教学中，老师可以从视频微课的观看中提炼出实验操作的关键步骤，并将其制作成彩色板贴进一步强化孩子的认知。

知道操作的整体流程，并且对操作中的关键步骤也有了清晰认知，但这并不等于孩子会有序操作，从知到行还是有差距的。在实际的操作中，不管是大班幼儿，还是一年级新生，都要加强指导。幼儿园大班由于人数较少，可以通过随机性巡导的方式进行点对点指导。而一年级班额人数较多，可以在有结构材料设计上下功夫，通过让实验盒"说话"指导孩子的操作。

三、全层级强化细致观察意识

大班幼儿观察较为粗浅，往往停留在事物的表面，较少有深入的观察，而且凭直觉的行为关注占主导地位，观察显得较为随意。一年级新生观察容易受以自我为中心的情绪影响，导致观察结果不够准确和客观，而且观察缺少整体性，在观察过程中容易只关注观察对象的某一个方面或者某一个局部特征，而忽略其他方面或整体特征的观察。

在科学探究中要形成细致观察意识，首先要让孩子能够对实验中的事物本身和变化现象作层层深入的观察，养成刨根问底的观察习惯。大班幼儿的实验观察往往是非常简单明了的，而且观察过程都是顺向推进的，易于接受和仿照。小学一年级新生的实验观察则可以在此基础上加一些"歧义"性的事物去"干扰"其观察活动，促进其进一步的深入观察，让观察更深刻。

让孩子在科学探究中产生观察的内需和动力，使其主动地去观察实验中的事物变化，也是养成细致观察的关键所在。在大班科学活动中，可以通过提出悬念指向式的问题促其主动观察实验中的事物变化。小学一年级的科学活动则可以通过情境式的任务引发观察内需，驱动其主动观察事物的变化。

细致观察的最终指向是让孩子在科学探究操作中进行真实观察，发现真实的事物特点和现象变化。大班幼儿在探究活动中要避免情绪化观察，避免走马看花式的观察，要引导大班幼儿扎实地经历一次完整性的观察，让其观察接近于真实情况。小学一年级新生在实验中要适时地引导其进行重复多次的观察，并认识到这样做可以避免探究观察的偶然性，逐步养成重复观察的习惯。

四、全知性养成简单记录习惯

关于探究记录，大班幼儿与一年级新生都已初步掌握了一定的实验记录能力。然而，受限于手指肌肉的发育状况，他们的记录方式往往较为简约，如简单地打个"√"，画个圈，或是涂个颜色等。但是，他们的记录往往难以被清楚解读，除非进行说明。

探究记录的丰富性其实就是在积累丰富的感性经验，对形成探究后形成前科学观念至关重要。在科学活动中大班幼儿往往是结论式的探究记录，尽管如此，对某种探究操作的记录也是越多越好。小学一年级新生的实验记录一般都是结果式的，结果记录越多越好，对后续形成科学观念至关重要。

从探究记录的方式上看，大班幼儿的探究记录多以自我为中心，以自己喜欢的、看得懂的方式进行记录的，应该给予孩子充分的时间来解释、表达自己的记录，让实验记录外显清晰化；小学一年级新生的实验记录虽然也有一些自我中心，但已经慢慢转向展示式为主了，同伴已经能够读懂记录所表达的意思了，当然结合孩子自己的介绍，会让实验记录更加清晰。

适合大班幼儿和一年级新生的记录形式是不一样的，灵活选用合适的记录形式有利于孩子简单记录习惯的养成。大班幼儿可以采用符号式的记录形式，合理地使用符号记录，可以帮助幼儿回忆实验过程，促进同伴间的分享和交流，每个幼儿用自己的符号表达自己的想法，独具见解，作为教师就要善于发现并理解孩子的符号记录语言，让孩子用自己的创意，把自己的实验所见、所闻、所想真实地记录下来。一年级新生可以采用贴图的形式来记录，在引导孩子探究某一物品时，鼓励他们将对应的物品磁贴贴在相应的区域上，这样直观、形象、灵活，便于孩子操作。

五、全方位发展科学思维能力

在探究后结论的归纳与获取过程中，大班儿童及一年级新入学的学生普遍局限于判断的层面，他们更多地是在进行简单的二元选择——是或不是，能或不能，可以或不可以，而鲜有深入的逻辑推理参与其中。对于探究判断，大班幼儿往往以事物的偶然性特征为依据作出即时的直接性判断，一年级新生尽管还是直接性判断，已经有孤立的、片面的、不确切的依据意识，开始明确意识到自己的判断根据，说明思维的自觉性、意识性开始发展。

大班幼儿只能理解和运用初级概念及其之间的关系，而且这些初级概念都是从具体实验操作中直接获得的，他们往往不能进行可逆性的思维，在大班幼儿的这种单维性思维过程中，教师指向明确且具有开放性的探究操作问题，引领孩子获得多种感官经验，从而拓展思维的广度。一年级新生逐渐具备针对某个任务的多维式思考能力，考虑更周全一些，也有初步的举一反三能力，所以实验活动中可以提供更多的材料让其操作，并进行简单的分类，让孩子的思维更具广阔性。

善于模仿这是幼儿的天性，大班幼儿的思维方式也是模仿式思维为主的，"照着做、跟着想"是大班科学探究活动使用较多的形式，教师需向学生传授明确、规范的操作步骤及正确的思考模式，引导学生养成正确且有条理的思维方式，构建基础性的思维框架，为日后培养自主、独立的思维奠定基础。小学一年级新生独立思考能力较之过去有了明显的提高，能有意识地运用自己的经验和知识进行思考和判断，这种半独立式的思考能力对于孩子探究问题后形成判断性结论具有极其重要的价值，促进其独立解决问题能力的提升。

大班幼儿的思维常常根据自己的生活经验来进行，当探究事实与他们的生活经验相冲突时，他们往往会选择生活经验，而去怀疑探究结果的真实性，在科学探究活动中教师要通过多次的追问，如"这是你在实验中真实看到吗？""你为什么这样想？"让孩子充分的讨论，由此来打破孩子的生活经验束缚，提升思维批判性。小学一年级新生在科学实验中的证据意识逐步加强，在探究后的思考中他们更多地是依据实验操作观察到的真实现象作出自己的判断，当然这也需要给予孩子充分的时间表达，让同伴充分的质疑，从而形成正确的科学观念。

第四节　典型案例解析

一、聚焦关键经验"生命科学——植物的观察与描述"的案例解析

观察与描述，科学领域核心素养发展的重要内容之一，幼儿园阶段往往通过集体教学活动或自然角种植饲养的形式来发展幼儿该方面的能力，而小学更多利用科学课上多种媒介培养学生的科学能力。相对来说，幼儿园没有专门针对观察与描述的课程内容，而小学有依据课标的固定教材，因此出现了因内容不同、核心素养达成度不同的脱节与断档，导致两个学段之间无法顺畅衔接。

基于以上思考，针对生物特征观察与描述的课例设计最好是提供同样的载体，一是便于习得的学习经验能够从大班顺利过渡到一年级；二来确保该板块核心素养的发展过程既有序又紧密相连，环环相扣。

两个学段有目的性地选取植物的"叶"与"茎"作为研究对象。一来是可以拓展观察与描述对象的多样性，二来可以使课例相对全面。从观察物的易得性、常见性和多样性等多种角度考虑，选择"树叶"和"大蒜"作为主要观察对象。这两样是儿童日常生活中触手可及的自然元素，在观察过程中能够将科学学习活

动与日常生活紧密联系起来，从而激发他们更主动地参与到探究活动中来。

因此，针对树叶幼儿园设计了课例"探秘荷叶"，小学一年级设计了课例"我会观察叶"；聚焦大蒜，幼儿园设计了课例"'蒜'行动'蒜'出彩"，通过种植大蒜的活动，激发孩子们的动手能力和创造力；小学一年级设计了课例"当童趣邂逅'蒜味'"，让童趣与大蒜的种植相结合，为他们带来不一样的学习体验。

四个课例在设计时达成的衔接共识主要体现在观察与描述能力的提升上。在树叶板块的课例中大班幼儿能够比较观察同一品种的荷叶有所不同，辨别荷叶与樟树叶最大的区别。而小学一年级的学生则进一步扩展观察范围，学会比较不同种类树叶之间的差异。在大蒜板块的课例中，两个阶段的学生都被要求观察大蒜的生长过程，但观察的深度和广度有所不同。幼儿阶段主要关注大蒜在种植过程中较为明显的变化，而小学一年级的学生则需要全面观察大蒜一生的变化；在描述能力上，大班幼儿被期望能够将观察到的特征用自己的语言科学完整地描述出来，而小学一年级需要根据构造进行有序地描述。这样的设计考量使得大班幼儿与小学一年级在观察与描述核心素养的发展上呈现出逐步递进的趋势，实现两个学段之间的有效贯通。

二、具体课例设计

根据生命科学领域的关键经验具体指向和发展要求，对幼儿园大班和一年级两个学段进行了学情分析。

通过日常活动以及专门的科学领域教学活动，大班幼儿已经初步掌握了一些基本的观察方法，具有一定的观察能力，同时能将自己所观察到特征与现象能用较为完整的语言进行描述。如能够自主观察物体的外部、内部以及部分细节；能在教师的引导下有序观察；能描述物体的形状、数量、性质等；能够进行比较观察并且描述事物前后发生的变化。但仍处于前运算阶段和具体运算阶段的中间过渡期，抽象逻辑思维还未萌发，因此在逻辑性上尚显不足，一旦脱离教师的引导，他们可能难以自主且有序地进行观察，部分观察结果可能带有较强的主观色彩，客观性还有待提高；在语言表达方面，使用的词汇尚不够精准科学，语句的逻辑性也有待加强。

通过调研发现，小学一年级新生的观察和描述能力不断发展，但他们观察的目的性、持续性等都还不强，主要存在以下特点：（1）观察随性，无序。学生在具体的科学学习当中表现出以下三方面的主要问题：一方面观察情绪化，一年级新生以自我为中心，在观察过程中容易受到情绪、兴趣的影响，导致观察结果不够准确和客观；另一方面观察个体性，一年级新生观察往往沉浸在个人活动中，难以积极参与小组交流、讨论等活动；第三个问题是观察有一定的局限性，在观察过程中容易只关注观察对象的某一个方面或者某一个局部特征，而忽略其他方面或整体特征的观察。（2）描述碎片，缺乏条理。学生在具体的科学学习中体现为三个主要特点：一是多零星，缺少整体，一年级学生思维速度慢，语言表达能力弱，发言多是碎片式，不能完整有序地描述；二是多浅显，缺少逻辑，一年级学生年龄小，语言生活化，表述时常缺少逻辑，词不达意；三是多主观经验，缺少客观描述，一年级学生对客观世界已有初步的认知，但在科学交流活动中，主观思维占主导地位，常天马行空，将以往经验当作事实。（3）观察不持久。一年级新生由于其年龄特点，活泼好动，注意力不能持久集中导致难以持续观察。

基于此，结合《3—6岁儿童学习与发展指南》和《科学课程标准》，我们开展了以发展儿童科学素养为目标的活动，探索植物的叶和茎的活动。分别为聚焦植物叶的大班"探秘荷叶"、一年级科学"我会观察叶"，聚焦植物茎的大班"'蒜'行动'蒜'出彩"、一年级"当童趣邂逅'蒜味'"。具体课例如下：

幼儿园大班"探秘荷叶"

【活动目标】

1. 认识荷叶的外部特征，了解荷叶聚集水珠的独特现象和特征。

2. 用观察和比较的方法认识荷叶大小、形状等外观特征，用简单的语言描述荷叶聚集水珠的现象。

3. 初步具有研究植物的兴趣，增进爱护植物的情感。

【活动过程】

（一）看——感知荷叶

1. 教师：你们想不想再仔细的看看荷叶呀？瞧，后面的小池塘里有许许多多的荷叶，我们一起去瞧瞧吧！

2. 幼儿自主观察荷叶，教师巡回倾听幼儿的发现。

3. 教师：荷叶长什么样呀？

4. 教师根据幼儿观察到的荷叶的外形特征，帮助幼儿梳理有意义的发现。

（二）玩——发现现象

1. 教师：刚才有小朋友说到了一个有趣的事情，你们还记得他是怎么说的吗？你们想不想去试一试？

2. 教师介绍材料：等会儿两个人一组，请你们轻轻地把水倒到荷叶上，仔细地看看会有什么有趣的事情发生。

3. 幼儿两两一组，自主探究，教师引导幼儿发现荷叶不沾水的现象。

4. 幼儿交流分享观察到的现象。

教师：你刚才是怎么做的？你发现了什么？（水在荷叶上会形成水珠、水珠形状大小不一、水珠会跟随荷叶的摇晃而滚动，水珠看起来有点透明、白色）。

（三）比——探究秘密

1. 幼儿取其他树叶进行探索比较。

教师：那是不是所有的树叶都像荷叶这样，水珠能在上面滚来滚去呢？为什么水珠可以在荷叶上滚动呢？它和其他树叶有什么不一样呀？等会儿请你去比一比樟树的叶子和荷叶有什么不一样的地方？

2. 幼儿交流分享比较结果。

3. 小实验验证幼儿想法。

教师：除了看到树叶形状、颜色、大小的不同，你们还发现荷叶上好像有一层毛茸茸的东西，真的是因为有了这层毛茸茸的东西所以水珠能滚动吗？如果把毛茸茸的东西去掉了，你们觉得水珠还会滚吗？

教师出示去除毛茸茸的荷叶操作实验。

4. 请夏日小精灵帮助解答。

5. 教师小结：荷叶可聪明了，让小水珠在荷叶上滚动的同时，就像给自己洗了一个澡，把荷叶上的灰尘、细菌都给洗干净了。

（四）续——兴趣延伸

教师：刚才我们看到了池塘上面有荷花有荷叶，那我想问问小朋友连接着荷花荷叶的池塘下面会是什么呢？接下里我们可以在继续去探索一下荷叶下的秘密！

小学一年级"我会观察叶"

【活动目标】

1. 知识技能：知道植物的叶是多种多样的，每一种叶在形状、大小、颜色等方面都具有自己的特征；认识到植物的叶是有生命的，会长大、会变化也会死亡。

2. 过程方法：能在教师指导下，用比较的方法认识各种各样叶的特征，能用简单规范的语言描述叶的相同点和不同点。

3. 情感态度：通过观察叶，持续保持探究叶的兴趣，增进爱护植物的情感。

【活动过程】

（一）聚焦：创设情境，开启观察

1. 创设情境：秋天到了，给树叶染上了花花绿绿的颜色。我们的好朋友也走进我们校园，她是谁？（放动画人物佩佩录音：佩佩发现有很多的落叶，她一边走一边把落叶收集了起来。）

师：哇，有好多树叶啊！看也看不清，那么，我们一个个来，认识一下他们吧！

这是银杏叶，这是槭树叶，柳树叶，樟树叶（PPT——出示 4 种叶树）

2. 师：这些树叶形状像什么？

你描述的是几号树叶？是什么？它是怎么样的？

师补充：你讲的是 1 号的银杏叶，它的形状像小扇子，请你重新描述一下。

师：这些树叶颜色是怎样的？

师补充：你讲的是 3 号的槭树叶，它的颜色是红色的，请你重新描述一下。

（固定表述格式：你讲的是第_____种叶子，是_____叶子，它是_____）

3. 我们看看图片只能发现这么多，那如果我现在给你一片真实的叶子，是不是可以发现得更多，想不想看？我们这节课就和佩佩一起来观察叶，揭示课题，板书：观察叶。

（设计意图：为了帮助一年级新生更好地从幼儿园的游戏课程过渡到真实上课，作为衔接的科学活动需要凸显情境。以童趣化的动画人物激发学生参与学习的兴趣，引导学生聚焦观察对象——叶。通过提问简单了解学生前概念，了解学生对叶的结构的认识。）

（二）探索：观察描述，探秘树叶

1. 观察各种各样的叶

（1）（拿出叶片）师：佩佩刚才已经把他最喜欢的4种叶子带到了课堂上，你们想观察它们吗？想想看可以用什么感觉器官来观察呢？（教师拿出其中一片叶子）

（2）师：小朋友观察时我们可以四个人每人选择其中一种叶子观察，有了发现小声地说给小组同学听，观察好了以后叶片仍旧放回原来的位置。

每人选一种，眼看，鼻闻，手摸，放回原位置。

学生观察。

（3）师：接下来，我们一起先来说说银杏叶的特点，看看谁说得又多又好。

（板贴在黑板上）关键词：银杏叶，绿色，扇形（扇子），厚薄，粗糙，软硬，鼻子闻：有清香味（有气味）……

根据学生的回答，贴相应板贴形成规范：我观察的是_____号的_____叶，它的特点是_____。

（4）师：请同学们再说说其他3种叶子的特点，看看哪个小组说得多。

（5）小结：看样子同学们都发现了，不同植物的叶子是不同的，它们的形状、颜色、大小等都不一样。

（6）师：有了刚才的经验，相信小朋友们能观察到更多内容，佩佩又给了一个更高的挑战，你有信心完成吗？（激发）

师：这些都是叶子，肯定有共同之处，你找找看，有哪些共同的地方？找出一点就举手。

教师根据学生回答分别指出叶脉、叶柄、叶片，这就是叶子的共同之处。

（设计意图：引导学生利用各种感官观察树叶，了解不同树叶的相同点和不同点，建立起叶具有相同的结构，但又存在差异的认识。在教学过程中教师的语言是一年级新生规范化语言模仿的重要来源，教师要根据汇报内容适时出现相关的汇报范式，并在之后的科学活动中反复使用、不断强化，及时纠正学生不科学的用语，并提供机会让学生练习使用，使其养成良好的科学规范用语习惯，进行交流。）

2. 观察同一种植物的叶

我们刚才讲了叶子的共同之处，出示两片绿萝叶子（颜色，大小不同），这两片叶子有什么不同？

师：它们是同一种植物的叶吗？

（出示刚好变色的枝条）师：尽管他们颜色不同，但是它们是同一种叶子，都是形状一样。看，老师就是从这个枝条上摘下来的两片叶子，你说是同一种叶子吗？

师：数一数，这根绿萝的枝条，请大家观察这个枝条上的叶子，形状、大小、颜色是否相同呢？

师：同一植物同一枝条上的叶，为什么会有这种变化呢？

师：是呀，叶都是从芽到老叶，叶会从叶芽长成嫩叶，从嫩叶长成老叶，老叶最后还会枯萎死亡。它也和我们人类一样是有生命的。

（设计意图：引导一年级新生观察同一种植物的叶，从随意零散的观察，逐步过渡到全面、有序、有目的的真正的观察，进行细致的描述，培养学生良好的观察学习习惯，同时引导学生认识到植物的叶是有生命的，会生长变化也会死亡。）

3. 画一片叶（预设 8 分钟）

（1）师：小朋友，这么多漂亮的树叶，佩佩想用画图的方式记录一片叶子，把画送给乔治，你能帮帮它吗？

（2）提问：老师这里正好有个微课，让我们一起来学习一下现在你会记录了吗？先画哪个呢？

（教师拿出大叶子，把大叶子贴在黑板上，指导学生画图。）

师：（用夸张的动作一边看一边画）请你边观察边画，先画叶片的叶片，再画上叶柄，最后将叶片上的叶脉也画上去，我们的叶子就画好了。请小朋友们选择一片叶子，拿出作业本翻到第 7 页，画在上面，再写上日期。

（引导学生比一比谁画得最像。）

（3）请小朋友们选择一片叶子，拿出活动手册翻到第 3 页，先写上日期，然后边观察边画。

（4）展示自己画的叶子，邀请伙伴互相点评。

（设计意图：用画图的方式，让学生对叶进行更为细致的观察，了解叶的结构，初步形成观察记录的习惯。）

（三）拓展：做落叶画，记录秋天

结束，我们不仅可以这样画叶子，而且可以用落叶做这种贴叶画，来记录秋天。

（设计意图：引导学生利用落叶进行创作，培养学生珍爱生命，保护大自然的意识，锻炼学生的艺术思维与实践能力。）

幼儿园大班"'蒜'行动'蒜'出彩"

【活动目标】

1. 探索大蒜种植的方法，初步了解大蒜的外形特征及简单的生长过程。

2. 亲身种植大蒜，交流、探讨与分享自己的种植过程与结果。

3. 亲近自然，喜欢探究，对劳动产生兴趣。

【活动过程】

（一）初识大蒜

1. 教师提问：你们吃过大蒜吗？大蒜是什么味道的？

2. 幼儿自由分享。

3. 教师请幼儿看看、摸摸、闻闻大蒜，说说自己的发现。

4. 幼儿自主发表想法，教师归纳记录。

（二）种植大蒜大讨论

1. 家庭调查表。

2. 大讨论：关于种植大蒜你有什么问题想问的？

3. 教师记录幼儿问题后追问：你觉得可以怎么做？

（三）开启种植之旅

1. 幼儿根据自己的兴趣与需要分组种植。（分为土培组和水培组）

2. 观察日记。

（1）关于发现的问题。

伴随种植，幼儿一般会关注到以下问题：我的大蒜什么时候发芽？为什么有的发芽快，有的发芽慢？我的大蒜有什么变化？谁的大蒜长得高？等等。

（2）关于教师指导

教师需要有目的的关注幼儿在种植过程中出现的问题，讨论问题解决问题，并且以版面的形式呈现在班级主题墙中。

小学一年级"当童趣邂逅'蒜味'"

【活动目标】

1. 知道水培种植大蒜的基本方法，能够持续观察并记录大蒜在生长周期里的变化。

2. 亲子种植大蒜，用绘画、写字等方式详细记录大蒜的变化。

3. 喜欢探究，萌发对劳动的喜爱之情。

【活动过程】

（一）发起家庭"水培种植大蒜"项目倡议书

教师发下一份告家长书，以下为内容

各位家长，一年级《科学》选择"植物"作为学习的起点，是因为植物是孩子的亲密伙伴，他们对植物具有天然的好奇心，让孩子关注植物、关注一个个生命体的特点，是这个单元的重要导向。为此，我在此邀请有兴趣的家长和孩子一起完成种植任务：

"水培植物看生长"：用玻璃瓶、饮料瓶或盘子，放入适量的水，对大蒜进行生长观察，看它们会有什么变化，并采用画图、拍照、美篇、文字等方法记录下来，完成后进行成果收集与展示。

（二）做好种植的全准备

1. 教师与学生一起讨论有关于水培种植大蒜的准备。

教师提问：应该挑选什么样的大蒜进行种植？可以选择怎样的容器？种植时需要注意什么？

2. 学生自由回答，教师梳理总结。

3. 学生回家里后进行种植准备。

（三）开启种植大蒜之旅。

1. 教师在种植过程中请学生以观察日记的方式来记录大蒜的变化。

2. 用拍照、画画、文字等形式来细致地记录每日的发现。

3. 过程中请学生学会用尺子来正确测量大蒜的长短。

4. 在零散时间询问学生养护情况，对个别出现的问题进行讨论。

5. 请家长在班级家长群中碎片式地分享过程。

三、教学实践反思

通过同课异构的方式，"植物的观察与描述"课例分别在幼儿园大班和小学一年级进行教学实践，均取得了较好的效果。基于《科学课程标准》与《3—6岁儿童学习与发展指南》，聚焦"观察与描述"，使两个学段的目标与活动方式自然衔接，落实核心素养，真正实现科学领域的一体贯通，以下是三方面的思考：

（一）重视情境，关注儿童学习兴趣

四个教学活动都设置了一定的情境，这对于儿童的主动学习是具有意义的。从大班到小学这个年龄段来看，他们处于6—7岁之间，虽然抽象逻辑思维已开始萌芽，但具体形象思维仍然占主导地位。两个学段教师都能充分尊重儿童的发展特点创设情境，但略有区别，关于树叶的课例是在课堂上创设的游戏情境，关于大蒜的课例是真实生活中的情境。例如在大班"探秘荷叶"中教师创设了一个人工荷塘，活动一开始教师通过和儿童一起围在荷塘边欣赏荷叶，自然引出课题，随后又请儿童在自主看看荷叶和玩玩荷叶的过程中轻松地探寻荷叶的

相关秘密，如荷叶的外形特点以及荷叶上水珠聚集的现象。而在一年级"观察叶"的活动中，教师引入了儿童喜欢的卡通形象佩奇，通过看看佩奇收集的落叶，让儿童对树叶产生想要一探究竟的兴趣，在过程中完成佩奇的树叶挑战，激发儿童参与活动的积极性，不仅让儿童在游戏中体验到探究树叶的乐趣，还增加了课堂的趣味性。情境式学习能够让儿童自觉代入角色、进入情境，在愉悦的情绪中充分感受学习的快乐，进一步激发其主动学习的愿望，从而形成良性循环。

（二）精准定位，启蒙儿童科学素养

一个有效的教学活动一定是有精准定位的，需要教师能够精准把握关键经验，制定准确的活动目标。无论是围绕树叶开展的课例还是围绕大蒜开展的课例，两个学段都能精准定位。在围绕树叶开展的课例中，大班聚焦的关键经验是能理解生物的结构和功能之间的关系，即荷叶表面有一种特殊的结构，这种结构使得荷叶表面具有超疏水性，在表面张力的作用下形成水珠，滚动的水珠会带走荷叶表面的灰尘，使荷叶保持自洁。小学一年级聚焦的关键经验是识别植物，能简单描述植物的特征，即能够准确地说出每一片树叶都有叶片、叶柄、叶脉，不同的叶子在触感、颜色也是有所不同的。在围绕大蒜开展的课例中，大班孩子需掌握的核心经验在于理解并识别出大蒜生长过程中不可或缺的基本需求，能简单描述出大蒜的生命周期；一年级聚焦的关键经验为能说出大蒜的生存和生长需要水、阳光和空气等要素，并能概括其经历的生长过程。

同样以植物为内容进行的教学活动，两个学段能够精确地从本年龄段的关键经验出发，锚定正确方向。同时在两个活动中我们更加关注透过关键经验看到儿童的科学素养。从长远发展来看，科学素养启蒙实则更为重要，在两个活动中教师都非常关注儿童积极的科学态度、认真的探究精神、正确的探究方法，并用启发式问题层层推进，帮助儿童剥离外显探寻内在，在科学活动中逐步养成良好的学习习惯。

（三）多元成长，初见衔接成效

贯通式课程的研讨、设计与开展，对于儿童和教师来说都有着极大的收获。从两个学段树叶主题的课堂呈现上来看，大班儿童在活动中始终兴趣盎然，从欣赏荷叶开始他们就被牢牢地吸引住，随后在自主探索的过程中，儿童用自己喜欢的各种方式玩荷叶，初步感受露珠在荷叶上集聚滚动的现象，这样边玩边探，边探边学的过程中逐步增加了对探秘的兴趣，并一直在内在兴趣的指引下一步一步地深入探索，最后达成了关键经验的获得。小学一年级的学生能够在佩奇角色的带领下更为系统有序地去观察树叶，认识树叶的结构并能够正确地说出各个部分的名称，同时积极调动自己已有的经验来比较发现树叶的不同，最终掌握对树叶

外形特征的认识。从两个学段种植大蒜的生活情景中看，大班幼儿与一年级学生都能种植养护自己的植物，在过程中提升了观察与描述能的能力，更难能可贵地形成了坚持不懈与自主探究的意识，这是学生发展的关键素养，也是面对未来挑战的核心所在。在儿童发展的同时，教师也有成长，幼儿园和小学形成的双衔共同教研体关注同一个关键经验的衔接，直击衔接内核而不再流于表面形式，避免了倒退或陡坡现象，让双方衔接有理有据。

通过本次教学活动的研讨，我们充分感受到幼小衔接绝不是单向的输出，应是双向的奔赴。两个学段都应聚焦儿童在科学领域素养的全获得，着眼于儿童的全发展，设计有效的贯通课程，消除两个学段之间的断层，让衔接之路融合畅通，帮助儿童从幼儿园平缓顺利过渡到小学。

第四章／

语言表达与交流领域
课程一体贯通的实施

语言作为人类交流的基础工具，起着连接人与人之间的桥梁作用，无论是口头语言还是书面语言，都是人们进行思想交流、情感表达和知识传递的重要工具。语言的正确表达不仅可以让信息传达更加精准清晰，还能够增添交流的效果和乐趣。语言表达能力的发展也必定带来思维能力的发展，在语言表达与交流过程中也会形成一定的文化审美和创造能力，让儿童在感受祖国语言文字的过程中也会更加热爱中华文化，树立文化自信，全面提升学生的核心素养。作为语文课程的重要实践活动之一，语言表达与交流的作用也是举足轻重的，特别是在幼小衔接这个阶段，我们更应该让学生在丰富的语言表达与交流发展实践活动中，初步形成良好的语感，让他们了解一定的语言文字的特点和表达规律，形成个体语言经验，培养正确规范运用语言文字的意识和能力，并能在具体语言情境中有效交流沟通。

然而，在现实层面，由于幼儿园与小学教学上缺少适切有效的衔接，诸多断层问题日渐凸显，迫使我们需要做相关的实践与探索。我们以国家课程和语文核心素养为依托，从学科本质出发，在充分尊重学生的特点和身心发展规律上，从学习目标差异、儿童发展差异、学习方式差异三大方面进行幼小学段的学情分析。在精准把握学生现有经验和实际掌握的能力后，再从语文学科学段目标和关键经验两个维度对幼小衔接的语言表达与交流方面的目标进行对比分析，梳理出了语言表达与交流的关键经验，提出了符合本区域儿童双向衔接的具体发展要求和有效做法。

第一节　幼小学情分析

幼小衔接一体贯通课程联结的是幼儿园大班和小学一年级两个不同学习阶段，需要了解这两个阶段的儿童的学习起点、学习需求、学习兴趣与认知规律，尊重儿童的原有经验和发展差异，据此确定幼小贯通的语言关键经验的目标定位、教学活动方式和组织形式，帮助儿童做好从幼儿园大班到适应小学学习全面的身心准备。因而，我们的研究关注这两个阶段儿童的倾听习惯、语言表达、前阅读和前书写等能力的特点与变化，通过语言表达与交流领域的学情分析，了解学生的真实水平和情况。

一、学习目标差异分析

对比幼儿园和小学一年级两个学段在语言领域下的培养目标，我们不难发现，在倾听习惯、语言表达方面，两者呈现了目标的一致性及贯通性。如在倾听习惯方面都关注认真倾听，别人讲话时能不随意插嘴、打断别人说话，听不懂或有疑问时能主动提问等。在语言表达方面都注重培养儿童积极参与讨论，敢于发表自己的意见，能清楚表达自己的见闻，同时小学基于儿童核心素养的发展进一步提出了文化自信中的儿童表达自信。但也出现了目标发展重心转变、梯度过大、内容增加等衔接问题，具体如下：

（一）目标发展重心转变

幼儿园是儿童语言发展，尤其是口语发展的重要时期，大班儿童仍以口头语言发展为主，书面语言学习为辅；而小学注重儿童书面语言的阅读、表达及书写，在培养目标的重心上两个时段转变较大。

（二）目标梯度跨越较大

大班儿童对文学作品的阅读理解是通过观察图书画面来猜测、理解学习，而进入一年级儿童的阅读学习就转入汉字阅读阶段，对幼儿园大班阶段未有一定识字量的儿童来说，一年级的阅读学习会存在一定的学习困难及心理上的挫败感。

（三）目标制定范畴不同

幼儿园《3—6岁学习与发展指南》语言领域的发展目标分别是"倾听与表达"和"阅读与书写准备"，而《义务教育语文课程标准（2022年版）》（以下简称《语文课程标准》）明确了语文学习的四大主线"识字与写字""阅读与鉴赏""表达与交流""梳理与探究"，较幼儿园增加了两个板块的内容，凸显小学对儿童书写能力及语言思维能力的培养，可见两者在培养方向上既有连贯性，又有差异性。

二、儿童发展差异分析

（一）倾听能力与习惯的变化

大班幼儿通常已经能够集中注意力倾听一段时间，但持续时间仍然有限，对感兴趣的话题或活动表现出更高的专注度，而对于不感兴趣的内容，持续时间相对短，如果没有干预，往往只能坚持1—3分钟。小学一年级大部分新生在短时间内能随着老师的讲解去倾听、去思考，但持续时间不长，如果不作干预，会在5—6分钟后出现做小动作、走神的现象。

大班幼儿在倾听时，能够听懂一些相对简单的教学指令，能把握对方话语中的简单信息，但部分幼儿表现出爱插话、回答完问题就不听别人的意见或建议等情况。一年级学生在倾听时基本具备对简单信息的接收和理解能力，并能根据对方的话语内容作出相应的反应，部分学生表现出强烈的表达欲望，在倾听时随意插话，甚至打断他人的讲话，这种行为往往导致他们无法全面听取信息，或仅对听到的内容有片面的理解。

大班幼儿已经能够用较清晰、准确的语言回应他人的问题和请求，但反应速度和准确性因个体差异有所不同。对于听不懂或者有疑问的内容，只有个别孩子能主动提问。一年级学生能根据对方的讲话内容较快地作出回应，回应时大部分学生也能做到眼神交流，尤其对一些节奏明快、朗朗上口的小口令呈现出较高的兴趣。对于听不懂或有疑问的问题，在对方的鼓励下，部分孩子也能进行主动提问。

（二）语言表达兴趣、习惯与能力的变化

大班幼儿语言表达意愿逐渐增强，喜欢与身边熟悉的人交流，开始关注自己说话的语气语调，会根据场合适当调节声音大小。一年级学生乐于分享与表达，对与自身生活经验相关的话题兴趣比较大，能积极参与讨论并发表自己的见解，但遇到兴趣度不高或有表达难度的内容，容易出现不自信、畏难的情绪。由于交流表达技巧的欠缺，课堂中容易出现抢答的情况，课间也常常会发生言语沟通不畅的情况。

大班幼儿表达方式以口语表达为主，书面词汇的运用相对有限。他们倾向于用简短的句子或短语来叙述事件或表达想法，但受限于能力，往往想法很多却难以清楚表达，需要教师通过引导、提问、解释、补充等方式介入，帮助他们提升语言组织的完整与连贯。一年级学生倾向于用短句子进行表达，用短句讲述一件事时，往往因词汇量、逻辑表达等限制，常常出现词不达意或语言组织不够连贯的情况，需要教师进一步引导。

（三）阅读兴趣、习惯与能力的变化

大班幼儿会翻阅自己喜欢或与成人共读过的图画书，喜欢与他人一起谈论图书和故事的有关内容。但阅读兴趣保持时间不长，且存在个体差异，在成人陪同下会更持久。同时，大部分幼儿表现出对图书和文字符号的兴趣。一年级学生阅读兴趣变得更为广泛：对图画丰富、色彩鲜艳的绘本感兴趣，喜欢阅读情节生动、角色有趣的故事书，此外，可能还会对与自己生活经验相关的书籍产生浓厚的兴趣。

大班幼儿能指出故事开始和结束的页面，能按照阅读规则翻阅图画书，能在成人提示下找到指定的页面，在教师的提示下能根据图画书的封面或标记初步学习整理图画书，但专注阅读方面存在个体差异。随着科技的飞速发展，一年级

97

孩子还没养成纸质书籍阅读习惯的时候，电子阅读已经成为孩子的家常便饭，纷繁复杂的资讯、花样繁多的游戏，让很多孩子很难静下心来读书。进行前阅读时，一些基本的阅读习惯，如定时阅读、安静阅读、正确翻书和爱护书籍等都需要引导。

大班幼儿在成人引导下会有意识地观察图画书中主角或主要人物的动作以及行动路径和方向，了解主角在干什么；能描述单个画面上较为丰富的情节，但将前后画面的故事情节串联起来方面存在较大个体差异；能在成人的提示下猜想图画书后面的情节，会通过观察图画书中主角或主要人物的动作、表情、姿态来验证文字所传递的信息或自己的猜想。小学一年级新生的阅读能力还处于发展阶段，他们逐渐从只关注图画转变为关注文字和图画相结合，并开始理解故事情节和角色关系。然而，孩子们的阅读能力和阅读策略方面还有待提高，只停留在"浅阅读"层面，他们往往几分钟就看完一本书，能说出故事大概，但是对于画面的细节观察远远不够，缺少有意识地观察画面中的细节与主要情节联系起来进行推测、判断的能力，需要教师和家长耐心引导和讲解。

（四）书写兴趣、能力与习惯的变化

大班幼儿小肌肉精细动作发展迅速，手指越来越灵活，已具备了书写的能力，乐于"画字"或模仿方块字的一些简单特点，喜欢使用多种方式去表现"非正规"的文字书写。一年级新生正是愿意用图画和符号表现事物或故事的阶段，面对全新的田字格以及每个汉字不同的书写规则，他们有着很高的兴趣和期待。

在日常生活、学习中大部分大班幼儿能用图形、符号、数字等表达自己的想法或经验。个别幼儿由于缺少书写机会导致经验缺失，书写能力不强，仅停留在涂鸦层面，对于汉字结构也不太理解。部分一年级新生在教师的指导下能正确书写汉字，但仍有一部分儿童由于对汉字结构不理解，在书写时依旧将汉字视为"图"，并不是按照正确的笔顺进行书写。

大班幼儿书写习惯的培养，关键在于形成正确的书写姿势，包括坐姿、握笔姿势、眼睛与纸的距离、胸口与桌子的距离。部分幼儿也会出现各种不当的姿势，如俯卧书写致使眼睛与纸面距离过近、头部倾斜、身体扭曲等不规范姿态。进入一年级开始正式学习书写，教师通过正确示范、动作要领讲解和书写口诀等方法，帮助学生有效掌握写字姿势和握笔姿势的动作要领。但是由于年纪尚小，自我控制力尚显薄弱，很难长时间坚持正确的写字姿势和握笔姿势。

三、学习方式差异分析

根据儿童的发展规律与特点，在语言表达与交流领域，幼儿园和小学阶段的学习方式存在一定的差异。

（一）组织形式不同

依据皮亚杰的认知发展理论，儿童大约在 7 岁时进入具体运算阶段，初步具备将事物的规律简单抽象化的能力。因此，在幼儿阶段，语言学习活动的主要形式是"活动"，多以故事、绘本为载体创设生活化的、生动的学习情境，注重在游戏体验、角色对话、材料操作中获取语言经验。而小学则是以"课堂"为主，由于课桌结构、教学内容、学习环境的变化，小学时期的语文学习更加系统化、程序化，有明确的课程标准规定的任务。

（二）学习内容不同

幼儿园时期语言领域的学习更多关注儿童当下的语言发展需要，学习内容是依据儿童的身心发展特点、儿童的已有经验、儿童所处的生活环境等因素来确定的，体现出过程化、经验化的特点。而一年级语文的学习内容则更为系统，围绕教材这一核心资源，精心构建了包括识字单元、拼音单元和课文单元等多个板块，从识字与写字、阅读与鉴赏、表达与交流、梳理与探究四方面着手循序渐进地提升学生的语文素养。

（三）评价方式不同

幼儿园时期对儿童语言领域的评价体现出多元化、过程性和个性化的特点，例如评价的主体除了教师之外还可以有家长评价、同伴评价等；在评价方法上，采用观察、作品分析、轶事记录等过程性的资料，对儿童整体的语言发展状况进行评价，同时，关注儿童的个体差异，尊重并重视每一个儿童独特的语言发展轨迹和典型行为表现。进入小学，评价的重点转向学生语文学科的核心素养，既关注学生的日常学习表现，又重视其在特定阶段的学习成果，巧妙融合非纸笔测试与纸笔测试，通过多样化的评价方式，全面而深入地评估学生的语文核心素养。

第二节　以核心素养为导向的关键经验梳理

在编制和实施幼小衔接一体贯通时，我们进一步聚焦《中国学生发展核心素养》，特别关注"自主发展""社会参与"素养下的六大基本要点——"乐学善学、勤于反思、信息意识、珍爱生命、健全人格、自我管理"，同时对《3—6 岁儿童学习与发展指南》以及《语文课程标准》文件中的核心素养要点、幼儿5—6岁发展目标与小学第一学段语言表达与交流领域学习目标的异同进行对比梳理，提出符合我区儿童发展需求的语言表达与交流领域具体发展要求。

一、领域目标对比分析

结合一年级教材以及大班和一年级的学生的学情分析，从横向、纵向的角度不断比对、分析，梳理分歧点、共通点和融合点，再凝练。

表4-1　领域目标对比表

核心素养及要点	《3—6岁儿童学习与发展指南》倾听与表达领域发展目标	《语文课程标准》第一学段（1—2年级）学习目标
一、学会学习 1. 乐学善学 2. 勤于反思 3. 信息意识 **二、健康生活** 1. 珍爱生命 2. 健全人格 3. 自我管理	（一）认真倾听 1. 认真专注，礼貌倾听，在听别人讲话时，学会不随意插嘴、不打断他人，理解并遵守按次序轮流讲话的规则。 2. 能够理解并执行他人提出的多重指令或要求，努力达到要求，并在必要时向同伴或家长转达或解释相关信息。 3. 喜欢听故事，并能简单复述故事主要内容，表现出较强的理解能力。 （二）专注阅读 1. 专注地阅读图书，喜欢与人一起谈论图书和故事的有关内容。 2. 对图书和生活情境中的文字符号感兴趣，知道文字表示一定的意义。 （三）乐于表达 1. 能说出所阅读的幼儿文学作品的主要内容，对看过的图书、听过的故事能说出自己的看法。 2. 能根据故事的部分情节或图书画面的线索猜想故事情节的发展，或续编、创编故事。 3. 愿意在集体面前讲话，能有序、连贯、清楚地用语言讲述身边的事。	（一）认真倾听 1. 能认真听他人讲话，努力了解讲话的主要内容。 2. 在倾听中积累词语，交流中乐于运用阅读和生活中学到的词语。 3. 喜欢听故事，学习复述大意和自己感兴趣的情节。 （二）专注阅读 1. 能结合生活实际和上下文了解文中词语的意思，在阅读中积累词语；能借助读物中的图画阅读。 2. 诵读并积累成语、谚语、格言警句、儿歌、短小的古诗等，感受中华优秀传统文化。 （三）乐于表达 1. 阅读浅近的童话、寓言、故事，想象故事中的画面，学习讲述书中的故事，对感兴趣的人物和事件有自己的感受和想法，并乐于与他人交流。 2. 尝试阅读整本书，用自己喜欢的方式向他人介绍读过的书，养成爱护图书的习惯。 3. 学习用普通话朗读课文，学习较完整地讲述小故事，能讲述自己感兴趣的见闻。积极参加讨论，敢于发表自己的意见。

核心素养及要点	《3—6岁儿童学习与发展指南》倾听与表达领域发展目标	《语文课程标准》第一学段（1—2年级）学习目标
	4. 乐意与人交谈，会说普通话，讲话礼貌。 （四）正确书写 1. 愿意用图画和符号表现事物或故事。 2. 会正确书写自己的名字。 3. 写画时姿势正确。	4. 学说普通话，逐步养成说普通话的习惯，有表达交流的自信心。 （四）正确书写 1. 掌握汉字的基本笔画和常用的偏旁部首，能按基本的笔顺规则用硬笔写字，注意间架结构，初步感受汉字的形体美。努力养成良好的写字习惯，写字姿势正确，书写规范、端正、整洁。 2. 学习汉语拼音。能读准声母、韵母、声调和整体认读音节。能准确地拼读音节，正确书写声母、韵母和音节。 3. 喜欢学习汉字，有主动识字、写字的愿望。能借助汉语拼音认读汉字。

如第一条关键经验"学会倾听"的梳理源于2个步骤：首先是关键经验的提炼。基于中国学生发展"乐学善学"的素养要点，结合《指南》社会领域5—6岁发展目标"倾听与表达"的第三点"在集体中能注意听老师和其他人的讲话"和《语文课程标准》第一学段（1—2年级）"表达与交流"中"能认真听他人讲话，努力了解讲话的主要内容"这一学习目标。其次是具体指向和发展要求的梳理。继续研读三者的具体条目，发现"倾听和表达能力的培养从自我、他人、集体"的角度进行说明，两个学段的条目有相同，有提升，有不同。结合之前的学情分析，从"个人、他人、集体"三个方面来贯通落实幼小衔接阶段"倾听与表达能力"的培养更有针对性、层次性。

二、关键经验的具体指向和发展要求分析

通过再次对比、梳理，我们最后确定"倾听习惯、语言表达、前阅读、前书写"四条关键经验，梳理出两个学段相对应的具体指向和发展要求，为幼小衔接语言表达与交流一体贯通课程确定了可观测、可操作、可评价的目标指向及要求。

表 4-2　幼儿园大班和小学一年级语言表达与交流领域关键经验具体指向和发展要求

关键经验	幼儿园大班关键经验具体指向和发展要求	小学一年级关键经验具体指向和发展要求
倾听习惯	认真倾听不打断 ① 在集体中能注意听老师或其他人讲话 ② 能够集中注意力带有目的地倾听 ③ 倾听时不随意打断别人 疑惑之处敢提问 ① 别人讲话时能认真倾听并积极思考 ② 听不懂时会示意或提问 ③ 有疑问时会提问 注重培养辨析性倾听能力 ① 能听懂日常会话 ② 能结合情境感受不同语气、语调所表达的不同意思 ③ 能结合情境理解一些表示因果、假设等相对复杂的句子	认真倾听讲秩序 ① 能认真听他人讲话 ② 在集体讨论时，懂得按次序轮流讲话 ③ 倾听时不随意打断别人 疑惑之处会提问 ① 针对倾听内容积极思考 ② 努力了解讲话的主要内容，不懂之处会提问 ③ 有疑问时能主动提问并提出看法 注重培养辨析性倾听能力 ① 理解所听到的内容 ② 能体会句号、问号、感叹号所表达的不同语气 ③ 学习理解表示因果、转折、假设关系的句子
语言表达	会说普通话并能正确发音 ① 会说本民族或本地区的语言和普通话 ② 说普通话时发音正确清晰 有与他人交流表达的意愿 ① 愿意与他人讨论问题 ② 敢在众人面前说话 ③ 能根据谈话对象的需要，调整说话的语气 能用恰当的语言讲述事件 ① 能有序、连贯、清楚地讲述一件事情 ② 讲述事件时能使用常见的形容词 ③ 能依据所处情境使用恰当的语言，如在别人难过时会用恰当的语言表示安慰	习惯说普通话并能自信表达 ① 学说普通话，逐步养成说普通话的习惯 ② 说普通话时，有表达交流的自信心 积极参与讨论并敢于发表个人意见 ① 能积极参与讨论 ② 讲话时态度大方自然、有礼貌 ③ 敢于发表自己的意见 能用合适的语气讲述事件或故事 ① 能较有序、连贯、清楚地讲述一件事情或小故事 ② 能适当加入形容词、同义词等，语言比较生动 ③ 根据不同的场合，运用合适的音量和语气与他人交流
前阅读	喜欢听故事看图画书 ① 专注地阅读图书，反复看自己喜欢的图书 ② 喜欢与人一起谈论图书和故事的有关内容 ③ 对图书和生活情境中的文字符号感兴趣，知道文字表示一定的意义 能初步理解文本主要内容 ① 能说出所阅读的幼儿文学作品的主	学习朗读并在阅读中主动识字 ① 学习用普通话正确、流利、有感情地朗读课文 ② 学习独立识字，能借助汉语拼音认读汉字 ③ 学习并掌握简单的识字方法，在阅读中主动识字 结合上下文理解关键词句并积累 ① 能结合生活实际和上下文了解文中

关键经验	幼儿园大班关键经验 具体指向和发展要求	小学一年级关键经验 具体指向和发展要求
前阅读	要内容 ② 会随着作品的展开产生喜悦、担忧等相应的情绪反应，体会作品所表达的情绪情感 ③ 能初步感受文学语言的美 **理解主要内容并能续编创编故事** ① 能说出所阅读的幼儿文学作品的主要内容 ② 对看过的图书、听过的故事能说出自己的看法 ③ 能根据故事的部分情节或图书画面的线索猜想故事情节的发展，或续编、创编故事	词语的意思 ② 在阅读中积累词语，诵读并积累成语、谚语、格言警句、儿歌、短小的古诗等 ③ 感受中华优秀传统文化 **讲述故事并乐于交流阅读感受** ① 阅读浅近的童话、寓言、故事，想象故事中的画面，学习讲述书中的故事 ② 对感兴趣的人物和事件有自己的感受和想法，并乐于与他人交流 ③ 尝试阅读整本书，用自己喜欢的方式向他人介绍读过的书，养成爱护图书的习惯
前书写	**对文字符号感兴趣** ① 对图书和生活情景中的文字符号感兴趣 ② 知道文字表示一定的意义 ③ 能理解图书上的文字和画面是对应的 **写画姿势正确** ① 愿意用图画和符号表现事物或故事 ② 会正确书写自己的名字 ③ 写画时姿势正确	**掌握基本的书写规则** ① 有主动识字、写字的愿望，正确书写声母、韵母和音节 ② 掌握汉字的基本笔画和常用的偏旁部首，能按基本的笔顺规则书写 ③ 用硬笔写字，注意间架结构，初步感受汉字的形体美 **养成良好的写字习惯** ① 努力养成良好的写字习惯 ② 字要写得标准、端正、整洁 ③ 写字姿势正确

第三节　活动／教学设计与实施

　　2021 年，教育部发布了《关于大力推进幼儿园与小学科学衔接的指导意见》，这是整个基础教育课程改革的新纪元，更是贯彻落实"建设高质量教育体系"的具体行动。针对长期以来存在的幼儿园与小学教育分离断层、陡坡推进、衔接机制不健全等现实问题，在具体实践中，我们该如何基于儿童发展的整体性、差异性、连续性进行幼儿园与小学的有效衔接？如何将"衔"与"接"融入课程实施中？在积极推动"双减"工作的背景下，我们用新思路探究跨学段的课程衔接，破解幼小衔接中的难点问题，建立幼小语文课程的互通共融，培养儿童的语言表达与交流素养进阶，共同探索幼小衔接贯通课程的实施路径。

一、活动／教学的设计原则

在贯通课程的实践中，教师要尊重幼小衔接阶段学生的身心特点，把握学生关键经验养成的基本规律，根据关键经验发展目标、学习内容和学习质量的要求，围绕语文表达与交流素养，创造性地开展相关教学，充分发挥语言表达与交流的育人功能。通过贯通课程的实践，给出以下几点教学设计建议：

（一）坚持儿童本位的语文教学理念，推进双向衔接

在 2021 年教育部颁发的《关于大力推进幼儿园和小学科学衔接的指导意见》中指出，为打造良好教育生态，幼儿园与小学应协同开展双向衔接实践研究，以帮助儿童实现从幼儿园到小学的平稳过渡。儿童本位理论主张教育目的应根据儿童的本性需要来确定，按照儿童自然发展的要求和顺序进行教育，以激发儿童的天赋能力，使人的本性得到最完善的发展。根据《指导意见》的文件精神，坚持儿童本位的语文教学理念，我们积极探索实践幼小语文教学双向衔接。

在实践中发现，"幼小衔接"这一阶段的儿童应在活动化、游戏化的教学情境中参与语言学习活动。幼儿园教师在设计教学时，应多创设语言交流情境，让幼儿在读读说说、写写画画的过程中体验文字符号的功能，在绘画和游戏中关注书写姿势，培养良好的书写习惯。教师要做到阅读优先、欣赏优先和理解优先，围绕幼儿前阅读核心经验进行提问与互动，积极评价，让幼儿快乐阅读，为小学的语文学习打下良好的基础。

我们更主张小学应主动向幼儿园衔接，放慢进度、降低难度。在"幼小衔接"阶段，小学教师应在准确把握课程目标、贯通课程关键经验的基础上，根据学情优化、整合教材内容，积极创设趣味化、游戏化、情境化的语文学习活动，让学生在宽松愉悦的学习氛围中培养语文学习兴趣，习得语言表达能力，以逐步适应小学语文的规范学习。

（二）适度分解学习目标，渐次达成双向贯通

刚入学的一年级新生在幼儿园的语言领域学习过程中，通过活动的形式已经掌握了一些阅读与书写的基本技能，并且已经积累了一定的语文学习经验，但是，语文知识具有抽象性，"幼小衔接"阶段的语文教学要采取"小步子、慢节奏"的策略，教师针对一年级新生的实际情况，对教学目标进行适度分解，这样，才能引导他们进行有针对性的语文学习。

比如，在"讲述一件事"的学段目标上面，幼儿阶段要求"能有序、连贯、清楚地讲述一件事情"比小学阶段"能较完整地讲述小故事"这一目标要求更高。幼儿阶段可将"能有序、连贯、清楚地讲述一件事情"分解为先达成较为"完整地讲述一件事"这一目标，然后在实际交流情境中引导幼儿说连贯，再要求学生将事情或小故事讲述有序。

《语文课程标准》对于汉语拼音的教学目标是"学会汉语拼音"，汉语拼音是一套符号系统，具有很强的抽象性，刚入学的一年级新生在学习的过程中是存在很多难点的，因此，需要在教学阶段分步落实目标。比如，在拼音教学时，第一课时需要引导学生用正确的发音部位发音，正确认读，读准拼音；第二课时引导学生对一些形近的拼音字母进行正确区分，并且要求正确书写。在整个拼音教学阶段，逐渐掌握拼读方法，并熟练运用。

（三）创设真实而有意义的情境，在多样的活动中开展语言实践

语文教学内容是一年级新生进行语文学习的主要载体，教学内容并不等同于教科书。新课程要求教师做课程资源的开发者，现行的部编小学语文教材虽然已经具有系统性与应用性，但是，教师还是要善于对教材内容根据一年级新生的语文学习规律进行二度开发，在二度开发的过程中要采取"借助情境，联系生活"的策略使教学内容真正成为一年级新生进行语文学习的有效内容。

1. 从生活实际出发创设学习情境

语言学研究表明，"幼小衔接"阶段的学生正处于口头语言向书面语言的重要转化时期，而在这个转化的过程中，文字学习是十分关键的。但是，文字具有一定的抽象性，一年级新生在学习的过程中并不轻松。在部编版的小学语文教材中，已经编入了很多的情境图辅助小学生进行形象化的学习，这就需要教师以趣引路，贴近生活实际，创设形象具体的教学情境，变僵化呆板的课堂教学为充满活力的学习乐园。

例如，教师在课堂上可以创设向爷爷奶奶汇报学习的拼音儿歌、听到的童话故事的情境，让学生在熟悉的情境中，复习、巩固所学的语文知识，有效调动学生学习语文的主动性、积极性。

2. 在真实的情境中开展语言实践

《语文课程标准》特别强调生活化的语文教学。对于枯燥的语文学习内容，一年级新生是不感兴趣的，因此，在"幼小衔接"阶段对于教学内容要采取联系生活的策略，这样，就能够让教学内容现实化，让学生近距离与教学内容进行接触，从而达到优化教学效果的目的。

比如，小学语文课文《画》，这一首诗的诗意是很浅显的，但是，如果一年级新生在学习的过程中没有生活经验的铺垫，那么，他们在学习的过程中还是会存

在理解上的困难。这一首诗的语言是十分简练的，这一种语言与一年级新生的语言习惯存在一定的差异性，因此，也会给他们在学习的过程中对课文理解存在偏差。因此，在教学这一篇课文时，可以引导一年级新生说一说自己以前在爸爸妈妈的带领下去某一个景点旅游的所见所闻，这样，就能够唤起他们对大自然的记忆。然后提出这样的问题："为什么这一篇课文的题目叫'画'，在这一幅画中到底画了一些什么美丽的景色呢？"这样，就能够有效地引导学生搭建起课文内容与他们生活经验之间的桥梁，从而为他们深入理解课文的语言打下生活化的认知基础。

可见，学生的生活是"活化"语文教学内容的重要载体，能有效地拉近学习内容与学生之间的学习距离，从而使语文学习走向更加自主与高效。

（四）落实过程性评价，以评价激发学习动力

1. 化关键经验为评价要点

关键经验不仅是幼儿阶段对一系列社会的、认知的和身体发展情况的描述，也是幼儿在真实成长环境中正在做的事情。因此，化关键经验作为评价要点，能让我们更好地理解某一阶段幼儿正在做的事，知晓他们的想法、兴趣和需要，从而适时调整教育目标，激发儿童的学习动力，更好地支持儿童的发展。

2. 设计情境化的评价任务

情境就是活动所需要的氛围，它是指进行某种兴趣活动所必需的、由一定物质因素和精神因素构成的外在环境。情境化的评价任务是建立在真实情境中对幼儿的观察和判断基础上的评价，在幼儿已有知识经验的基础上，从幼儿生成或教师预设的模拟情境入手，再拓展到真实的生活情境中去，明确具体评价指标，及时调整教学，实现评价过程与教育过程的统一。

3. 综合运用多种评价方法

引入多元评价主体，拓宽评价视角，形成不同的评价结果，从而丰富评价标准，使儿童更全面地认识自己，更好地支持儿童的发展。多元评价主体的引进可以延续"亲子互动"这一良好的活动方式，双向衔接幼儿园大班和小学一年级，给儿童营造和谐的、科学的衔接氛围；形成性评价、跟随式评价、终结性评价等多元化评价方式并行，在关注儿童学习过程和结果的同时，还要关注他们在学习过程中的情绪体验，学习兴趣、态度以及表现出来的学习方法和习惯等，跟随式地进行持续评价，并建立成长档案袋，形成终结性评价，发挥评价的激励功能。

二、活动／教学的实施保障

为保证贯通课程的实施，确保教学设计原则的落实，我们架设了幼小联合教

研的桥梁，在双向共通的教研活动中实现设计原则的落地，实现关键经验的养成。

（一）架好桥梁，联合共融

1. 园校"共通"，双向链接

教师个体对贯通课程的认识、理解是有局限的，团队协作学习能使教师开阔视野，从更多角度理解内容、看待问题，在思想碰撞和内容研讨中激发智慧。为了促进幼小衔接的可持续发展，实现学生素养的提升，语言表达与交流研究团队成立了由六个幼儿园主管业务的园长、大班教学团队和六所小学的小学语文教研组长、一年级教学团队组成的研究共同体，通过联合教研使幼儿园和小学之间形成紧密的协作关系，更有效地进行双向沟通与协作，实现双向衔接。

2. 团队"互融"，双向联动

在这一年多的研究过程中，研究共同体开展了联合研讨活动 17 次。教师们共同学习《中国学生发展核心素养》《幼儿园入学准备教育指导要点》《小学入学适应教育指导要点》《3—6 岁儿童学习与发展指南》和《语文课程标准》，及时更新贯通课程新理念，探讨课堂教学中如何更好地完成幼小衔接的方法。通过相互听课和借鉴学习，弱化幼小教学之间的差异，以帮助幼儿更快地适应小学课堂教学。在学生成长方面，为学生建立幼小衔接的学生档案，让两个层面的教师共享学生语言发展信息。通过一系列活动，不断调整幼小衔接贯通课程的内容和教学方式，在互学互研中扎实推进幼小衔接课程落实，使其往科学化、合理化的方向发展。

（二）精准教研，优化课程

为保证课程理念的落实，确保课程实施，研究共同体开展了主题化、系列化、精准化的教学研讨活动。

1. 主题化研讨

在幼小衔接联合教研中，我们将语言表达与交流贯通课程的研究内容分解为几个不同主题，每一次活动针对一个主题进行重点研究，一次活动解决一个问题。主题化教研有利于我们更深入地探讨和研究每个主题，从而更精准地把握幼小衔接中的关键点和难点。例如，针对"语言表达能力"这一关键经验，通过目标分析与调整、课例选择与研讨、策略选择、评价方式等不同角度展开深入探讨，在主题化的研讨中，教师们能够进一步明确语言表达能力在幼小衔接中的重要性，以及如何在教学活动中有效提升学生的这一能力。通过具体的课例分析，教师们可以观察到学生在不同情境下的语言表现，进而反思并调整自己的教学策略，确保学生能够在轻松愉快的氛围中提高语言表达能力。

2. 系列化活动

做好幼小科学衔接是一个复杂的系统性工程，教师们积极研究科学衔接的方法，在具体实践中创新活动方式，在这一学年时间里，我们围绕四大主题——倾听习惯、前阅读、前书写、语言表达，开展了小学语文系列化教研活动，第一学期主要在各试点小学进行教研活动，第二学期主要在各试点幼儿园进行教研活动。

以统编小学语文教科书一年级上册《四季》为例，幼儿园和小学教师在围绕这篇文本进行教学设计时，都不约而同地选择向儿童介绍四季的特点，引导儿童发现季节变化的特点，并且有意识地培养儿童语言表达与交流能力。不同的是，幼儿园教师强调感性的认知和体验，活动设计凸显互动性和趣味性；小学教师更注重科学知识的习得，以及朗读能力和书写能力的练习与提升。活动给教师们提供了一个互相借鉴、共同提高的平台，展示了教师的风采，也分享了教学理念，切磋了教学方法，让老师们进一步加强了对教材、教学技能的理解。

在系列化活动中，教师们不断转变、更新教学观念，基于贯通课程语言表达与交流关键经验，制定合理的教学目标，设计丰富多样的教学形式，让学生体验到乐中学、学中乐，真正有效推进幼小衔接贯通课程的落实。

3.精准化研究

为保证每次研讨活动切实解决贯通课程实施的问题、解决老师们的疑问，教研活动采用精准化研究的方式，首先通过开展前测与后测进行课堂观察，再通过数据分析发现教学中存在的亮点或问题，分析亮点或问题产生的原因，寻求解决问题的方法。

（1）前测、后测

课前诊断学情，可以让教师了解学生真实的学习起点，了解学生的最近发展区，从而更精确地制订学习目标，调整教学方法和重难点，设计更有针对性且更符合学生认知发展规律的教学活动。

例如，"日月水火"一课，研讨的主题是前书写。前测就从识字和写字两方面入手，通过学生认读生字、书写生字、教师观察，检测学生学习起点，再用表4-3对识字情况进行统计汇总，发现：参加测试的39名学生，全都能正确认读"月、水、火、山、田"这5个生字；有37名学生能正确认读"日"字，只有2名学生不认识；有38名学生能正确认读"石"字，1名学生不认识；有34名学生能正确认读"禾"字，5名学生不认识。在写字方面，主要是针对正确书写和书写姿势进行测评，测试内容是书写"日"和"田"，在书写过程中观察学生是否能写出正确的笔顺和笔画，其中还要专门测试"横折"这个笔画是否能一笔写成。测试后发现，有33名学生能正确书写"日"字，6名学生出现书写错误；有22名能正确书写"田"字，17名学生书写错误；有5名学生对一笔写成"横折"存有困难，34名学生能正确书写。在写字姿势方面，能做到一寸一拳一尺，姿势完全正确的学生有17名，不正确的学生有22名。

表4-3 前测数据统计表

"日月水火"前测数据统计表

序号	姓名	认读								书写			
										日		田	
		日	月	水	火	山	石	田	禾	笔画、笔顺正确	书写姿势正确	笔画、笔顺正确	书写姿势正确

从前测数据分析，一部分孩子不能正确书写"日"字，大部分孩子对"田"的书写存在困难，所以，我们将"田"字及"横折"的书写指导作为教学重点，并将它们作为后测检查的重点。在写字姿势方面，完全能做对的孩子不到一半。因此，在课堂上，我们将书写姿势的提示作为教学的重要内容之一。在学生书写前，引导学生复习书写姿势歌，检查书写姿势；在书写时，用奖励小书签的形式，督促学生保持正确书写姿势；课后，围绕"三个一"进行后测。从后测"日"书写掌握情况来看，从之前33名学生提高到35名学生，关于"田"字的书写情况，正确率从之前的22名学生提高到35名学生。在书写姿势方面，变化不大，进步不是很明显，完全正确的17名，不正确的6名。

可见，前测数据的解读，为教学目标的制定、教学重点的确定，提供了科学依据，后测数据的解读，为教学反思提供了科学依据，能帮助教师切实提高课堂教学效益。

（2）课堂观察

教师要落实对幼儿语言表达与交流能力的培养，就需要注重引导幼儿具有良好的倾听习惯。倾听能力是幼儿应具有的学习能力之一，《指导意见》也明确提出幼儿能认真倾听老师或其他人讲话，不随意打断别人，不急于发言，并能在交流中听懂别人说的话。培养幼儿语言表达与交流能力，不仅仅可以为小学阶段的学习奠定基础，还能让帮助幼儿搭建良好的社交关系，也同时能促进幼儿的个性发展、心理健康发展。

为了更好地分析、解读幼儿课堂倾听习惯，为良好的课堂倾听习惯的培养提供科学依据。研究共同体设计了课堂倾听习惯观察记录表（见表4-4），进行了一年的观察与记录。记录表将课堂40分钟以3分钟为单位，分成13个阶段进行观察，这样能更细致地观察幼儿的倾听情况，记录幼儿课堂表现的持续时长；观察内容分为"认真倾听""做小动作""没听明白却没有提问""走神"，这几个内容基本涵盖了幼儿在课堂上的所有表现。

表 4-4　课堂倾听习惯观察表

课题倾听习惯观察表

教学内容（　　　　）执教者（　　　　）日期（　　　）被观察者（　　　　）

姓名\时间	1—3分钟	4—6分钟	7—9分钟	10—12分钟	13—15分钟	16—18分钟	19—21分钟	22—24分钟	25—27分钟	28—30分钟	31—33分钟	34—36分钟	37—40分钟

记录者

注：√认真倾听；×做小动作；○没听明白却没有提问；△走神。

通过对幼儿课堂倾听表现的观察分析，可以给我们一些启发。例如图 4-1 和图 4-2，是对"好长好长的名字""粽子里的故事"这两堂课进行课堂观察得到的数据。在"好长好长的名字"这课中，1—9 分钟阶段，孩子的认真倾听占比达到 91.67%，原因是教师通过开小火车、猜一猜、观察图片的方式作为课的开始，通过富有感染力的语言引领孩子，让孩子兴趣盎然。在"粽子里的故事"课中，28—30 分钟阶段，孩子的认真倾听占比达到 100%，因为老师安排了让孩子尝尝粽子、看图讲故事的活动，可见，情境化、活动化、游戏化的教学能吸引幼儿注意力，有助于幼儿倾听习惯的养成。

图 4-1　"好长好长的名字"课堂倾听习惯观察统计图

图 4-2 "粽子里的故事"课堂倾听习惯观察统计图

教学研讨活动中，教师们共同参与课堂观察，一起分析观察数据，结合教学形式反思成败得失，总结梳理幼小衔接经验，有效提升了教师开展幼小衔接活动的科学性，将幼小科学衔接工作扎实落实在幼小两个学段中，助力幼儿实现平稳过渡和健康成长。

第四节　典型案例解析

一、指向关键经验"倾听习惯"的案例解析

（一）关键经验与学情分析

幼小衔接阶段，儿童的倾听能力处于初级阶段，课堂的倾听习惯还没有完全养成，专注力较弱，还不能持久地认真倾听。对实验园（校）关于倾听习惯的相关教育进行调研发现，由于幼儿园没有特定的教材，所以对倾听习惯的相关培养

零星地散落在日常教育和一些游戏活动中。小学的教育则在语文教材的口语交际中有要求，但更多地还是在平时的课堂教学中。因为缺少在倾听习惯方面的高效性、连续性的聚焦，儿童在两个学段的学习中更多地感受到的是学习内容的变化，身边对象的不同，并没有实现学段间倾听习惯和能力的进阶。

为了进一步养成儿童良好的倾听习惯，提升儿童的倾听能力，结合《指南》、《义务教育语文课程标准（2022 年版）》和"倾听习惯"的关键经验，选择了幼儿园大班"我最爱祖国"、小学一年级"我是中国人"两个课例，从"能认真倾听他人讲话，不随意打断别人，不急于发言，能在交流中听懂别人说的话"向"能保持较长时间认真倾听他人讲话，做到不随意打断，不急于发言，能在交流中听懂别人讲话的主要内容"贯通。

（二）具体课例设计

根据"倾听习惯"的关键经验具体指向和发展要求，对两个学段进行了学情分析。幼儿在大班课堂上能积极地进行自我表现，对于喜欢的事也能专注地去完成，但倾听的持续时间较短，往往只能坚持 2—3 分钟；同时，有较强的说的欲望，而缺乏倾听的习惯。

我们对区域 6 所实验小学的 640 名一年级新生进行了课堂观察，发现小学一年级新生在课堂上只听自己喜欢的内容，一旦碰到自己不感兴趣的内容，就开始出现游离；其次，孩子自我意识和表现欲望都较强，往往没有听完老师或同伴的发言，就急于举手表现自己；最后，倾听的持续时间依然较短。

根据儿童的现实情况，结合《指南》和《义务教育语文课程标准（2022 年版）》关于一年级的学业质量要求，体现关键能力的连贯性和综合性，挖掘语文学习中的思维和认知发展规律，将贯通课程中的每一个具体要求以最优的方式组织在一起，我们将活动目标进行细化。同时围绕本次教研活动的关键能力——倾听习惯的培养，结合发展要求与现状，找到大班与小学一年级之间的适恰点，打通两个学段的贯通。因此，在倾听习惯板块具体目标设定如下：

	幼儿园大班	小学一年级
倾听习惯	1. 能认真倾听老师或其他人讲话，不随意打断别人，不急于发言。 2. 能在交流中听懂别人说的话。	1. 能保持较长时间认真倾听他人讲话，做到不随意打断，不急于发言。 2. 能在交流中听懂别人讲话的主要内容。

为了实现预期的教学目标，让儿童养成良好的倾听习惯，我们依据儿童的心理特点，为儿童创设有趣的学习情境，组织多种游戏活动，进行多种形式鼓励，确保学生能积极参与，认真倾听。以下为具体教学过程的设计：

幼儿园大班"我最爱祖国"

【活动目标】

1. 认真倾听诗歌内容，借助"桥形图"，通过同伴合作摆贴图标，理解诗歌内容，知道小中大班不同的爱。

2. 通过不同形式的朗诵诗歌，感受诗歌中爱亲人、爱家乡、爱祖国的情感。

【活动过程】

（一）聚焦"? "，引发思考

1. 教师出示"? "。

2. 小问号有个问题想要问问你们：请问你现在上什么班？上学期呢？刚进幼儿园的时候呢？

3. 出示三张圆形纸。

老师这里有三张圆形卡片，你认识上面的字吗？请你和我一起大声地朗读出来。（小班，中班，大班）

（设计意图："? "的出现，激发了孩子的好奇心，让孩子的注意力聚焦在了学习上，提高了孩子的倾听专注度。）

（二）动手操作，理解诗歌内容

学习活动一：观察"桥形图"，理解诗歌小班的内容

1. 从小班到大班你最爱谁？最喜欢什么？

2. 听录音，你听到了什么？

3. 理解桥形图。

这两个小图标的下面有个符号，像什么？

小结：它有个好听的名字，叫作"桥形图"，妈妈和小女孩一问一答都在上面，问题在桥上，答案在桥下。"桥形图"可以帮助我们更好地理解、记忆诗歌。

学习活动二：同伴合作，理解诗歌中班、大班内容

1. 听诗歌录音，小女孩在中班、大班的时候最爱谁？最喜欢什么呢？

2. 播放诗歌录音后，介绍操作材料和要求：根据诗歌内容，同伴合作，把"桥形图"和小图标摆一摆、贴一贴。注意看是谁在提问，先问什么再问什么，可以怎么贴？

3. 再次播放诗歌录音，幼儿结合诗歌中班、大班内容调整图标。

4.看摆贴的图标，引导复述诗歌。

5.从小班到中班再到大班，小女孩喜欢的东西发生了什么样的变化？

6.从小班到中班再到大班，小女孩爱的人又发生了什么样的变化？

7.你们爱祖国妈妈吗？为什么？祖国妈妈有什么值得我们骄傲和自豪的地方？

8.引出课题。

（设计意图：动手摆一摆、贴一贴，调动了孩子的多种感官共同参与，在动手操作过程中，孩子理解了诗歌的内容，并且在形象化的符号帮助下，更好地记忆了诗歌。教师在过程中对于认真倾听的同学给予了积极的肯定，大大提高了孩子的注意力。）

（三）多种形式，朗诵诗歌

学习活动三：朗诵诗歌

1.听诗歌录音，如果想一起念可以轻轻地站在椅子前面。

2.多种形式朗诵。

（1）问答式朗诵

（2）集体朗诵

（设计意图：朗诵能更好地帮助孩子记忆诗歌，多种形式的朗诵大大调动了孩子的学习积极性，减少了机械、重复学习的厌倦感，特别是能让孩子动起来的学习方式，比如站起来跟着录音朗诵。）

（四）拓展延伸，编写小诗

老师这里还有一些桥形图和小图标，里面藏着我们满满的爱，回去以后我们一起试着把他们编进诗歌里，把我们的爱都大胆地表达出来！

小学一年级"我是中国人"

【活动目标】

1.通过图片、微课等形式，初步了解自己的国家、民族，激发爱国之情。

2.通过观察、朗读、情境体验等方式，体会热爱国家、热爱民族的情感。

3.有交流的自信心，大胆表达，感受作为中国人的骄傲。

【活动过程】

（一）激趣导入，引出课题

学习活动一：听歌曲猜名字

1.情境创设：跟着好朋友蓝蓝、青青去旅游，旅行地的名字藏在歌里。

2.听歌猜名字：播放儿童歌曲《名字叫中国》。

学习活动二：祖国知识我知道

1.蓝蓝、青青考考你：

（1）出示世界地图，寻找地图上的中国。

（2）说说中国的全称，读准：中华人民共和国。

2.把话说完整，学会两种方式表达：

（1）中华人民共和国是我的祖国。

（2）我的祖国是中华人民共和国。

3.创设情境，朗读课题——我是中国人，随即板书。

（设计意图：听歌猜认中国，激发学生兴趣，从而揭示课题。了解中国地图以及全称，初步认识祖国。引导多种形式的表达，激发爱国之情。）

（二）走进祖国，了解祖国

第一站：我们的天安门

1.观察课本插图，看图说话，用上句式：我看到了_____。

2.拓展介绍天安门。

第二站：我们的五星红旗

1.认识五星红旗。

（1）读一读：把"五星红旗""我们的国旗"连在一起说一句话。

（2）换种句式说话：我们的国旗是五星红旗。

2.说一说：生活中在哪儿还见过五星红旗？相机出示场景图。

3.看一看：天安门升旗仪式视频。

4.学一学:《升旗仪式歌》。

奏国歌,升国旗。

面向国旗要立正,

我们都行注目礼。

第三站:我们的民族

1.观察课本插图,看图说话。

发现:中国有 56 个民族,各民族的小朋友都背着书包开心上学。

2.找一找:从插图中找一找自己相同民族的小朋友。

3.说一说:用"我是( )族"说一句话。

4.播放微课,介绍各民族。

5.唱一唱:《我们的祖国是花园》。

师生做动作齐唱歌曲,感受民族幸福感。

6.创设情境有感情朗读。

56 个民族是一家,大家虽然身处不同的地方,但每个小朋友都可以幸福地说——(引读)我是中国人。

(设计意图:通过画面观察,结合已有认知进行多形式的表达,通过动手贴一贴、唱一唱儿歌以及情境体验等形式认识天安门、五星红旗以及我们的民族,激发学生的爱国之情。)

(三)诵读儿歌,赞美祖国

1.蓝蓝、青青带你继续欣赏祖国风光。

故宫

长城

西湖

黄河

2.诵读儿歌，赞美祖国。

（1）出示儿歌，示范读。

> 我爱鲜花，
>
> 我爱白鸽，
>
> 我爱万里长城，
>
> 我爱长江黄河，
>
> 我是中国人，
>
> 我爱我的祖国。

（2）逐句跟老师读。

（3）师生配乐诵读。

（设计意图：通过欣赏祖国风光图，感受中国的美丽强大。而选取诵读的儿歌是对我国典型标志性事物进行总结和回顾，因此多形式诵读有助于激发学生热爱祖国的情感。）

（四）课堂小结，拓展延伸

1.和蓝蓝、青青说说这场"中国之行"，你学到了什么？

2.研读课题，升华情感。

3.课后拓展延伸：

（1）画一画中国：画一画自己眼中的五星红旗和天安门。

（2）秀一秀民族：和爸爸妈妈选一个喜欢的民族乔装打扮，并拍照留念。

（三）教学实践反思

这两节课分别在幼儿园大班和小学一年级进行教学实践，为了更好地对学生课堂倾听情况进行观察与记录，设计了如下观察记录表：

课堂倾听习惯观察表

姓名＼时间	1—3分钟	4—6分钟	7—9分钟	10—12分钟	13—15分钟	16—18分钟	19—21分钟	22—24分钟	25—27分钟	28—30分钟	31—33分钟	34—36分钟	37—40分钟

注：√认真倾听；×做小动作；○没听明白却没有提问；△走神。

记录表将课堂 40 分钟以 3 分钟为单位，分成 13 个阶段进行观察，这样能更细致地观察学生的倾听情况，记录学生课堂表现的持续时长；观察内容分为认真倾听、做小动作、没听明白却没有提问和走神，这几个内容基本涵盖了学生在课堂上的所有表现。

根据上述观察表，两节课都进行了课堂观察，具体观察数据统计如下：

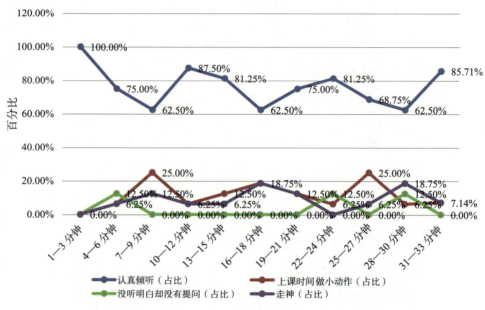

图 4-3　幼儿园大班"我最爱祖国"倾听习惯观察统计图

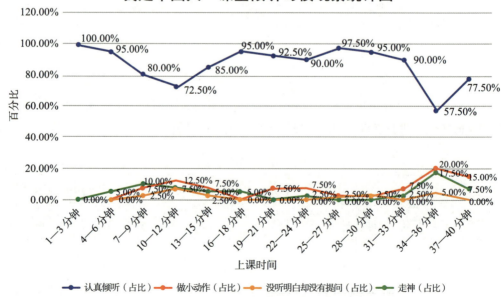

图 4-4　小学一年级"我是中国人"倾听习惯观察统计图

分析数据，我们得出如下结论：

1. 一年级孩子的倾听习惯总体优于大班的孩子

从倾听持续时间看，一年级孩子认真倾听的持续时间更长，能持续 10 分钟左右，大班孩子基本只能持续 2—3 分钟。

2. 学习活动方式直接影响学生倾听的专注度

从图 4-3 中，我们看到在课堂上有三个时间段，孩子的认真倾听占比较高，分别是 10—12 分钟、22—24 分钟和 31—33 分钟，分析后发现，这三个时间段，教师采用了动手操作、多种形式朗诵等活动。

从图 4-4 中，我们发现学生在 16—18 分钟、25—27 分钟倾听积极性明显较高，主要是教师运用视频、唱歌等活动，同时教师进行了贴纸奖励，这都大大提高了学生的学习积极性。

3. 学习内容与学生倾听专注度也有直接关系

分析发现，课堂上学生倾听专注度较高的几个时间段，学习内容相对更具趣味性、开放性。比如大班课堂的 10—12 分钟阶段，学生听配乐诗歌的录音，理解诗歌内容。对于配乐诗歌的倾听，学生学习相对轻松，因此专注度较高；又如一年级课堂的 25—30 分钟阶段，学生的倾听专注度相对都比较高，课堂上学生学习微课、做动作唱歌，了解我国民族大家庭，这些学习内容相对有趣，开放度更高，学生学得轻松，所以积极性也较高。

4. 课堂学习 30 分钟前后，是学生学习的疲劳期

从图中可以发现，两节课在 30 分钟左右的时候，学生的注意力都急速下降，分别降到了 62.5% 和 57.5%。30 分钟的学习时间已经达到了学生的极限，此时学生已经进入到疲劳期，学习效率也是最低的，需要教师适当安排一些活动或者游戏调动学生的学习积极性。

由此，针对幼小衔接阶段学生倾听习惯的培养，提出如下建议：

第一，设定精准教学目标，奠定倾听习惯养成基础。

教学目标是一切教学活动的出发点和最终归宿。精准的教学目标是教学成功的关键之一。幼小衔接的课程应设定精准的教学目标，同时还应体现衔接性。

如上述两课的教学目标，大班"我最爱祖国"设定了以下两条关于倾听习惯培养的目标：1. 能认真倾听老师或其他人讲话，不随意打断别人，不急于发言；2. 能在交流中听懂别人说的话。一年级"我是中国人"一课在大班课程的基础上，目标进行了提升，具体如下：1. 能保持较长时间认真倾听他人讲话，做到不随意打断，不急于发言；2. 能在交流中听懂别人讲话的主要内容。

从上述两课的教学目标看，都体现了各个阶段孩子的学情和心理发展规律，大班幼儿注意力集中持久度不高，只要求在教师的引导下不随意打断别人，不急

于发言；到了一年级，能保持较长时间的认真倾听。同时两课的目标又进行了很好的衔接，一年级不仅要求认真倾听的持续时间更长，还要能听懂别人发言的主要内容。这样精准的教学目标的设定，能为学生倾听习惯的养成奠定基础。

第二，采用鼓励式评价，助力养成倾听习惯。

两个课例都鼓励儿童认真倾听，并通过多种方式的评价，提升儿童的倾听的关注度与持久度，让儿童养成良好的倾听习惯。在幼儿园大班的活动中，通过教师语言的鼓励性评价、同伴的相互表扬等方式，鼓励认真倾听的孩子，有效提升了倾听的持久度。

在小学一年级教学活动中，不仅有语言的鼓励，还有小贴纸等物化评价的鼓励，引导孩子在倾听过程中不随意打断别人，不急于发言。

这些鼓励式的评价，都有助于帮助孩子集中注意力，延长认真倾听的时间，更好地助力孩子养成认真倾听的习惯。

第三，设计情境化、游戏化教学活动，培养良好倾听习惯。

情境化、活动化和游戏化的教学能吸引学生注意力，有助于学生倾听习惯的养成。在幼儿园大班的活动中，教师进行了情境性的配乐诗歌朗读、根据诗歌内容摆贴图标等活动，在这些情境化活动中，幼儿的倾听专注度大幅度提高；在一年级的课堂上，教师安排了观看视频、做动作唱歌、看图欣赏等体验式活动，学生倾听的专注度也明显得以提升。

通过情境化、活动化和游戏化的教学活动极大激发了孩子的学习兴趣，提升孩子的学习积极性，进而帮助孩子养成良好的倾听习惯。

二、指向关键经验"前阅读"的案例解析

（一）关键经验与学情分析

幼小衔接阶段，儿童的阅读能力处于"早期阅读"到"自主阅读"的过渡阶段，而早期阅读的核心经验包括阅读内容的理解和阅读策略的形成。前者，对幼儿园大班孩子而言，能说出所阅读的文学作品的主要内容，后者具体指向预期、假设、比较和验证四个方面的前阅读预备策略。因此，幼儿园大班阶段在选择早期阅读读本时不仅要考虑画面信息的丰富程度，比如角色的表情、动态、画面细节等是否有利于调动大班孩子运用阅读预备能力；在读本内容、情节发展方面还要关注适宜性，比如是否符合大班幼儿的兴趣点及关注点等。

实验园（校）结合《指南》《义务教育语文课程标准（2022年版）》和"早期阅读"的关键经验，选择了大班早期阅读"好长好长的名字"和一年级阅读活动"和大人一起读：小鸟念书"两个课例为桥梁，帮助儿童实现从成人引导下的以阅

读画面语言为主的样态到逐渐脱离成人，借助拼音读通故事，运用阅读策略理解故事的贯通。

（二）具体课例设计

大班是幼儿园学习生活的最后一个阶段，通过前两年的学习，该阶段的孩子在图画书阅读方面已经积累了一定的经验，因此本次大班活动课例侧重阅读兴趣与爱好、阅读能力与策略、阅读表达与评判三方面的进一步培养：（1）通过设置读名字等趣味游戏，激发孩子阅读兴趣；（2）通过连续提问，引导孩子联系生活实际，理解图画、符号信息表达的意思，尝试猜测角色名字和由来，了解名字背后的寓意；（3）通过创设情境，让孩子说出自己的想法和感受。

本次一年级阅读活动课例则着眼于幼小过渡的关键阶段的需求，考虑到小学阶段的读物文字比例提高、阅读难度提升，导致孩子容易产生畏难情绪，课例设计做了以下的思考：（1）通过教师范读、借助拼音自己读、同桌互助读等方式，降低认读难度；通过游戏对读，增强活动趣味，促进孩子阅读兴趣的保持与提升；（2）通过分角色朗读、变化节奏读、配乐读等形式丰富的朗读，让孩子充分地练读，从而做到用普通话正确、流利地朗读好这个故事，并为新阶段大人与孩子共读提供方法支持。

为了实现阅读方面的有效衔接，让儿童养成良好的阅读习惯，依据儿童的心理特点，为儿童创设有趣的阅读情境，用游戏贯穿始终，进行多种形式鼓励，确保学生能积极参与。下面呈现两个课例：

幼儿园大班"好长好长的名字"

【活动目标】

1. 仔细观察画面中出现的符号及相关信息，理解其表达的意思，并能合理地猜测角色间的对话和心理活动，愿意大胆表达和讲述。

2. 在聊一聊、玩一玩中，知道名字是区别自己和他人的特殊符号。进一步了解名字背后的寓意，萌发悦纳自我的情感。

【活动过程】

（一）自我介绍，引发关于"送名字"的讨论

1. 谈话导入

教师做自我介绍，请学生开火车介绍自己的姓名。

提问：你可以把名字送给我吗？请学生说说自己的想法。

2. 小结

（二）走进故事，开启蓝狐狸借名字之旅

1. 出示狐狸图片，围绕名字做猜想：有只动物也跟高老师一样，特别羡慕别人的名字，看是谁？猜猜它的名字是什么？（蓝狐狸）为什么叫它蓝狐狸？

2. 看图说信息：蓝狐狸来到了哪里？遇到了谁？说了什么？

3. 出示图示，根据名片猜名字：从名片上看，你觉得青蛙叫什么？放录音，揭晓答案。（波波蛙）

4. 观察图片，发现取名原因：名字跟它喜欢生活的环境有关。

5. 猜说对话：蓝狐狸想要波波蛙的名字，会怎么说？如果你是蓝狐狸，你会怎么说？波波蛙会将名字送给蓝狐狸吗？

6. 看课件，验证猜想。

7. 猜测蓝狐狸的心情，说理由：蓝狐狸有了新的名字，它现在的心情怎样，你是从哪里看出来的？

（三）名字游戏，感受朗读长长的名字的快乐

1. 出示图片，根据名片认动物：蓝狐狸还会遇到谁呢？先遇到了谁？看懂它的名片了吗？你认识哪些小动物了？有没有还叫不出名字的？

2. 小组合作，尝试帮蓝狐狸取新名字。

（1）教师示范。

（2）学生分组合作。

（3）小组派代表分享。要求：一口气念完新名字。秒表计时。

3. 谈感受，和蓝狐狸说说话：蓝狐狸的新名字好长好长，如果在路上遇到它，要跟它打招呼，会觉得怎样？蓝狐狸的朋友们也跟我们有同样的感觉，每次叫它的时候觉得很麻烦，因为它的名字实在太长了。你们想对蓝狐狸说什么？

（四）解读名字，进一步感受名字背后的寓意

1. 猜测蓝狐狸名字的来由。

2. 分享名字背后的寓意。指名说。

3. 出示课件，说一说：蓝狐狸好像明白了什么，看，它是怎么做的？现在蓝狐狸的心情是怎样的？

4. 小结：原来每个人的名字都装载着爷爷奶奶、外公外婆、爸爸妈妈对我们的祝福和希望，每个人的名字都是独一无二的。我有点不好意思了，以后你还会把名字送给别人吗？爷爷给爸爸取名字，爸爸给你取名字，名字只适合自己，不能送人！

活动延伸： 课后设计一张属于自己的名片。

小学一年级"和大人一起读：小鸟念书"

【活动目标】

1. 能通过听教师范读并借助拼音，把短文读正确、读通顺。

2. 通过分角色朗读、变化节奏读、配乐读等趣读形式，感受短文传递的情趣，对朗读产生兴趣。

【活动过程】

（一）导入谈话，激发童趣

1. 谈话导入。教师分享最近读的故事，展示学生填写的读书记录卡。请学生分享最近读了什么故事。

2. 揭示课题，指名读、齐读。

（1）借助拼音读题。指名读、齐读。

（2）根据问题读题。小鸟干什么？谁念书？

（二）初读短文，读通读顺

1. 教师范读。要求：老师读到哪，学生在书上指到哪。

2. 学生自己读。提问：遇到不会读的字，怎么办呢？（借助拼音拼读；请教家长、同学、老师）

3. 指名读。课件分段出示课文，请三位同学一人读一段，相机正音。

4. 认读词句。

"淅淅沙沙"：第一个"淅"是一声，读长一点，第二个"淅"是轻声，读短一点。教师范读、指名读、齐读。

"叽叽喳喳"：生用上刚才的方式自己读。指名读、齐读。

5. 同桌合作读。

（1）（视频示范合作读）提问：他们是怎样合作的？（①一

123

人一段轮流读。② 读对了，夸夸 ta；读错了，帮帮 ta；帮了你，谢谢 ta。）

（2）同桌合作读。

（3）两对同桌展示，反馈合作情况。

（三）趣读短文，感受情趣

1. 分角色读。

PPT 出示短文，分成三种颜色。（叙述的话和教师的话显示黑色，由老师来读；写风吹的声音的句子显示绿色，由女生读；写鸟叫的声音的句子显示蓝色，由男生读）

2. 变化节奏读。

（1）慢节奏、快节奏读"淅淅沙沙"。指名读、男女生配合读。

（2）慢节奏、快节奏读"叽叽喳喳"。指名读、师生配合读。

3. 对应着读。

游戏："对着念"。教师念风声，学生就念鸟声，节奏保持一致。

（1）"淅淅沙沙""叽叽喳喳"。

（2）句子加长一点：

风念着："淅淅沙沙。"鸟念着："叽叽喳喳。"

风吹着："淅淅沙沙。"鸟叫着："叽叽喳喳。"

（3）句子再加长：

窗外的风念着："淅淅沙沙。"窗外的鸟念着："叽叽喳喳。"

窗外的风吹着："淅淅沙沙。"窗外的鸟叫着："叽叽喳喳。"

4. 配乐读。

（1）听两段音乐（一段明快，一段舒缓）。提问：你更喜欢哪一段音乐配这个故事呢？

（2）播放音乐一，喜欢这段音乐的站起来配乐读。相机指导学生配合音乐的节奏读。

（3）播放音乐二，喜欢这段音乐的站起来配乐读。相机指导学生配合音乐的节奏读。

活动延伸：

用上今天课上读书的方法，回家和家人一起玩、一起读。读完后，填写《和大人一起读》记录卡。

（三）教学实践反思

这两节课分别在幼儿园大班和小学一年级进行教学实践与贯通研讨，以下是实践与研讨后的几点思考：

1. 读本的选择要符合幼小衔接阶段孩子的兴趣与需求

绘本《好长好长的名字》讲述了主角"蓝狐狸"因羡慕别人的名字而产生的一系列借名字、还名字举措的故事，传递了每个人都是独一无二的个体，每个人的名字只属于自己的观念，意图激发孩子产生悦纳自我的积极情感。幼小衔接阶段，孩子在频繁的同伴交往活动中，很容易出现如同绘本中这样关注彼此差异的行为和情绪表达，绘本的内容与这一阶段孩子的兴趣与需求是相匹配的，且随着年龄的增长，这样的感受会愈加突出，因此，该活动放在幼小贯通阶段开展，能为大班孩子上小学做好情感铺垫。

2. 互动方式要基于幼小衔接阶段孩子对阅读内容的理解和阅读策略的习得

阅读内容理解方面，在大班阅读活动"好长好长的名字"中，教师通过有效师幼互动，引导孩子尝试解读画面语言，如启发孩子通过观察表情猜测绘本中角色的心情，引导孩子解读"云记号"中不同小动物的名字符号等。在阅读策略的形成方面，从"对话"什么，何时"对话"及怎么"对话"三个维度入手，探索指向幼儿阅读预备能力习得的有效阅读"对话"策略，如"现在它的心情怎样，你是从哪里看出来的？""蓝狐狸会把名字还给小动物吗，你是怎么想的，又是哪里看出来？"等提问，引导孩子依据绘本内容开展思维活动，帮助孩子习得反思、质疑、假设、验证四项阅读策略预备能力。

由此，我们对幼小衔接阶段孩子前阅读方面，提出如下建议：

第一，目标定位基于核心经验，实现精准贯通。

教学目标是一切教学活动的出发点和最终归宿。精准的教学目标是教学成功的关键之一。幼小衔接的课程应设定精准的教学目标，同时还应体现衔接性。

如上述两课的教学目标，大班"好长好长的名字"设定了以下两条关于前阅读的目标：1. 仔细观察画面中出现的符号及相关信息，理解其表达的意思；2. 能合理地猜测角色间的对话和心理活动，愿意大胆表达和讲述。一年级《和大人一起读：小鸟念书》一课在大班课程的基础上，目标进行了提升，具体如下：1. 能通过听教师范读并借助拼音，把短文读正确、读通顺；2. 通过分角色朗读、变化节奏读、配乐读等趣读形式，感受短文传递的情趣，对朗读产生兴趣。

大班幼儿阅读以图为主，以文为辅，重在理解画面语言，教学目标侧重要求学生能够观察、解读画面中角色的表情、动作及符号信息；一年级孩子阅读以文为主，以图为辅，要求孩子在对故事的正确认读中理解故事内容。此外，一年级阅读课例教学目标中，阅读策略与对阅读的情感态度要求以更加明确的形式出现。

这些差异体现了阅读目标的衔接与进阶，最终指向引导孩子形成逐渐脱离成人的自主阅读能力。

第二，活动设计基于年龄特点，体现有效贯通。

幼儿园大班的孩子和一年级孩子都需要情境化、活动化和游戏化的教学，但因年龄差异，在情境创设上和游戏方式上存在差异需求。在幼儿园大班的活动中，教师始终以帮助"蓝狐狸"借名字的情境贯穿始终，在教师的引导下读懂并理解绘本画面语言，习得阅读策略；在一年级的课堂上，教师通过多种形式的朗读激发孩子的阅读兴趣，唤醒自主阅读的愿望。

基于年龄特点创设的情境化、活动化和游戏化教学活动，能极大地提高孩子的学习兴趣，提升孩子的学习积极性，进而帮助更好地走进前阅读。

通过这四节课的实践研究，我们充分认识到了幼小双向衔接的重要意义，聚焦学生关键能力的培养，开展贯通式、连续性设计和教学，能够帮助老师更加精准地把握学情，确定适切目标，组织开展有助于学生关键能力提升的教学活动，从而实现幼小的双向贯通。

第五章 /

数学认知与应用领域
课程一体贯通的实施

数学是研究数量关系和空间形式的科学。数学不仅是运算和推理的工具，还是表达和交流的语言，它承载着思想和文化，是人类文明的重要组成部分。数学在形成人的理性思维、科学精神和促进个人智力发展中发挥着不可替代的作用。学生通过数学课程的学习，掌握适应现代生活及进一步学习必备的基础知识和基本技能、基本思想和基本活动经验；养成独立思考的习惯和合作交流的意识；形成和发展核心素养，树立正确的世界观、人生观、价值观。因此，数学课程是义务教育阶段重要的基础课程，其核心教育价值在于帮助儿童学会"数学思维"。数学在幼儿阶段虽然只是五大领域中科学领域的一个分支，但所开展的主题活动和游戏包含着大量的数学元素，是儿童积累数学活动经验、丰富数学感知、形成数学关键能力的必要准备。我们坚持儿童为本开展数学学科幼小双向衔接实践探索，认真研究儿童学习发展的特点与规律，精准把握儿童现有经验和实际能力展开关联教学研究。我们坚持素养导向，紧紧围绕数学核心素养，以数学关键经验为统领，选择合适的内容开展情境化、活动化、游戏化学习，提高入学准备和入学适应教育的科学性和有效性，帮助儿童顺利实现幼小过渡。

第一节　幼小学情分析

著名教育家奥苏伯尔（Ausubel，D. P.）说过，如果不得不将全部的教育心理学还原为一条原理的话，我要说，影响学习者的唯一的重要因素是学习者已经知道了什么。这是中小学教育教学的基本原则，即根据学生原有的实际水平进行教学。幼小衔接一体贯通课程有近一年的时间跨度，涉及幼儿园大班和小学一年级，依据儿童为本的教育理念，基于儿童的真实学情展开相应的教学活动。我们通过对幼儿园大班数学活动内容（以《完整儿童活动课程》为主）和人教版小学一年级数学教材对比分析，梳理出幼小学段儿童数学学习目标，并通过访谈、前测分析（6 所实验学校的 640 名一年级新生）和联合教研，准确把握儿童的现实起点，进一步明晰儿童该阶段的学习方式及与之相匹配的教学实施对策。

一、数学认知差异较大

我们针对幼儿园大班幼儿和小学一年级新生，主要从数与代数、空间与图形两大领域分别进行了观察与前测，准确把握大班段和新入学儿童的数学现实起点。

（一）数与代数

幼儿园大班：幼儿对 10 以内数量认知理解较好，能在游戏情境和生活实践中多方位感知 10 以内的数量，大部分能掌握正确的数数方法；幼儿能理解基数与序数的不同；幼儿能在具体游戏活动中进行数的分解与组合；能理解总数与部分数之间、部分数与部分数之间的关系；大班阶段的幼儿在数运算的意义理解往往停留在动作表征阶段，口头表征和符号表征能力较弱。有的幼儿能通过操作与表达正确理解加减含义，有的对数的大小、组合分解也难以理解。大多数幼儿能按外显的特征进行分类，但对于按内隐的特征（如功能、生活习性等）完成分类有一定的难度；排列规律掌握情况良好，能较快发现和寻找到生活环境或游戏情境中按颜色、形状、数量等有序排列的规律，借助积木和雪花片，并根据已有的经验创编出不同的新规律。但用数学语言完整表达自己操作过程的能力还需加强。

小学一年级新生：学生普遍认识 0—9 这 10 个数字，能用数字表示 10 以内的数量，如 8 个正方形用数字 8 表示，初步感知数是对具体数量的抽象。超过 90% 的学生能正确数出 10 以内的数量，而且会用两种方法（1 个 1 个数和 2 个 2 个数）；近一半的学生能够正确数出 11—20 的数量；学生普遍能进行 10 以内的加减法口算，正确率高达 90% 以上，城乡之间没有明显差异；超过八成的学生能够在老师读题的前提下用加法解答简单的生活实际问题，城区学生明显好于乡镇学校。大多数学生能根据实物属性和外部特征正确进行分类，而且学生对颜色的区分度高于对图形的认识；学生在较复杂的情境下容易受形状、大小干扰而出现遗漏现象，需要正确方法指导。超过 90% 的学生能正确完成按照规律画出下一个图形和涂色的任务，说明学生能按颜色、形状等找到规律并应用，但对规律的完整规范表达欠缺。

（二）空间与图形

幼儿园大班：能进行平面图形的组合与分解，幼儿对于常见平面图形（三角形、正方形、长方形、梯形）的基本特征已掌握，并能通过动手操作拼图等活动，正确理解各图形经过组合、分割、翻转等方法可以变成新图形。但对于立体图形的认知经验还是粗浅的。空间方位感逐渐增强，能够正确表达上下、里外、前后的位置关系，但个别幼儿对于左右的区分存在一定困难，需要在日常生活或游戏中多加强个别引导；大班幼儿已经具备了自然测量的活动经验，幼儿喜欢用不同的材料或自然物进行测量，但由于每人都有不同的测量方法，造成测量的误差及测量结果的不同。

小学一年级新生：学生普遍能正确辨认常见的平面图形（三角形、正方形、长方形、梯形和圆）和立体图形（正方体、长方体、圆柱和球），但还不能关注图形的基本要素，更不清楚图形之间的关联；学生具备一定的拼搭图形的实践经验（如拼七巧板、搭积木），但具有较大的个体差异。学生普遍知道上下、前后、左右等常见的空间方位，超过八成的学生能够正确表述上下、前后的位置关系，但学生对左右的理解明显偏弱，能正确区分的只有六成左右。有近一半的学生已经认识刻度尺并能进行测量。学生会通过目测、数数比较两种物体的长短，正确率高达95%。借助工具进行估测的能力还比较薄弱，只有少部分学生能比较准确估测。

从上述两个重要的领域对比发现，一年级新生在数学认知方面明显高于大班幼儿，幼儿园丰富的游戏活动为学生积累了比较充分的活动经验和知识储备，学生已经初步具备了学习抽象数学知识的能力。比如大班幼儿只能借助具体实物进行10以内数量的大小比较，还容易受到长度、大小等外在因素的干扰，而一年级学生基本都能通过数数进行正确比较。

二、学习方式略有差异

学前幼儿是通过感官与具体经验来学习数学的，他们借助视觉、听觉、触觉、味觉、嗅觉等多种感官，通过自己操作、尝试、探索，亲历从动作水平的思维向抽象水平的思维转化的过程，才能重构对数学的理解，获得有意义的具体经验。同时，也是在日常生活和游戏中积累数学经验的。日常生活中蕴含了大量学习数学的机会，幼儿园要善于利用这些教育资源，引导幼儿了解数学与生活的关系，通过生活和游戏中产生的数学问题情境来练习与巩固已有数学知识，运用数学知识解决真实的问题。

进入小学一年级，数学学习仍然强调游戏性、趣味性和活动化，内容选择也符合学生的兴趣与发展需求，但开始关注活动之间的内在关系，更注重过程和结果的一致性，学习内容是一个相对完整的体系，各部分之间存在密切的关联并呈螺旋上升。学生的数学学习主要是通过课堂教学活动集体学习进行的，并辅之适量的课后练习。学生的操作活动带有较明确的目的性，是数学学习过程中的其中一环，为积累数学活动经验、抽象概括数学知识、感悟数学思想服务，最终促进学生数学素养的形成。

三、评价重点差异显著

大班幼儿在数学学习教育评价上侧重幼儿的兴趣和求知欲，注重幼儿在学习过程中体验到数学的重要与有趣。淡化数学知识的学习，强调幼儿探究与解决问题、表达与交流能力，注重任务意识、规则意识、耐心细致的操作、会检查反思自己的操作等数学学习习惯的养成，以过程性评价为主。

小学一年级的数学学习评价上强调过程性评价和结果性评价并重，在关注学生数学学习的行为表现和习惯外，逐步在数学学习的速度、结果的正确率、整体的达标率等方面提出量化的指标要求，并通过课堂表现、作业表现和阶段性学业质量等多个维度对学生进行评价，激励学生更好地学习成长。

除了上述显性的数学认知、学习方式和评价方面学情分析外，我们还一起研讨了这一阶段儿童的心理特点和能力差异。

第一，该阶段儿童的年龄是 6 周岁左右，处于前运算阶段的后期，即直觉思维阶段。他们的思维以具体形象思维为主、逻辑思维刚刚萌芽，往往只能关注到事物的外在明显特征与差异，比较事物间的异同、寻找内在的联系、隐含的规律、图形的转换等往往不易探知，认识不到位，分析推理的能力不够。

第二，该阶段儿童注意力易受外界干扰，导致学习的有意注意力持续时间较短，数学学习兴趣易转移。

第三，该阶段儿童在数学学习活动时喜欢动手操作，在表达上时常存在表述不完整、不简洁、不准确的现象，数学语言的发展还处在不断提升中。实践中发现，重复操练能有效提高学生的动手操作能力和数学语言表达能力。

此外，儿童在数学学习上还存在明显的个体差异，具体表现在认知发展水平、动手操作能力、语言表达能力和学习习惯上的差异等。要重视不同儿童的个体差异，让每个儿童在自己的水平上得到应有的发展。

第二节 以核心素养为导向的关键经验梳理

为了寻求双向衔接的有效路径，帮助区域儿童顺利完成从幼儿园到小学一年级数学学习的平稳过渡，我们数学研究小组认真研读《3—6 岁儿童学习与发展指南》（下称《指南》）、《义务教育数学课程标准（2022 年版）》（下称《数学课标》）和现行教材（幼儿园是华师大版《完整儿童活动课程》，小学是人教版小学数学一年级教材），从数学学科学段目标和关键经验两个维度进行对比分析，并提出符合本区儿童发展需求的具体发展要求。

一、领域目标对比分析

对比两个学段数学学习的具体目标，绝大多数具有连贯性和进阶性，特别是数概念的认识和运算，幼儿阶段是以操作感知为主，小学阶段是在操作感知的基础上进一步抽象成数学概念，能进行熟练快速口算。但在分类和找规律、图形和空间方位这两个领域学习目标的区分度不大，除了小学在语言表达上的目标要求更高以外，没有明显的进阶性，个别地方甚至出现了倒退。比如幼儿阶段要求"几何形体有创意地拼搭和画出物体的造型"比小学阶段"会拼搭图形"要高；在空间方位的学习活动中，幼儿阶段出现了"左上、左下、右上、右下"等名称，而小学一年级却没有，可以适当调整。幼儿园大班中的目标3"初步理解量的相对性"在小学一年级没有提及，主要原因是长度、面积等有关图形的测量在小学二年级才正式学习，建议大班儿童能借助实物初步感知即可，不必要求人人理解和掌握。

表 5-1　领域目标对比表

	幼儿园大班	小学一年级
学习目标	1. 能发现事物简单的排列规律，并尝试创造新的排列规律。 2. 能发现生活中许多问题都可以用数学方法来解决，体验解决问题的乐趣。 3. 初步理解量的相对性。 4. 借助实际情境和操作（如合并或拿取）理解"加"和"减"的实际意义。 5. 能通过实物操作或其他方法进行 10 以内的加减运算。 6. 能用简单的记录表、统计图等表示简单的数量关系。 7. 能用常见的几何形体有创意地拼搭和画出物体的造型。 8. 能按语言指示或根据简单示意图正确取放物品。 9. 能辨别自己的左右。	1. 能结合具体情境，认识 20 以内的数及其大小关系（一上），认识 100 以内的数，用多种方式表示数，知道数的组成，会大小比较，初步建立位值制（一下）。 2. 理解并能描述加减法的意义，能进行 20 以内加减法口算和 100 以内加减法口算，形成初步的数感、口算能力和符号意识。 3. 能结合具体的情境运用数学语言描述简单问题及思考过程，会应用画图、数数、加减法等方法解决简单的实际问题。 4. 能结合现实中的事物认识并描述常见的立体图形和平面图形，会拼搭图形，感受图形的外部特征及图形之间的关系，积累空间感知。 5. 能认识并表述基本的方位（前后、上下、左右），体会位置的相对性。 6. 能根据选定的标准进行分类，体会同一标准下的一致性和不同标准的多样性，能对数据进行简单分析（一下）。 7. 能发现图形或数字排列的规律，能根据规律进行推理确定后续图形和数字，会规范表述和创造简单的规律（一下）。 8. 能认识钟表，会正确认读整时。 9. 能认识人民币，会进行简单的计算和换算。

二、关键经验的具体指向和发展要求分析

基于两个学段数学学习目标的对比分析，我们进一步聚焦具有一致性、连贯性的四个领域（分类和找规律、数概念和运算、图形和空间、比较与测量）八条关键经验，进一步细化具体指标及发展要求，为幼小衔接数学一体贯通课程的实践探索指引方向。

表 5-2　幼儿园大班和小学一年级数学认知与应用领域关键经验具体指向和发展要求

关键经验	幼儿园大班关键经验 具体指向和发展要求	小学一年级关键经验 具体指向和发展要求
分类和找规律	1. 会根据物体的外部特征（物体名称、物体外部特征、物体量的差异、物体用途、物体材料、物体的数量、事物间的关系）进行分类，知道同样一组物体可以按照不同的方式进行分类，尝试表达分类依据和结果。 2. 能发现事物简单的排列规律，主要是 AB、AAB、ABC 模式，并能按照规律接着往下排实物和图片；引导儿童尝试表述事物排列的规律；鼓励儿童尝试创造新的排列规则。	1. 会根据物体属性或外部特征进行分类，体会分类多样性，知道不同标准得到不同结果；要求学生不仅能按照不同标准进行正确分类，还能清楚表述自己或他人分类的标准和结果。 2. 能从事物形状、颜色、数量等多个维度观察发现具有一定规则排列的序列，并准确表述事物排列的规律；会运用规律推理序列中的未知物；能独立设计并创作出有规律的图案或序列；适度增加具有变化的数字规律。
数概念和运算	1. 感知 10 以内的数量，能按数取物，并区分基数和序数。经历大量的实物数数游戏活动，帮助儿童能够手口一致地点数，感受数字与实物的一一对应；能够理解数字是按顺序排列的，连续数字的后一个数字总比前一个大 1。鼓励儿童按群计数（如两个两个数或 5 个 5 个数）。 2. 能通过实物操作（如合并或拿取）或其他方法进行 10 以内的加减运算，初步感受加减的实际意义。重点多开展实物合并和拿取的操作活动，感悟加减法实际含义，适当开展语言的表述。	1. 认识 20 以内的数，体会数和具体事物数量之间的对应关系，逐步感悟数是对数量的抽象；理解掌握数的分与合，能用多种方法准确数数；认识计数单位一和十，体会数是多少个单位的表示，并用多种方式表征 20 以内的数；能区分几个和第几的不同含义。 2. 在具体情景或动作中理解并建构加法和减法的意义，建立加法和减法的直观模型；正确口算 20 以内的加减法；并应用解决简单的生活实际问题。关键是加法、减法意义的理解和直观模型的建构，需要经历从具体情境到直观图示再到抽象算式的数学化过程，发展学生符号意识和抽象意识。

关键经验	幼儿园大班关键经验 具体指向和发展要求	小学一年级关键经验 具体指向和发展要求
图形和空间	1. 认识常见的立体图形和平面图形，尝试多种方法对平面几何图形进行简单的组合与分解，并有创意地拼搭和画出物体的造型。 常见平面图形是圆形、方形、三角形、长方形、半圆、椭圆、梯形，要求能用三角形和正方形拼搭图形；常见立体图形是立方体、长方体、圆柱和球等，知道立体图形中有面。 2. 能用多种方位词（上下、前后、左右）、符号辨别、描述物体的位置与运动方向，并知道空间方位的相对性。要求每个儿童都能掌握以自己为中心的方位辨认与表述；鼓励有能力的儿童能以他人为中心辨认方位。	1. 认识常见的立体图形和平面图形，能观察发现图形的外部特征，建立常见图形的表象；能拼搭图形，感知图形的体、面、边和图形之间的关系。借助七巧板和积木开展操作实践活动，在拼搭活动中强化对图形特征及图形之间关系的感知。 2. 能观察辨认事物的方位，正确表达上下、前后、左右六个方位词；能通过想象辨认事物方位的相对性。重点在左右的辨认和表述上下功夫，在准确掌握以学生自己为中心分清左右的前提下，借助具体的游戏活动，帮助学生能够观察分辨出他人为中心的左与右，并能正确表述。大多数学生能够理解掌握左右的相对性。
比较与测量	1. 能用多种方式比较10以内数量的"大小"和"多少"。儿童通过目测和数数感知10以内数量的多与少，能够按照正或逆两种方式进行排序，初步感知数量的相对性和传递性。 2. 尝试用多种方式比较物体的长短，尝试进行长度的自然测量。能够有意识地选用工具或自然物进行测量，做到有序不间断，感受不同的测量工具得到不同的结果。	1. 能借助感官或通过数数比较不同物体的数量多少，感知——对应的数学思想。要求学生能根据两种物品数量、大小等实际情况合理选择目测、数数和一一对应的方法来比较，并表述比较的过程和结果。 2. 能借助工具比较不同事物的大小、长短和轻重，能准确表达比较的过程和结果。主要是借助小的工具对较大物体的长短、大小进行测量，为后续学习长度单位、面积单位积累活动经验。

第三节 活动 / 教学设计与实施

实践是检验真理的唯一标准。先进的教育理念、美好的课程设想，最终需要通过课堂教学才能落地生根。理想的幼小衔接数学贯通课堂是素养立意下的儿童生命的成长驿站。在这里，他们是开心快乐的，因为他们会遇到新奇的数学故事；在这里，他们是主动参与的，因为他们会从事自己喜欢的数学游戏；在这里，他们是自然生长的，因为他们每天在做有意义的数学学习活动。在一年多的探索实践中，我们逐渐厘清了幼小衔接数学贯通课程的设计原则和教学实施策略。

一、活动 / 教学设计原则

（一）衔接强调贯通性和一致性，为课程跑好"接力"

幼小衔接是当下基础教育的热点，应努力做到幼儿园"送一程，再送一程"，小学"接一站，再接一站"。但从大量的文献资料表明，大多是指向幼儿教育，其核心目标是通过幼儿园大班或暑期入学前的学习准备为儿童顺利进入小学学习数学做好知识、技能等多方面的准备。这与《指导意见》规定的"要防止和纠正把小学的环境、教育内容和教育方式简单搬到幼儿园的错误做法。"是相矛盾的。

因此，我们积极主张并实践探索幼小数学教学双向衔接，从教学目标、教学内容、教学方法等多方面突出贯通性和一致性。首先，幼儿园和小学的教学目标相互衔接，并逐步实现。其次，幼小衔接教学设计需要按照学科特点和年龄特点，将幼儿园和小学的教学内容有机结合起来，形成连续的教学体系。最后，幼小衔接教学设计需要将幼儿园和小学的教学方法有机整合起来，形成适合幼儿学习发展的多元化教学模式。除此以外，幼小衔接教学的活动组织、学习环境创设、主题活动设计、家长工作等都需强调幼小衔接教学的贯通性和一致性。

（二）学情注重针对性和发展性，为课程凝聚"推力"

维果茨基最近发展区理论告诉我们，学生通过自己独立学习和教师的指导帮助实现从现有发展区向最近发展区的跨越。（如下图 5-1，摘自郑水忠《小学儿童学几何》37 页。）

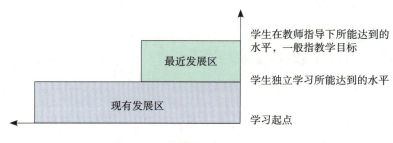

图 5-1

所以我们教师要在准确把握儿童现有实际水平的前提下，研究确定儿童独立学习所能达到的水平，还要进一步思考明确大多数学生在教师的指导帮助下所能达到的学习水平，设计和组织实施针对性的教学活动帮助学生达成目标。这也符合我们坚持的"儿童为本""为学而教"的教学理念。

为了更好地开展幼小衔接数学贯通课程，数学教学活动要充分建立在学生的认知发展水平和已有经验基础上。教师不仅要了解幼儿园幼儿的心理特征、学习习惯、思维特点，还要厘清小学入学阶段的数学学习目标与要求，帮助儿童实现幼小数学学习的无缝对接。认真研究儿童的认知发展特点和规律，精准把握儿童的现有经验和能力水平，即了解"学生在哪里"；坚持社会主义核心素养导向，紧紧围绕"数学核心素养"，精准设定教学目标，即明确"学生去哪里"；采取合适的教学措施开展情景化、活动化、游戏化的数学学习，即知道"学生怎么去"。

（三）教学注重目标性和活动性，为课程产生"合力"

幼小衔接涉及两个教育阶段，教师既要掌握小学数学教学内容，又要了解幼儿园数学学习目标，只有这样才能合理地设置教学目标，促进幼小更好地衔接。通过第一节"幼小学段学情分析"可知，二者具有相关性，同时一年级数学学科目标是幼儿数学认知目标的延伸。教学目标应紧紧围绕"幼儿园大班数学认知目标"及"数学学科目标"设置，不可拔苗助长。

随着教育理念的逐渐更新，加之《义务教育数学课程标准（2022年版）》特别强调"合理设计小学一至二年级课程，注重活动化、游戏化、生活化的学习设计"，以"游戏活动"、"情境创设"贯穿始终的课堂，成为了幼小科学衔接理念下教学改革的主要方向。因此，活动设计既要达成知识目标，又要注重"身心适应"；既要提升学生的学习能力，又要关注学生的学习兴趣。教师围绕"四基""四能"培养目标，立足学生核心素养发展需求，寓教于乐，有的放矢地设计游戏环节和情境，努力实现"课程游戏化"。

二、活动 / 教学实施策略

我们希望，幼儿园到小学不是翻山越岭，不是跳跃深壑，而是童年生活的一种自然延伸和过渡。因此，我们尊重儿童的成长规律和认知心理，实践探索以儿童操作为主的数学衔接课程，努力实现教学形态的一致性，凸显操作和游戏为主导的组织和学习方式；努力加强操作和游戏的指导，丰富学生数学学习的理解途径；努力实施激励评价，让他们被尊重、被看见、被肯定。

（一）强化操作和游戏，搭建衔接教学桥梁

幼小衔接数学课程特别强调小学要主动向幼儿园衔接，放慢进度、降低难度、

增加活动课程，其核心是通过游戏化、活动化和生活情景化的学习方式来帮助一年级新生激活已有的生活经验和幼儿园的学习经验，丰富活动感知、积累操作经验，为学习相对抽象的数学知识做好准备。著名教育家布鲁纳的认知序列学说指出，孩子的学习从动作开始。操作活动为学生积极探索、主动获取知识提供了机会，为学生感知具体数学知识的现实背景、来源创造了条件。因此，幼小衔接数学课堂组织和学习过程以游戏为主，伴有大量的操作活动，比如分类、拼七巧板、数小棒、搭积木等。

我们在本区三所学校一年级开展试点实验，为期一个月，全部是游戏化、活动化的课程，不布置任何书写、口算等书面作业，深受学生的喜爱，结果非常圆满。学生在持续的游戏化活动课程中产生的数学学习兴趣、积累的活动经验、形成的动手操作能力为后续数学学习带来了正能量，学生一年级上册期末学科学业质量达标，综合素养明显提升。

如幼小衔接活动课"数小棒"，依据儿童在幼儿阶段积累的数数活动经验，大多数学生能独立数出 20 根小棒，个别学生用两种甚至三种不同的方法来数。在教师的指导和个别学生的示范引领下，学生不仅能用两种方法数出 20 根小棒，还能 10 根一捆摆放，为后续学习计数单位 10 积累活动经验。因此，这节课的教学重心就是数小棒、捆小棒（10 根为一捆），经过多次反复地数、捆和摆，大多数学生能快速完成任务和语言交流，由此建立 10 根为一捆的观念，初步感知 10 个一是十，且通过摆小棒知道几捆就是几十。类似的课例还有很多，如"七巧板拼图""我会分一分""我会比长短"等，宗旨都是立足数学核心素养的培养，以数学关键经验为抓手，用大量的操作实践活动打通幼小之间的断层，为儿童高效学习小学数学知识积累经验、储备关键能力，凸显幼小衔接的学科连贯性和能力进阶性。

（二）注重指导和交流，助力衔接走向深入

游戏化、活动化的教学方式很受学生喜欢，但也让学生贪玩的心理有了释放的场域。因此，在遵循学生爱玩好动的天性基础上，我们通过指导其操作和游戏，让活动更规范、交流更充分、教学更有效，充分调动他们的手、口、脑、眼、耳等多种感官参与学习，帮助学生提高操作技能，培养实践能力和创新精神。

1. 明确的任务导向，让学生知道要干什么

目标是导向，任务是支架。幼小衔接数学课程的每一次操作活动都要有明确可测的目标。一旦有了明确的目标，学生就会带着思考进行具体的操作活动。但对一年级的学生来说，谈目标还不能完全理解，需要把目标转化为具体的任务，让学生清楚知道自己要干什么。比如"七巧板拼图 1"是拼图主题中的第一课时，

它既有图形知识方面的学习目标，包括认识基本图形及图形之间的关系、知道若干个基本图形可以拼成更大的基本图形；更多的则是技能目标，即能拼出不同的图形、会用不同的方法拼出图形。这些目标需要分解到不同水平的操作任务中去，呈现给学生的应是清清楚楚的操作任务：用两块七巧板拼出图形，用三块三角形巧板拼出图形，用三块不同的巧板拼出图形。

2. 清楚的操作流程，让学生知道该怎么做

幼小衔接课程中的操作活动并非都像七巧板一样就是拼和摆，有好多操作活动需要经历选择材料、尝试摆或数、记录等多个步骤，这对一年级的新生来说也是不小的挑战，需要老师提前把操作任务转化为具体的操作步骤告知学生。以"立体图形拓印"为例，执教老师需要明确告知学生下列操作流程：

（1）自己选取一个立体图形；

（2）把图形的其中一个面涂上印泥；

（3）在白纸上把有印泥的面拓印下来；

（4）重复上面的（2）和（3），在白纸上多拓印几次；

（5）观察自己拓印的结果以及同组其他同学的作品，你有什么新的发现？

考虑到一年级新生认识的文字有限，教师明确操作流程时还需要亲自动作示范，确保学生能看清楚听明白。有了这样的操作流程后，学生才能按照流程进行有序操作，让操作活动顺利完成，达到预期的活动效果。

3. 充分地尝试交流，让学生知道能学什么

我们认为，学生只要沉浸在有意义的游戏活动中，哪怕没有任何知识和方法上的结果也都是有价值的。比如用边长为 1 cm 的小立方体搭高，材料既小又轻，超过 10 个后很容易倒掉，需要学生小心轻放，鼓励学生较长时间尝试，可以训练学生的手感，还能磨炼学生的受挫能力，有助于学生专注地做好一件事。

同时，学生经过一段时间的尝试，会有很多不一样的成果和作品，展示交流就成为必须。把握好展示时机、采用科学展示形式都可提高交流的实效性。如：创作有规律的积木串，可拍照同屏展示学生的不同结果；数豆豆这样的活动，可视频直播或手机投屏操作过程。展示的目的是交流不同的成果，让全班学生互相学习借鉴，或部分学生做示范引领，这些都是操作指导的有效途径之一。

（三）跟进激励和评价，培育衔接核心素养

幼小衔接数学课程的大部分内容是游戏和操作活动，让学生在"玩"的过程中实现从外在的兴趣向数学本身的兴趣转化，这就需要激励性评价来为课程的实施保驾护航。基于学情，我们积极探索实践多元激励评价，重点开展表现性评价，以"寓评于乐"为基本原则，践行"参与即合格、完成即优秀"。

139

1. 课堂表现性评价，实现及时反馈

考虑到衔接课程是以学生操作活动和展示交流为主，因此我们倡导各实验学校积极采用表现性评价，主要从"遵守常规、主动尝试、大胆展示、认真操作"四个维度对学生课堂的行为表现进行星级评价（如下表5-3），多角度、多方面、多层次了解学生课堂上的学习情况，并做出及时的反馈或指导，提高学生课堂参与度和学习效率。

表5-3　衔接课程课堂表现评价表

评价内容	评价标准	星级评定
遵守常规	课前准备齐全；上课时注意力集中、不走神；不随便走动、不大声喧哗。	✿ ✿ ✿
主动尝试	面对任务能主动尝试，尽力想办法解决，不轻易放弃，不抄袭他人。	✿ ✿ ✿
大胆展示	能积极展示自己作品，大胆表达自己的想法，口齿清晰，语句完整、有条理。	✿ ✿ ✿
认真操作	能及时投入操作练习，能按时完成操作任务。	✿ ✿ ✿

注：采用分项评星的方式评价，按照每项内容的评价标准基本能做到的给三星，大部分能做到的给两星，有部分做到的给一星。

2. 作业过程性评价，实现有效延伸

幼小衔接数学课程为了保证学生能够巩固操作方法形成操作技能，每天会布置操作实践类、语言表达类甚至是探究类作业，引导学生回家后继续操练、探索和交流。如《打靶游戏》回家作业是让学生有顺序地说说分物的结果，《找规律》回家作业是尝试当一回"小小设计师"。同时，我们尝试过程性评价方法，借助家长资源，合力实现对学生完成作业过程表现的及时把控和指导。

3. 非纸笔测试评价，实现能力提升

非纸笔评价，主要指以活动和任务为主要形式，强调问题情境与真实生活的链接，用来考察学生综合运用知识技能、使用高阶思维完成任务、解决问题的能力。如本区新城第一实验学校，以龙年为主题背景设计游园测评活动，融合教材知识内容和衔接课程内容，考察学生观察、表达、操作、计算、图形等多种数学能力，通过多元的学具操作，结合语言表达，让学生说一说、摆一摆、拼一拼、分一分等。

第四节　典型案例解析

一、指向关键经验"数的运算"的案例解析

（一）关键经验与学情分析

数的运算能力是学生必备的关键能力，是重要的数学核心素养之一，而学生建构四则运算的意义、理解算理、掌握算法皆源于动作和具体实物的操作。幼儿园大班到一年级上学期，儿童的实际年龄正好是 6 周岁左右，按照皮亚杰的儿童发展理论，是处在前运算阶段的后期，即直觉思维阶段。抓住这一关键时期，帮助学生经历丰富多样的操作活动积累活动经验、经历从具体实物到直观表象、数学符号的数学化建构过程，正是我们幼小衔接一体贯通课程努力探寻的理想学习之道。为此，我们选择了最具代表性的"加法"作为幼小联合教研的关键课例，着眼数感、运算能力、抽象意识等数学核心素养的培养，聚焦关键经验加法意义的理解，精准分析儿童学情、精准设定教学目标、精心设计和组织开展有意义的数学活动，探索幼小衔接数学一体贯通课程的教学之路。

（二）具体课例设计

依据"数与运算"关键经验的具体指标和发展要求，根据幼小衔接一体贯通课程设计和实施的基本原则，我们通过前测和访谈，精准把握儿童关于"加法"的真实学情。幼儿在大班有比较丰富的分与合的活动经验，能在具体活动中正确完成 10 以内数量的分与合；能借助具体实物的操作完成两个部分的合并，初步建立起加法的直观感知。但幼儿对数运算的意义理解往往停留在动作表征阶段，口头表征和符号表征能力较弱。有的幼儿能通过操作与表达正确理解加法的含义，有的对数的大小、组合分解也难以理解。小学一年级新生经过幼儿园大班的学习后已经具备了 10 以内数的加法运算能力，10 以内加法口算的正确率很高，对加法有比较全面的直观理解，知道两部分合并可以用加法来表示，但学生对加法意义的理解是浅层次的，而且存在较大差异，尚有许多学生对加法算式所表示的意义理解不够到位，需要通过丰富的活动和规范的语言表达帮助学生逐步理解。

在精准把握学情的前提下，结合《指南》和《数学课标》关于一年级的学业质量要求，我们以学生素养培养为导向展开活动设计，将目标细化为知识技能、过程方法、情感态度等三个维度，努力体现关键经验的连贯性和综合性。为了实

现预期的教学目标，让儿童经历有意义的主动学习过程，我们依据儿童的心理特点和认知规律，从唤醒已有经验、多种方法数数和表征、及时巩固和提升三个依次递进的板块来设计学习活动，为儿童创设良好的学习环境，提供丰富的操作活动，确保学生能积极参与、主动探索。下面是具体的设计和意图说明。

幼儿园大班数学"去糖果店上班"

【活动目标】

1. 通过多种方式感知 10 以内的数量，结合糖果店具体情境实物操作感知合并起来得出总数的过程。

2. 愿意边操作边讲，通过口头表述装糖果的方法初步理解加法的意义。

3. 在数糖、装糖和放糖的过程中解决简单实际问题（两部分合并）、体验数学活动的快乐。

【活动准备】

课件、两种颜色的糖果、写有数字的透明袋

【活动过程】

（一）创设游戏场景，多元感知 10 以内的数量

引导语：糖果店老板进了好多糖果，看看有些什么颜色的糖果？（红、黄、蓝）那我们怎么知道罐子里一共有几颗呢？怎么数？

1. 请个别幼儿上来演示数一数，你是怎么数的？还有其他不同的方法吗？

2. 哪种方法数得更快？我们一起数一数。

小结：看来要能正确快速地数糖果，不仅要认真、仔细，还要掌握正确的方法，除了一个一个接着数，也可以用两个两个、三个三个、五个五个一起数的方法。

（设计意图：创设游戏场景，调动幼儿的多种感官共同参与，用多种方式感知 10 以内的数量，在游戏过程中，了解幼儿已有的计数经验，展示不同的数数方法，为下一步的数运算奠定基础。）

（二）争当小小理货员，探索不同的组合方法

1. 介绍游戏装糖果包的要求。

引导语：糖果店的顾客喜欢吃混合味的糖果，现在货架上都已经卖完了。你们愿意做小小理货员帮帮忙吗？什么是混合味的糖果？（把两种颜色的糖果放在一起）每袋一共装几颗？你们发现透明袋上有什么秘密？这个数字 6 表示什么？（6 颗）

两种糖果一共要装 6 颗，可以怎么装？我们一起来试试。

2. 幼儿第一次尝试装糖果，教师观察了解幼儿操作情况。

3. 请个别幼儿分享装糖果的经验。

你是用什么方法装糖果的？（比如 1 颗红的和 5 颗绿的合起来一共 6 颗）原来 1 和 5 合起来是 6。还有没有不同的方法？（教师根据幼儿的回答用数字符号梳理 6 的组合经验）

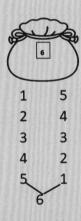

4. 观察发现 6 的组合规律。

这是刚才大家装 6 颗糖果的 5 种方法，你们有没有发现什么秘密呀？看看左边的这些数字？再看看右边的这些数字？有什么变化吗？

$$\begin{array}{ccc}
1 \quad 5 & 2 \quad 4 & 3 \quad 3 \\
5 \diagdown 1 & 4 \diagdown 2 & \diagdown \\
6 & 6 & 6
\end{array}$$

小结：原来总数 6 有 5 种不同的组合方法，从上往下数，左边一排的数字后面比前面的逐个大一个数，右边一排的数字后面比前面逐个小一个数；有的两个数字一样，只是位置发生了变化（1和5，5和1；2和4，4和2），不管位置怎么变，合起来的总数都是一样的，都是6。

（设计意图：提供两种颜色的糖果，设置装混合糖果的游戏情境，巧妙地将两个部分数的概念融于操作活动中，通过实物操作感知积累丰富的组合关系，再逐步过渡到用数字符号表征，给幼儿搭建适宜支架，鼓励幼儿主动探究发现，将实物情境表征、口语表征和符号表征巧妙融合在一起。）

（三）评选金牌理货员，运用更多的合并方法

1.介绍游戏规则。

引导语：糖果店的老板生意可好了，又进了很多货，要我们小小理货员一起快速准确地再装一批混合糖果。看看这次一共要装几颗呀？（观察袋子上的数字）你有什么好方法？在规定时间内看谁装的糖果袋又对又多，就能获得金牌理货员的勋章。

2.幼儿第二次操作。

重点关注幼儿是否选择两种不同颜色糖果，提醒幼儿合起来的方法一定要不同，重复的方法不算，鼓励边操作边讲述。

3.操作经验分享。

引导语：谁愿意上来说说你是怎么装糖果的？

重点让个别幼儿边操作边讲述自己合并糖果得出总数7的方法，教师根据幼儿的操作讲述同步梳理数字符号，发现同一个数可以有多种不同的组合方式。

4.幼儿结对讲述，检验合并的方法。

引导语：现在找一个好朋友，两两一组，相互检查一下糖果袋是否装正确，是用什么方法装的？检查正确的给他袋子上贴颗五角星。

鼓励幼儿用语言讲述合并的方法。

5.推选金牌理货员，集体验证。

引导语：数数你一共装了几袋？谁的糖果袋最多？请他上来，我们一起来看看他是怎么装的？还有其他方法吗？能把你又对又快的好方法分享给大家吗？

个别幼儿通过动作演绎过程，幼儿集体通过语言讲述方法。如：3颗红的和4颗黄的合起来一共7颗，为装的方法多且装正确的幼儿颁发金牌。

小结：要想成为金牌理货员，不仅要掌握快速数数的方法（比如两个两个，三个三个数），还要看清楚总数后按一定顺序装（比如先装红色糖果1颗，再装黄色糖果6颗，然后一袋放在第一个位置；再装红色糖果2颗，黄色糖果5颗，放在第二个位置）这样既不会重复也不会漏下。

（设计意图：在前一环节理解积累6的组合核心经验基础上，创设个体动手操作的场景，尽可能多地让幼儿迁移运用经验来解决7的组合方法，鼓励多用语言讲清楚自己装糖果的合并过程。只有基于大量的动作演绎、口头表述的经验，才能更好地理解加法的实际意义。）

（四）拓展游戏情境，保持探究热情

引导语：今天我们在糖果店上班的第一天表现都很好，帮老板数糖、装糖、理货，还选出了金牌理货员。又来新的订单了，顾客需要三种味道的混合糖果，你会怎么装？有什么好办法吗？我们可以再去试试，下次再帮老板来装更多种味道的糖果袋吧。

（设计意图：增加游戏的难度，从两部分的合并拓展到更多部分的探索，激发幼儿继续探究的兴趣，也拓宽了幼儿数学思维的广度。）

小学一年级数学"加法的认识"

【活动目标】

1. 通过操作、演示理解加法的含义；能正确读出加法算式；初步体会生活中有许多问题要用加法来解决。

2. 经历从具体情境过渡到抽象算式的过程，发展符号意识和语言表达能力；通过操作、表述，培养动手操作能力，形成初步的数学交流意识。

　　3. 感受到加法运算是和生活密切相关的，生活中处处有加法，激发学生学习数学的兴趣，获得成功的体验。

【活动准备】

　　课件、学具（圆片）

【活动过程】

（一）创设多种现实情境，唤醒已有经验，初步感知加法

　　1. 课件演示动态小鸭图：

　　引导学生边做手势边说：原来有 3 只小黄鸭，又游来了 1 只小鸭，合起来 4 只小鸭。直到多数学生说完整。

　　2. 课件出示半静态图：

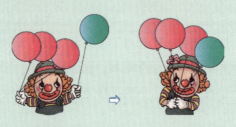

　　引导学生看明白图的含义，然后边做动作边说：3 个气球与 1 个蓝气球合起来是 4 个气球图。

　　3. 课件出示静态图：

　　引导学生表达：左边有 3 朵，右边有 1 朵，合起来是 4 朵花。

　　（设计意图：根据儿童在幼儿阶段积累的有关加法的活动经验，依据儿童是在具体的情景中建构加减法意义的教学理念，提供多种不同情境图示，引导学生观察、手势比画和语言表达，多种感官感知现实生活中两部分合并起来的过程，为学习理解加法的含义作好铺垫。这一环节还特别强化了学生语言表达的训练，通过完整的语言表达初步理解加法的真实含义。）

（二）不同层次表征，理解加法意义

1.半抽象图片表征加法

（1）引导学生用学具（圆片）摆一摆表示前面三种情形中的其中一种，并互相说一说自己的想法。

（2）学生作品（如下图）展示交流。

（3）引导学生说出自己的图示所表示的情境，进一步体会圆片可以表示小鸭、气球、小花等不同实物。

小结：原来这些图都是 3 个和 1 个，合起来是 4 个。

2.用数学符号表征，认识加法算式

（1）引导学生用数学算式表征上面的点子图，得到：3+1=4。

（2）认识"+"号，表示把两个部分合起来，并正确读写算式。

（3）说说算式"3+1=4"所表示的含义。

小结：3 个和 1 个合起来就可以用算式 3+1=4 表示。

3.丰富加法算式内涵

（1）教师引导：3 只小鸭和 1 只小鸭合起来、3 个红气球和 1 个蓝气球合起来、3 朵黄花和 1 朵红花合起来都可以用加法算式"3+1=4"来表示，那么用"3+1=4"还可以表示生活中的什么事呢？你能试着编一个小故事吗？

（2）学生试着编写可以用"3+1=4"表示的小故事。

如：草地上有 3 只小白兔，又跑来了 1 只，现在有 4 只小白兔。又如：小红在数学课上得了 3 颗星星，语文课上得了 1 颗星星，共得了 4 颗星星。

（设计意图：一年级学生对加法已经有比较丰富的生活经验，本环节主要通过两个层次的表征让学生经历从具体情境到数学符号的抽象过程。第一次用圆片表征，感受到圆片可以代表不同的具体实物，帮助学生建立加法的直观表象；第二次是用加法算式表示，理解和掌握加法的含义，发展学生的符号意识。第 3 部分引导学生根据算式 3+1=4 编故事，进一步丰富对加法算式内涵的理解，感知数学算式的高度抽象，也为后续运用加法解决简单实际问题作好铺垫。)

（三）不同层次练习，巩固对加法意义的理解掌握。

教师：加法王国挑战开始！小勇士们，你们准备好了吗？

第一关：蓝宝石，能说会道。

问题1：课件呈现有两辆汽车，又开来了两辆汽车。

引导学生先说图意再说算式"2+2=4"所表示的含义。

问题2：看下图说一说算式表示的意义。

学生先说图意，再说算式：1+2=3

第二关：红宝石，能画会写。

要求：看图，先画出点子圈，再写算式。

（图1）　　　　　　　　　　（图2）

第三关：黄宝石，我是小画家。

师：看图写算式难不倒大家。现在，给你一个算式（比如3+2=5），你来想一个故事，谁想好了？请把这个故事，画下来。

（设计意图：巩固练习部分设置了3个层次：第一层次，看图说算式。考察学生能否正确提取到图中数学信息并用加法来解答；第二层次，看图、画圈、写算式。三个动作，代表了三种依次递进的要求，概念学习必须经历的三阶段。观察、抽象、表征，是对学生较高的考验；第三层次，根据算式画图。根据抽象的算式，在心中想一个故事，并把它画出来，正好与整节课的学习过程（即先情境再点子图最后算式）相反，这是数学概念学习闭环的重要组成部分，也是从归纳抽象向演绎推理的适度延伸。通过这种方式能及时评价学生是否真正理解加法的意义。）

（四）课堂小结

1. 师：愉快的时光总是过得很快，我们在加法王国的旅程就要结束了。说一说，你眼中的加法是什么？

学生自由表达，及时肯定和表扬鼓励。

2. 这节课你们最感兴趣的是什么？

3. 小科普。今天认识的符号：加号是由德国数学家魏德曼首创的。他在横线上加一竖，成为"＋"，表示增加、合并的意思，这就是符号的历史。

（设计意图：课堂小结围绕本节课的核心"加法意义"展开，同时让学生谈谈最感兴趣的片段，引导学生回顾关键知识，分享成功喜悦。最后的小科普贴合学习内容，渗透数学文化。）

（三）教学实践反思

这两节课分别在幼儿园大班和小学一年级进行教学实践，均取得了比较好的效果。我们在课后的教学评议中一致认为有三大特色，值得一线教师学习借鉴。

1. 目标设定精准，活动准备充分

目标是导向。精准的目标为课堂教学的优质高效奠定了扎实的基础，让好课成为可能。大班的"去糖果店上班"根据儿童的年龄特点和认知规律，把教学目标锚定为"多种方式感知 10 以内的数量，结合糖果店具体情境实物操作感知合并起来得出总数的过程"非常适切，重点落在 10 以内数量的感知和对加法的初步感知上，而且是通过具体的数糖果、装糖果来实现，吻合 5—6 岁儿童的认知规律。把对加法的感知融入到具体的数糖果这一操作活动是非常科学的。严格意义上讲，加法就是数的累加，也就是数数，只要会正确数数了也就基本掌握了加法。本课的教学设计也很好体现了幼儿园大班为后继小学学习的必要准备，数数活动越丰富，后继学习加法就越轻松。同样，一年级"加法的认识"则充分尊重学生已有的生活经验和学习基础，把目标聚焦到加法意义的建构上，提供丰富的现实情境，通过操作演示、画图表征、语言表达等数学活动经历从具体情境到抽象数学算式的过程，很好地体现了"加减法是在具体的情境中建构的"这一数学学习理论。当然，这节课的目标设定较现行人教版小学数学教材要偏高，突出关键经验"理

解加法的意义，会用图示、算式表征，并完整表达"的落地，实现加法概念学习的闭环，从现实生活中的具体情境入手，经过点子图、加法算式表征等数学化学习过程，最后再根据算式画图编故事，帮助学生充分理解加法的意义。无论是教学设计还是活动准备，都基于儿童的实际能力和需要，很好地体现了儿童为本的教学理念。

2.学生主动有为，教师精准引导

好课的标准有很多，著名教育专家叶澜教授的"五实好课观"是广大教师普遍认可的，其核心是学生在课堂上能积极参与主动探究、有生成性的学习资源、有明显的学习成效，是一次有意义的学习体验。在"去糖果店上班"一课中，孩子们被赋予了小主人的角色，饶有兴趣地参与到数糖果、装糖果操作实践活动中，不断积累数合并的活动经验，感知两部分合起来就是糖果的总数。老师提供的游戏情境层层递进，吸引幼儿主动探究。第一次探索总数是 6 的不同装糖方法时，鼓励幼儿先自主尝试，然后分享交流不同的操作经验，再结合幼儿零散的经验梳理出核心经验，发现其中的规律。充分发挥幼儿的主体意识，强调幼儿在前、教师在后。第二次探索总数是 7 的不同装糖方法时，增加了在规定时间内看谁装糖果又快又多这一要求，其实这一次的操作也是前一次经验的迁移与运用过程，通过个别幼儿的经验分享、两两组队的相互检验交流、金牌理货员的操作分享，鼓励同伴之间相互学习，不断丰富自己的实践经验，足见教师设计的独到匠心。在小学的"加法的认识"一课中，教师提供了三幅具有加法结构的现实情境图（小鸭图、气球图和小花），引导学生完整表述、操作表征，最后抽象出数学加法算式，主动建构加法的意义。教师及时追问："3 只小鸭和 1 只小鸭合起来、3 个红气球和 1 个蓝气球合起来、3 朵黄花和 1 朵红花合起来都可以用加法算式"3+1=4"来表示，那么用"3+1=4"还可以表示生活中的什么事呢？你能试着编一个小故事吗"再次引发学生的思考，大家纷纷讲述了"3+1=4"的数学故事，如：草地上有 3 只小白兔，又跑来了 1 只，现在有 4 只小白兔。又如：我左手有 3 支铅笔，右手有 1 支铅笔，合起来是 4 支铅笔。丰富的故事很好地印证了他们对加法意义的理解，为后续解决类似的实际问题奠定了基础。

3.学生收获颇丰，衔接成效明显

纵观这两节课，儿童在课堂上的表现是出色的，呈现了儿童积极主动、开心快乐学数学的理想样态。同时，他们的收获也是丰硕的。在幼儿园大班的"去糖果店上班"课中，装糖果环节是前面学习活动的巩固应用，大多数孩子能够独立完成，一边操作一边表述合并过程，无论是操作和表达都达到了预期的目标，特别是许多孩子能理解自己的装糖果方法与教师梳理出来的数字符号表征的组合经验之间的联系，表明孩子已经达到了抽象数字符号与具体实物数量的对应关系，这为一年级正式学习加法的概念打下了优良基础。

再来看一年级的"加法的认识"，第一环节没有按照人教版教材的编排从具体操作导入，而是根据学生在幼儿阶段达到的实际水平，直接采用看图说话来导入，唤醒已有经验，规范数学语言表达，为后续进一步学习生成丰富的学习资源。课堂上还有两个片段彰显了这节课的成效，实现了学生深度理解加法意义的高目标高要求。一是学生得出加法算式"3+1=4"后的编故事（已在上面陈述不再复述）；二是课堂的巩固练习环节。学生普遍能用直观的图示表征具有加法结构的现实情境，而且作品丰富多样，学生能够结合具体情境解释算式的含义。特别是最后一题，画图表示自己所要讲述的故事，学生兴趣盎然，创造了很多富有童趣的加法图示。

通过这两节课的实践研究，我们充分认识到了幼小双向衔接的重要意义，能够聚焦学生数学核心素养的培养，开展贯通式、连续性设计和教学，能够更加精准地把握学生学情，组织开展适合学生兴趣和实际能力的教学活动，避免儿童学习数学时出现的陡坡和倒退，更加轻松高效地帮助儿童获得数学思维的持续生长。

二、指向关键经验"图形拼搭"的案例解析

（一）关键经验与学情分析

图形的拼搭是儿童在幼儿阶段和小学低年级学习的重要内容。《3—6岁儿童学习与发展指南》将"能用常见的几何形体有创意地拼搭和画出物体的造型"作为大班幼儿数学认知的一条重要发展目标，配套的教材中主要编排了两个或多个相同的图形来拼基本图形，如两个或者四个相同的等腰直角三角形拼图。而《义务教育数学课程标准（2022版）》则明确学生学业要求：会用简单的图形拼图，能在组合图形中说出各组成部分图形的名称。人教版教材一年级下册"认识图形二"安排了两个例题和多个练习来帮助学生达成理想的学习目标。对比教材，幼儿阶段的图形拼搭主要集中在相同图形拼搭，数量主要控制在2个、3个和4个，重在活动操作；小学阶段的图形拼组更加丰富多样，对学生的要求较高，不仅能观察发现图形的外部特征，建立常见图形的表象，还能拼搭图形，感知图形的体、面、边和图形之间的关系。为了帮助全体学生有效达成课标设定的预期目标，幼儿园大班第二学期、小学一年级第一学期开展丰富多彩的图形拼搭活动，有助于儿童获得丰富的操作活动经验，并在观察、比较、辨析与交流中认识基本图形、建立基本图形表现、感知图形之间的关系，为进一步认识图形特征、理解把握图形性质作好铺垫。

（二）具体课例设计

优秀教学设计的前提是了解学生在哪里。大班幼儿对平面图形的拼搭有一定

的经验，在日常的建构活动中，孩子们经常能用 2 块三角形拼搭出 1 个大三角形或 1 个正方形，但是用逆向的方式来思考如何用 4 个图形拼搭出大正方形和用 1 大 2 小的图形拼搭出大正方形有一定的挑战性。一年级的小学学生能够借助具体的实物操作完成图形的拼搭，感知图形的变化，但学生之间存在较大的认知差异和操作技能差异。大多数学生的认知水平还停留在形的直观感知上，还不能准确地感知图形之间的大小关系。比如两个相同的直角三角形能拼出正方形、三角形和平行四边形，但由于形状不同，多数学生认为大小也不一样。需要教师精心设计环节，引导学生逐步理解感悟。

为了帮助学生能够掌握图形拼搭这一操作技能并体会方法的多样性，我们在大班设计了数学活动"图形宝宝旅行记"，通过图形宝宝坐火车旅行去旅行的情景，吸引幼儿的注意力，激发他们参与活动的兴趣；通过一系列有趣的操作和探索活动，激发幼儿对平面图形组合关系的探究，为一年级进一步探索图形拼组积累活动经验和直观感知。在一年级设计了幼小衔接课程"七巧板拼图"，借助益智游戏七巧板进行多层次的图形拼搭活动，让学生经历大量的操作活动、观察比较和推理分析，唤醒已有经验，增加活动感知，体悟图形关系，发展空间观念，努力体现一体贯通课程在学习内容、学习方式上的连贯性和一致性。下面是具体的设计和意图说明。

幼儿园大班数学"图形宝宝旅行记"

【活动目标】

1. 尝试运用平移、翻转等方法将多个不同图形（三角形、长方形、正方形）拼搭出正方形，初步感受平面图形间不同的组合关系。

2. 能大胆表达自己的操作与发现，感受图形拼搭组合的变化与乐趣。

【活动准备】

1. 人手一份操作材料：火车操作底板，磁性小图形片若干。（三角形、长方形、正方形）

2. 个别操作材料：一块黑板、一辆火车、磁性大图形片若干。（三角形、长方形、正方形）

【活动过程】

一、情景导入，复习图形

1. 引导语：春天到了，到处都是美丽的风景，图形宝宝们也想坐着火车去春游了。

2. 关键提问：看他们来了，你们认识他们吗？

（设计意图：经验唤醒，回顾已知图形长方形、正方形、三角形。）

二、2个图形组合正方形

1. 引导语：（出示火车车厢）正方形宝宝第一个上车，它坐上去了吗？不大不小刚刚好，原来火车车厢是什么形状的呀。（正方形）

2. 关键提问：这么多图形宝宝都想坐进去，可以怎么坐呢？（2个大三角形2个大长方形）

其他图形宝宝也想马上上车，可以怎么坐呢？

3. 个别幼儿上台操作：黑板上演示，2个大三角形组合成1个正方形，2个大长方形组合成一个正方形。

2个三角形组合　　　　　　2个长方形组合

4. 小结：原来两个相同的三角形可以拼出一个大正方形，两个相同的长方形也能拼出正方形。

（设计意图：本环节通过集体操作，感知2个相同大小的三角形、长方形组合能正好拼成一个正方形，让幼儿直观感知图形组合的现象，通过观察发现图形组合需要边对边进行拼接。）

三、探索多个图形组合正方形

● 操作一：4个大小相同图形组合成正方形

1. 引导语：这里还有一些小图形宝宝，听说可以出去旅行，他们也想坐上这列火车。

2. 关键提问：请你们想想办法，怎么让他们坐上火车呢？

3. 幼儿操作：

三角形组、长方形组、正方形组

4.分享交流：

关键提问：你是怎么让这些小图形宝宝变成正方形的？

5.小结：原来4个一样大小的三角形、长方形、正方形都能变成一个正方形。

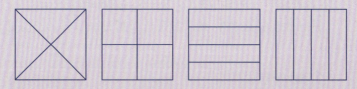

4个三角形组合　　4个正方形组合　　　4个长方形组合

- **操作二：大小图形组合成正方形**

1.关键提问：大图形和小图形要坐在同一个车厢里，你有什么好办法？看看谁的方法多。

2.幼儿操作（每组放大小三角形、大小长方形、小正方形）

3.分享交流：

关键提问：你是怎么拼的？

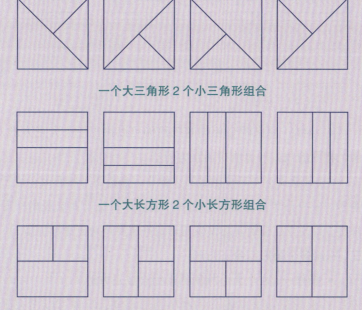

一个大三角形2个小三角形组合

一个大长方形2个小长方形组合

一个长方形和2个正方形的组合

4.小结：图形通过转一转、拼一拼，就可以组合成不同的图形。

（教师要积极鼓励幼儿尝试多种拼搭方式，并在分享环节

请幼儿梳理表达。帮助幼儿形成发散性思维）

（设计意图：本环节是幼儿的操作体验环节，有两个递进环节组成。通过4个相同大小图形进行组合，发现通过旋转平移能组合成一个正方形，对长方形组有了更高的挑战，组合方式有2种；为了保证难度的递增，在递进环节，通过1个大图形、2个小图形进行组合，并增加了干扰元素，让幼儿有不断摆弄操作的机会，发现不同的组合方式。）

四、拓展延伸拼长方形

延伸：（出示长方形车厢的火车）又来了一辆火车，这列火车的车厢有什么不一样的地方吗？图形宝宝如果想坐进长方形的车厢，可以怎么坐呢？

（设计意图：本环节将图形组合拓展到拼长方形，进一步激发幼儿拼图的兴趣，发展幼儿的发散思维。）

小学一年级数学"七巧板拼图形"

【活动目标】

1. 初步认识七巧板，了解七巧板的由来，能辨认七巧板中的三种基本图形。

2. 学会用两块相同三角形拼出不同图形，理解并记住两大、三中、两小。

3. 借用七巧板中的部分（两块或三块）拼出规定的常见图形（正方形、长方形、平行四边形、三角形、梯形），逐步产生对七巧板的兴趣。

【活动准备】

课件PPT，有磁性七巧板教具3套，学生每人一副七巧板。

【活动过程】

（一）借助七巧板，认识图形

1. 课件出示美丽的七巧板图案，请学生说出名称，并猜一猜这些图案是由什么拼出成的，交流中揭示——七巧板。

2.探学情：关于七巧板你已经知道了什么？

（学生自由说）

3.仔细观察七巧板（如右图），你发现了什么？

引导学生说出数量，不同形状，不同颜色和大小等。

4.认识三种基本图形：三角形，正方形，平行四边形。

5.介绍七巧板的来历：PPT播放关于七巧板的小视频。

小结：小小七巧板却蕴含着很多很多的数学知识，是我们学习的好助手。

（设计意图：用美丽的图案吸引学生，引出课题。基于学生学情的提问，让学生先观察，后得出结论，提高学生的参与度，有助于学习习惯的培养，在过程中发现七巧板的特征，认识基本图形并加以总结，帮助学生提高表达能力。）

（二）若干巧板拼图，大量操作观察，感知图形关系

活动1：用两块同样三角形拼图形

1.学生尝试拼图，可能的图形是：正方形、三角形和平行四边形。（如下图）

 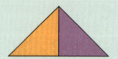 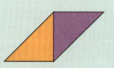

2.探索思考：这三个图形形状不同，大小一样吗？

（1）引导学生进行辨析。

（2）提炼小结：都是有两个小三角形拼成，大小一样。

（3）分别与七巧板中的正方形、中三角形和平行四边形比较，体会"三中"是一样大的。

3.再次对七巧板进行大小分类：两大、三中、两小。

（设计意图：从最简单的两块同样三角形巧板入手，保证所有的学生都能参与并尝试成功。再通过观察比较和推理得出结论：七巧板中正方形、中三角形和平行四边形大小一样，提升学生的观察、比较和推理能力。）

活动2：用不同的两个七巧块来拼图

1. 理解什么是两个不同七巧块。

2. 学生自由拼图并依次展示不同结果。（如下图）

3. 教师启发引导：两个图形要拼成较大的图形需要满足怎样的条件？

（让学生体会只有一条边长度相等才能拼成新图形。）

4. 听指令拼图，巩固基本方法。

①用正方形和小三角形拼梯形。

②用中三角形和小三角形拼梯形。

③用大三角形和中三角形拼梯形。

④用平行四边形和小三角形拼梯形。

（设计意图：第二项活动是让学生任意选择七巧板自由拼图，鼓励学生积极尝试，在大量操作活动基础上逐渐感悟：只有一条边长度相同的才能拼出新图形；两个小图形能拼成较大的基本图形，为后续七巧板拼图积累活动经验。最后听指令拼图形主要是为了确保每个同学都能在课堂上掌握拼图基本方法。）

活动3：用三块三角板（两小一中）来拼图

1. 学生独立自主尝试拼图。

2. 教师巡视指导，并邀请学生上台展示作品并讲解拼图方法，如下图：

3. 听指令拼图，巩固方法。

教师随机发布拼图指令，学生动手操作拼出图形。（比如：拼出三角形）

4. 挑战自我：能够只移动一块巧板把图形变成另一个图形，比如把三角形变成长方形或平行四边形。

（1）学生自主尝试。

（2）请有结果的学生上台展示，其他学生模仿操作。

（3）反复操作，直到多数学生都能完成1—2种。

（4）过关检测：先拼出三角形，然后移动其中一块变成不同的图形。比一比，谁变出的图形多？

（设计意图：充分利用学生拼两块巧板的经验尝试用三块三角形拼图形，选择不同学生的作品展示交流，丰富拼图成果，让学生感受结果的多样性。重复操练是确保所有学生都能掌握拼图方法，最后引导学生只移动一块变出其他图形，是渗透形变积不变，同时提高学生的观察力和学习力。）

活动4：任意三块七巧板来拼图

1. 学生尝试拼图。

2. 教师巡视，选择不同的三块巧板进行展示学生作品，如下图：

3. 请学生模仿拼出上述四种图形，并能完整表达，如：我用一块正方形和两块小三角形拼出梯形。

4. 思考和尝试图形变换：上述这些图形中哪几个图形只要移动一块巧板使得图形变成新的图形？

（1）第一幅图，梯形可以变成三角形、长方形、平行四边形，如下图：

（2）第二幅图，长方形可以变成平行四边形、三角形、梯形，如下图：

（3）学生模仿操作，直到基本熟练。

（设计意图：先放手让学生拼出不同的图形，呈现结果的多样性，体会七巧板的魅力；接着思考可能变化的图形，再操作验证，用任务驱动学生思考和操作，进一步感悟图形之间的关系和形变积不变。）

（三）全课小结，分享喜悦。

1. 这节课中，你拼出了几种不同的图形？

2. 你最大的收获是什么？你感觉最有意思的是什么？

3. 你还想用几块巧板来拼图形呢？

（设计意图：一方面引导学生及时回顾和交流，分享学习的成功喜悦；另一方面鼓励学生大胆畅想，引导学生课外继续尝试探索。）

活动拓展：

1. 课后练习用 3 块巧板拼出常见图形；比一比谁的方法多速度快？

2. 尝试用 4 块、5 块甚至全部 7 块巧板拼出常见图形。

3. 除了拼常见图形，七巧板还能拼出什么样的图案呢？请大胆尝试拼出自己喜欢的图案并拍照上传。

（三）教学实践反思

这是两节幼小衔接一体贯通联合教研活动的展示课例，分别在幼儿园大班和小学一年级第一学期开课展示研讨，大班幼儿和一年级小学生都表现出积极专注的学习样态和良好的学习效果。主动尝试、大胆展示、踊跃发言，呈现了很多精彩的场面，也取得了操作技能、数学认知、数学思维和语言表达等多方面的长足进步，赢得了与会老师们的一致好评。回顾两节课的教学过程，主要有以下几个方面的亮点：

1. 吻合儿童学习心理，创设好情境选用好素材，确保全体学生积极参与

"图形宝宝旅行记"为大班幼儿创设了一个真实的坐火车去旅行的情景，车厢正好是正方形。为了让更多小朋友能坐上车，就要创造更多个正方形车厢，学习因需要而发生，悄然无声恰到好处。"七巧板拼图"是系列课程中的第一课，主要从两个方面让学生对七巧板产生更浓厚的兴趣。一是让学生观赏"七巧板的由来"小视频，悠久的历史、有趣的故事能快速激发孩子们对七巧板的好感；二是在每一次的操作活动中让学生看到多样化的结果和变化，再次激发学生产生对七巧板

的喜欢。比如在第一次两块小三角形拼图中，可以拼出三角形、正方形和平行四边形；在第三次用三个三角形拼图时，能拼出五种常见的基本图形，尽管学生还不能真正明白其中的数学奥秘，但对这样的结果已经感到兴致盎然。对一年级的小学生而言，有意思、好玩的活动本身就是最好的学习活动。

2. 顺应儿童学习规律，由浅入深步步为营，确保全体学生当堂掌握

儿童的数学学习从动手操作开始，并逐步走向抽象和推理。幼小衔接的数学课程自然要遵循儿童学习规律，凸显操作、由浅入深。"图形宝宝旅行记"整节课由三个不同层级的操作活动组成，第一层级是 2 个三角形、2 个长方形拼搭 1 个大正方形；第二层级探索 4 个一样大小的图形拼搭出 1 个大正方形；第三层级探索 1 大 2 小拼搭 1 个大正方形。充分调用幼儿的已有经验，一步一步带领幼儿探索新的变化和组合。"七巧板拼图"则是根据学生的真实学情，按照由浅入深的原则安排了四项操作活动：两个小三角形拼图、任意两个不同巧块拼图、三个三角形拼图、任意三个不同巧块拼图，体现活动难度水平的进阶性。两个活动在内容上体现了连贯性一致性，在学习方法和目标要求上有明显的提升。每次操作活动按照先尝试、再展示交流、再操练巩固的方式进行，鼓励跑得快的学生带头引领，展示方法和结果，同时又要确保所有的学生都能当堂掌握。比如"七巧板拼图"，在第二次操作活动中，大多数学生通过尝试只能发现一种拼出梯形的方法，然而我们发现不同学生找到的拼图方法是不一样的，展示交流后我们进行了两次听指令拼图操作活动，第一次是可以借助黑板上的图示，第二次是独立自主完成，还安排了助教老师协助执教老师共同巡查，及时指导拼图有困难的学生。这样做，看上去是在反复，却契合了儿童的学习规律。刚入学不到一个月的学生，他们的动手能力和认识水平都是比较低的，反复操作是迅速提高学生实践能力的科学方法。因为反复操作不仅可以训练学生手指的灵活性和速度，而且可以刺激大脑，在相同信息的不断冲击下，大脑中的海马体会认为这个信息与生存有关，将它判定为长期记忆进行储存，从而提高学生的学习效率。

3. 指引儿童学习方向，从操作到观察思考，提升学生数学思维能力

数学学习的核心目标是发展学生思维。无论是幼儿园大班的拼图游戏还是一年级的七巧板拼图，都是数学学习的载体，借助载体来发展学生的数学思维才是我们的终极目标。在"图形宝宝旅行记"一课中，老师引导幼儿"看看谁的方法更多"，培养幼儿的发散思维。教师鼓励幼儿尝试多种拼搭方式，通过转一转、拼一拼，发现图形组合的多样性，并通过同伴间的相互补充，完整呈现，帮助幼儿主动建构图形旋转、组合的经验。在"七巧板拼图"一课中，每一次操作活动之后都安排了观察、比较、发现、交流等环节，引导学生积极思考与表达。比如在第一次操作活动后，针对学生用两块小三角形拼成的正方形、三角形、平行四边

形提问"这三个拼成的图形大小一样吗",孩子们通过思考对比发现结论并说明原因。尽管一年级的学生还不理解"等量加等量和相等"这样抽象的数学定理,但能够利用直觉清楚地表达出"都是两个一样的小三角形拼出来的,它们的大小一样大"已经非常棒了,很好地达成了课前预设的目标。又如在第四次操作活动后,学生用三块不同的巧板拼出了常见的几种图形,教师追问"这些图形中哪几个图形只要移动一块巧板使得图形变成新的图形",用任务驱动学生思考和操作,学生不仅找到了移动一块巧板变出其他图形的方法,还进一步感悟到了图形之间形变大小不变的道理,感受到七巧板变化无穷且有趣好玩,真是一石三鸟。

总之,我们认真贯彻幼小衔接数学贯通课程开发实施的初衷,以发展儿童关键能力、培养核心素养为导向,借助儿童喜欢的拼图游戏和七巧板这两个载体,引导他们参与到自主尝试、展示交流、思考表达等有价值的学习活动中。过程中,儿童积累了丰富的活动经验,掌握了基本的拼图方法,感知图形之间的关系、体会图形变化的奥秘,提高了空间感知能力,还进一步加强了图形拼搭的学习兴趣,为后续进一步学习图形与几何奠定了扎实的基础。

第六章 ／

生活与健康成长领域
课程一体贯通的实施

生活与健康成长教育是实现儿童全面发展的重要途径，对于促进学生积极参与体育运动，养成健康生活方式，健全人格，提升国民综合素质，推动社会文明进步，建设健康中国和体育强国，实现中华民族伟大复兴具有重要现实意义。生活与健康成长课程要培养的核心素养，主要是指学生通过生活与健康成长课程学习而逐步形成的正确价值观、必备品格和关键能力，包括运动能力、健康行为、体育品德等方面。

为了科学有效地进行生活与健康成长领域幼小衔接，需要进行系统的分析和建构。人的身心发展是一个连续过程，学段的划分不应该具有隔断性，而是应当抓住两个学段间固有、天然的衔接性、连续性，进一步理解生活与健康成长课程教学的递进性。对于两个学段之间存在的差异，需要带着辩证的分析，深入理解和研究，实施合理的策略承上启下，确保顺畅的过渡和有效的领域衔接。

第一节　幼小学情分析

幼儿和小学生在健康生活上还存在明显的个体差异，具体表现在生活习惯、日常运动的强度和兴趣、情绪偏好等等。在体能类活动的组织上，教师需要关注到儿童的个别差异，因材施教，帮助其在原有水平上得到提升。大班幼儿仍旧处于形象思维阶段，幼儿园阶段的健康教育活动以游戏化的形式进行，与小学体育相比，没有细化的内容和标准。经过调查研究得知，幼儿进入小学后，在体育学科当中的适应程度慢、自觉锻炼意识弱，容易跟不上学科的标准和要求。

一、生活方式与成长环境存在差异

小学的作息安排、学习形式和内容与幼儿园有显著不同，孩子们需要适应更规律的作息时间、不同的学习环境和更为严格的学习要求。因此，生活与健康成长教育在这一阶段的作用尤为重要。

（一）生活习惯略有不同

在幼儿园阶段，孩子们通常享受着更为宽松和自由的生活环境，他们可以在游戏中学习和探索，生活节奏相对较为宽松。然而进入小学后，他们需要逐渐适应更为规律化的作息时间和日常安排。例如，早起上学、课间休息、午餐时间等都有具体规定，这要求孩子们能够自我约束，形成规律的生活习惯。

孩子们在小学生活中，需要逐渐适应早起上学的节奏，课间休息、午餐时间是固定的，在一定时间段内需完成休息、放松、准备或用餐等。此外，孩子们还需要适应更为规律的学习安排，如在规定时间内完成学习任务。这些改变对孩子们来说都是新的挑战，要求他们能够自我约束，形成规律的生活习惯，以便更好地适应小学生活。

（二）自我管理能力要求提升

从幼儿园阶段步入小学生活，孩子们需要逐步掌握独立处理日常生活和学习事务的能力，这包括但不限于学会自己有条不紊地整理书包，确保所有必需的学习用品都准备妥当，以及养成按时完成作业的良好习惯。通过一次次尝试，孩子们不仅能够积累时间管理技巧，在面对学习任务时具备更高的自觉性和责任感，还能够更加自信地应对各种学习上的挑战、更好地平衡他们的学习与课余生活。对于孩子们来说，自我管理能力的逐步提高是他们适应当下小学生活的关键，也为他们未来的学习生活和职业发展奠定了坚实的基础，是未来成长道路上的一笔宝贵财富。

（三）社交环境明显变化

在幼儿园阶段，孩子们主要处在一个相对封闭和简单的社交环境中，他们通常与自己年龄相仿的小伙伴们一起玩耍、学习，在这些过程中，孩子们初步学会了分享、互助和简单的社交礼仪。孩子们在游戏中成长，学会了如何表达自己，如何与别人建立联系。

然而，当孩子们步入小学的大门，他们将会面临一个全新的社交环境。在这里，他们将会接触到更多同学和老师，社交圈子扩大、社交环境也变得更加复杂。小学生活不仅仅局限于课堂学习，还包括课间休息、课外活动等。在这些新环境中，孩子们需要理解并遵守学校的规章制度，在规则约束下行动；需要尊重他人，学会与同学友好相处、与老师建立良好的师生关系。这一切都对孩子们的社交能力和适应能力提出了更高的要求。

二、情绪情感发展存在差异

两个学段孩子都能相对保持情绪安定愉快，在有消极情绪时会寻找原因并努力缓解。大多数孩子了解缓解情绪的方式。例如，参加集体游戏等，让自身紧张的情绪得到释放，并在与他人一起活动过程中找到自身的情绪价值并表现出积极的情绪；在情绪不稳定时主动告知老师并寻求疏导缓解。但由于年龄环境不同，部分情况下孩子对情绪的控制、表达存在差异。

（一）情绪控制能力提升相对明显

幼儿园阶段，孩子心智和认知能力还处在初级阶段，易受到外界环境和人为影响，部分孩子情绪控制能力相对较弱。比如，在排队等待时，一些孩子可能因为急于想要玩具或物品，而出现推搡其他孩子的行为，引发矛盾和冲突。又如，当孩子们在讨论或交流时意见不一时，他们可能会情绪激动地争执起来，无法冷静地沟通和解决问题。随着孩子们逐渐成长，到了小学阶段，他们的情绪稳定性开始逐步增强。孩子们开始有了控制自己情绪的意识，并逐渐学会通过各种方式来调节和表达自己的情绪。这是他们心理和情感发展的重要进步，也为他们将来更好地应对各种生活挑战奠定了基础。

（二）情绪表达能力提升相对滞后

大班幼儿已经能够根据现实情境的需要，灵活地控制和调节自己的情绪，并且能够迅速地从一个状态过渡到另一个状态。例如，在构建积木的过程中，他们可能会遇到一些预期之外的冲突，导致他们感到失望和沮丧。然而，他们能够迅速地调整自己的心态，准备好自己，以便能够顺利地进入下一个环节。

但对于刚刚步入小学阶段的学生来说，他们的情绪波动通常会比较大，他们的喜怒哀乐都会表现得非常明显。他们会根据自己所处的具体情境，进行相应的情绪调整，但正确表达情绪的能力还需要进一步提高。小学阶段的孩子们，面对新环境、新规则、新同伴，他们的内心充满了期待和好奇，但同时也有不安和困惑。他们的情绪就像春天的天气，时而晴朗明媚，时而细雨绵绵。他们需要时间去适应这个新的阶段，也需要有人去引导他们如何正确地理解和表达情绪。

三、学习方式改变较为明显

大班幼儿以及小学一年级学生在生活与健康成长领域的学习上，受其身心发展水平的限制，表现出了独特的学习方式和学习特点。

在幼儿园阶段，孩子们的学习往往以游戏和互动为主要形式，他们在轻松愉快的氛围中探索世界，丰富经验。他们通过观察、模仿和亲身体验来学习，这种学习方式让他们能够在游戏中学习，在学习中游戏，实现知识的内化和吸收。然而，随着孩子们步入小学，他们的学习方式开始发生显著的变化。在小学阶段，孩子们的学习开始更加注重系统性和规范性。他们需要适应更为严格的课堂纪律和学习要求，学习内容的深度和广度也都有了明显提升。与此同时，他们的学习方式也开始从游戏和互动逐渐转变为以听讲、阅读、写作和独立思考为主要形式。学习方式的改变要求孩子们具备更高的专注力和自律性，需要他们能够集中精力听讲，认真完成作业，独立思考问题，并积极参与课堂讨论。

167

对于孩子们来说，这既是挑战也是机遇。一方面，他们需要适应新的学习方式和要求，这可能会让他们感到有些不适应和困难。但另一方面，这种改变也能够帮助他们更好地培养学习能力和思维品质，为未来的学习和生活打下坚实的基础。

第二节　以核心素养为导向的关键经验梳理

关注学生核心素养的培养是时代进步的关键标志，生活与健康成长核心素养的养成是指学生通过生活与健康成长课程学习而逐步形成正确的价值观、必备品格和关键能力。在幼小衔接中主要体现为情绪愉快、适应能力、动作发展、生活习惯和自我保护这五大方面。

一、领域目标对比分析

为了寻求幼小衔接的有效途径，帮助儿童顺利实现从幼儿园到小学一年级生活与健康成长课程学习的平稳过渡，体育研究团队认真研读《义务教育体育与健康课程标准（2022年版）》《浙江省中小学体育与健康课程指导纲要》配套教师用书水平一（1—2年级），从生活与健康成长领域学段目标和关键经验两个维度进行分析比较，并提出符合儿童生活与健康成长发展需求的具体发展要求。结果如表6-1：

表6-1　领域目标对比表

	幼儿园大班	小学一年级
学习目标	1. 不乱发脾气，能分辨不同的情绪并努力缓解不好的情绪。 2. 能适应户外环境（较冷或较热）、能与人建立良好的人际关系。 3. 能养成良好的生活习惯和运动习惯。 4. 有一定的自我保护意识，遵守各项规则。 5. 遇到障碍或危险时能有效躲避或者通过。	1. 能识别他人情绪，与他人积极沟通，表达自己的所思所想。 2. 能在较冷或较热的户外环境中连续活动40分钟以上，能适应体育课程的运动强度。 3. 能经常参与体育活动，知道各种生活知识，如：健康饮食、适量饮水、保护视力、保持个人卫生。 4. 知道基本求救电话，掌握基本的安全技能，运动时能有效保护自己。 5. 能用跑、跳、跨、爬等各种方式通过障碍物。

幼儿园大班	小学一年级
6. 能连续拍球。 7. 能将轻物扔出一定距离或投中一定距离远的标志物。	6. 能掌握至少 3 种以上的拍球方法。 7. 在各类投掷游戏中，能选择合理的投掷动作。

根据表 6-1，结合《浙江省中小学体育与健康课程指导纲要》配套教师用书水平一（1—2 年级）以及幼儿园大班和一年级的学情分析，从横向和纵向不断对比分析，对贯通点不断凝练。

对比两个学段生活与健康成长学习的具体学习目标，不难发现他们的共同性和连贯性，幼儿阶段以功能化教学为主，小学阶段则是偏向游戏化教学。幼儿阶段多以主题式教学为主，让幼儿在主题引导下进行各种身体技能的尝试练习、学习各种体育教学知识。小学阶段在此基础上，对身体技能、体育知识的学练更具有针对性。例如，幼儿阶段只要求能连续拍球，小学阶段则要掌握至少 3 种以上的拍球方法；幼儿阶段只要求通过障碍即可，小学阶段则要选择合理的方式通过障碍物。总体来说小学阶段的学段目标比幼儿阶段要求要更高一层，不管是体育知识还是体育技能都是如此。

二、关键经验的具体指向和发展要求分析

基于两个学段生活与健康成长学习目标的对比分析，我们总结出情绪愉快、适应能力、动作发展、生活习惯、自我保护五条关键经验，进一步细化具体指标及发展要求，为幼小衔接生活与健康成长一体化贯通课程的实践探索指引方向。如表 6-2：

表 6-2 幼儿园大班和小学一年级生活与健康成长发展关键经验具体指向和发展要求

关键经验	幼儿园大班关键经验具体指向和发展要求	小学一年级关键经验具体指向和发展要求
情绪愉快	① 经常保持愉快的情绪。知道引起自己某种情绪的原因，并努力缓解。 ② 表达情绪的方式比较适度，不乱发脾气。 ③ 能随着活动的需要转换情绪和注意。	① 知道积极情绪有益健康。 ② 能识别他人情绪、表达自己的情绪。 ③ 能与他人沟通交流。

关键经验	幼儿园大班关键经验 具体指向和发展要求	小学一年级关键经验 具体指向和发展要求
适应能力	① 能在较热或较冷的户外环境中连续活动半小时以上。 ② 天气变化时较少感冒，能适应车、船等交通工具造成的轻微颠簸。 ③ 能较快融入新的人际关系环境。如换了新的幼儿园或班级能较快适应。	① 能在较热或较冷的户外环境中连续活动 40 分钟以上。 ② 能适应小学体育课程的运动强度。 ③ 初步适应体育活动环境和学习环境。
动作发展	① 能在斜坡、荡桥和有一定间隔的物体上较平稳地行走。 ② 能以手脚并用的方式安全地爬攀登架、网等。 ③ 能连续跳绳。 ④ 能躲避他人滚过来的球或扔过来的沙包。 ⑤ 能连续拍球。	① 能在"看谁学得像""看谁走得好"等游戏活动中做出至少 5 种以上不同姿势走的动作。 ② 能在"动物运动会、看谁爬得快"等游戏中，完成多种形式的爬行动作。 ③ 达到小学体质健康一年级跳绳的优良标准。 ④ 能在"套圈、扔纸飞机"等投掷类游戏中，合理选择并做出投、抛、甩、扔、撇、滚等不同形式的投掷动作。 ⑤ 在游戏中能熟练展示至少 3 种以上拍球方法。
生活习惯	① 养成每天按时睡觉和起床的习惯。 ② 能主动参与体育活动。 ③ 不挑食偏食，吃东西时细嚼慢咽。 ④ 主动饮用白开水，不贪喝饮料。 ⑤ 主动保护眼睛，不在光线过强或过暗的地方看书，连续看电视等不超过 30 分钟。 ⑥ 每天早晚主动刷牙，饭前便后主动洗手，方法正确。	① 按照规定时间到校，保证充足睡眠时间。 ② 经常参与体育活动。 ③ 不挑食、不偏食、不暴饮暴食，用餐时注意基本的餐桌礼仪。 ④ 适量饮水，不食用不健康的饮料。 ⑤ 知道保护视力的常用方法，读写时正确使用灯光，正确做慧眼操。 ⑥ 保持卫生，勤洗手，勤洗澡，勤刷牙，勤剪指甲，勤换衣服等注意事项和请病假的程序。
自我保护	① 未经大人允许不给陌生人开门。 ② 能自觉遵守基本的安全规则和交通规则。 ③ 运动时能注意安全，不给他人造成危险。 ④ 知道一些基本的防灾知识。	① 知道一些基本的求救电话，不听信陌生人的话、远离诈骗。 ② 掌握基本的安全技能，如预防溺水的知识和基本自救方法。 ③ 选择安全场地进行运动，运动时注意安全。 ④ 掌握防震减灾防爆的知识技能。

第三节 活动/教学设计与实施

　　贯通式课程生活与健康成长领域教学设计强调以学习者为中心，以"上下贯通，有效衔接"为目标，帮助儿童体验不同运动项目的学练，他们的运动能力得到有效提升，习得健康行为习惯和生活态度。孩子们在遵守运动和游戏规则中逐渐学会调整自己的情绪，养成良好运动品质，这将有效落实儿童核心素养的培养。对于贯通课程的实践，给出以下几点教学设计建议：

一、树立"健康第一"的课程理念，强化健身育人

　　以习近平新时代中国特色社会主义思想为指导，全面贯彻党的教育方针，落实立德树人根本任务，坚持"健康第一"教育理念。

　　幼儿阶段是儿童身体发育和机能发展极为迅速的时期，也是形成安全感和乐观态度的重要阶段。儿童身心健康是其他领域学习与发展的基础。从幼儿园到小学，儿童将面对新的环境、新的课程、新的作息、新的老师和新的小伙伴。积极良好的情绪，能帮助儿童愉快地适应新环境和人际关系，产生良好的能动效应。强健的体质、协调的动作、良好的生活习惯和基本生活能力也是儿童适应小学生活、走向未来人生的重要条件。

　　教师应以中国学生发展核心素养为引领，重视育体与育心、与健康教育相融合，充分体现健身育人本质特征，引导儿童形成健康与安全的意识及良好的生活方式，促进儿童身心健康、体魄强健、全面发展，引导儿童在运动学习中享受乐趣、增强体质、健全人格、锤炼意志。

二、精准把握儿童身心发展的敏感期，突显连续性和进阶性

　　身体发育、体能机能发展以及动作发展均存在敏感期，也可以称为关键期，即特定能力和行为发展的最佳时期。在合适的敏感期实施教学干预，可以有效避免动作发展的迟缓、缺陷、不协调等，为后期的学习夯实基础。就像婴幼儿时期的3月坐、6月爬，意味着这个阶段孩子有能力去完成这些动作。从幼儿园到一年级，教师要在课程设置中充分抓住敏感期来设计不同的内容和形式，促进儿童

171

动作的协调发展。

从大班过渡到一年级，其动作的发展是连续的，并且呈现进阶的态势。大班幼儿的运动能力主要包括躯体运动和小肌肉运动。幼儿园应通过晨间体锻、器械运动、体育游戏等形式，利用周边的自然资源，开展走、跑、跳、钻、爬、跨、投、平衡等大肌肉动作锻炼。幼儿园应严格保证每日两小时的户外运动时间，也可以通过剪剪、撕撕、扭扭、压压等艺术或劳作活动，锻炼手部的精细动作，促进身体的协调发展。此外，还可以组织穿衣、系鞋带、七步洗手、叠衣服等各种自我服务活动，逐步养成良好生活习惯。

一年级的学生正处于柔韧、灵敏、平衡方面的发展敏感期，在设计实施教学时要有意识地开展相关活动。比如柔韧方面，可以让孩子们模仿各种动物走，在游戏中提高柔韧性；灵敏方面，以追逐跑、老鹰捉小鸡等游戏形式来展开；平衡方面，不倒翁、金鸡独立等游戏能让孩子们进行非移动性技能的练习；同时也要重视组织学生进行身体双侧的练习，如左右手交替运球、左右脚交换跳等，促进学生大脑均衡发展，提高身体控制能力。

三、遵循儿童身心发展规律，确保幼小合理衔接

在不同水平段，内容的编排应该符合学生的身心发展规律。发展具有 6 个特征，即发展是质变的、有序的、累积的、有方向的、多因素的、个性化的。大班的孩子处于前运算阶段（2—7 岁），一年级的孩子处于具体运算阶段（7—11 岁），这两者最大的区别就是儿童会使用逻辑运算和规则来代替直觉。

大班儿童的天性比较好动，以形象思维为主，逻辑思维才刚刚萌芽。因此在生活与健康成长贯通课程的设计上要注重形象性、操作性、趣味性，满足大班儿童好奇好问、探索尝试的愿望。另外儿童个体间也存在一定的能力差异，在课程设置上要多考虑挑战难易的层次性，以满足不同能力儿童的成长需要。大班儿童的动作灵敏性和协调性还不是很强，当遇见危险时缺乏自护能力，因此在课程内容设置中还需要增加自护能力培养的相关活动。

在一年级的动作学习中，更多的是利用身体的结构和特点，直接感知周边环境给予的信息。总之，从大班到小学一年级，该阶段适合选用接近生活经验的游戏类内容。

四、重视运动和健康情境活动，确保儿童学习的多样性

我们要多给孩子们创设一些适合学练、健康成长等相关的情境，同时设计

丰富多样的主题活动，既保留孩子们天真烂漫的童真，又在有趣的情境中得到锻炼。

在幼儿园大班阶段，教师可以借助适宜的绘本故事，让幼儿了解健康的情绪、良好的习惯包括哪些内容，什么样的行为习惯是正确的，并通过个人计划、表单记录、情境体验、同伴分享等策略，帮助幼儿逐渐养成良好的习惯，逐渐正视和调适自己的不良情绪。教师可以以情境性游戏贯穿体育教学。比如，大班教师设计了"小乌龟闯关""小螃蟹追逐赛"等情境让幼儿练习手脚着地爬、手低脚高横向爬等动作，以情境模拟、角色扮演的游戏吸引幼儿积极并坚持参与挑战。另外，以趣味性主题情境打通设置室内外运动，体现探索性运动的乐趣。幼儿在运动中不仅获得了体能的锻炼，还获得了学习品质的发展。

又比如一年级时教师本意是发展学生的下肢力量以及身体协调性，但是过于枯燥的单一教学会让学生失去学的兴趣，那么通过设计"青蛙跳荷叶"这一情境开展情境化教学，激励学生在教师的引导下完成设计的种种挑战，远比按部就班地教学效果好。再比如学生学习滚翻，教师设计运动情境，"能不能用身体展示一个圆形的苹果""苹果从一端滚到了另一端"等，充分激发学生学习的好奇心与参与度。

五、促进课内外有机结合，引导儿童养成良好锻炼习惯

儿童生活和运动习惯的养成，需要幼儿园和学校的课程支持，更需要校内外合力支持。幼儿园可以每周组织园内晨间环园跑，保障幼儿的体锻强度，以满足大班孩子一定的运动密度，可以利用周边1公里资源，开展"微马拉松"远足活动，创设机会提高团队运动项目，增加幼儿的运动强度，提升其耐力。儿童的身心发展需要成人的精心呵护和照顾，但不宜过度保护和包办代替，以免影响其主动性、独立性的发展，教师应通过家园合作，达到幼儿园、家庭观念一致的目的，给幼儿生活自理锻炼的机会，充分运动的机会，抓住身体运动技能学习的关键期，多参与生活中的各种挑战，让幼儿通过自己的亲身参与，建立起自我保护的意识和良好的锻炼习惯。

现在国家提倡"学生每天校内锻炼一小时，校外锻炼一小时"的要求，意味着在学校要加强课内教学与课外活动的有机结合。在校外要加强学校、家庭、社区的多元联动，在校内不仅要加强课内教学的质量，还应该多鼓励、组织学生参与校内的多种课外活动。随着现在4点钟特色班的大量普及，孩子们的选择面越来越多，体育锻炼时间也越来越长。一年级学生通过完成教师布置的独立或与家长合作完成的活动作业来得到锻炼，但是想要达到校外锻炼一小时的效果，家长

们还应该为孩子的长期锻炼进行合理规划，并通过制定每日锻炼计划表来达成每天的锻炼成效。这样，既可以缓解学生学习的压力，也能够丰富课余生活，养成好的锻炼习惯。

第四节　典型案例解析

一、指向关键经验"动作发展——攀爬能力"的案例解析

（一）关键经验分析

从幼儿园大班下学期到升入小学一年级的上学期，孩子们在攀爬能力上会有一些变化，这些变化受到教育环境、身体发展水平、安全意识和学习内容等多方面因素的影响。我们应关注这些变化，通过适当的指导和训练帮助孩子们更好地适应新阶段的学习和身体发展需求。

我们对区域内实验小学504名一年级新生和实验幼儿园270名大班幼儿进行攀爬能力相关的大单元教学对比，发现两者在教育环境、身体发展水平、安全意识、学习内容等方面有着显著的差异，具体表现如下：

1. 教育环境：幼儿园大班幼儿通常处于一个相对自由、以游戏为主的学习环境中，而小学一年级学生则进入了更为规范的学习环境。这种环境的转变可能会影响孩子的身体活动方式，包括攀爬活动的频率和性质。

2. 身体发展水平：随着年龄的增长，孩子的肌肉力量、协调性和平衡感都会有所提高。因此，小学一年级学生相比幼儿园大班幼儿，在攀爬时表现出更好的身体控制能力和更强的力量。

3. 安全意识和规则意识：小学一年级学生相比于幼儿园大班幼儿，具有更高的安全意识和规则意识。这意味着他们在攀爬时可能更加谨慎，遵循安全规则，从而在攀爬活动中展现出不同的行为模式。

4. 学习内容的变化：幼儿园的学习内容综合、形式多样，而小学的学习内容科目化，知识安排具有系统性和难度渐进性。这种学习内容的变化可能会影响孩子在体育活动中的表现，包括攀爬能力的发展。

基于以上认识，我们从儿童发展的内在连续性和进阶性的角度考虑，结合《浙江省体育与健康课程指导纲要》和《义务教育体育与健康课程标准（2022年

版)》，以学生核心素养培养为导向展开活动设计，选择了幼儿园大班"快乐的小螃蟹"以及小学一年级"多种形式的攀爬"两个课例，同时将目标细化为运动能力、健康行为、体育品德、关键经验这四个维度，努力体现关键经验的连贯性和综合性，具体如下：

表 6-3　幼儿园大班和小学一年级关于攀爬技能的学习目标分析

	大班《快乐的小螃蟹》	一年级《多种形式的攀爬》
运动能力	通过游戏练习手脚着地爬行，增强幼儿上肢力量和身体核心力量，提升幼儿的攀爬能力。	通过多种形式的攀爬，在不同情景下灵活采用适宜的形式攀爬，提升学生多种形式的攀爬能力并能合理运用来完成任务。
健康行为	在攀爬游戏中，促进幼儿身体健康、增强体能、预防疾病、提高生活质量。	通过多种形式攀爬以促进身体健康、增强体质、预防疾病，养成规律的锻炼习惯、合理的饮食、良好的作息、积极的心态等。
体育品德	激发幼儿勇敢精神、自信心及团队的合作意识。	培养学生思辨能力、创新能力、解决问题能力，小组合作并与她组的竞争意识。
关键经验	在简单多形式的攀爬游戏中锻炼孩子的攀爬能力。	根据不同的环境运用合适的形式攀爬形式巧妙完成任务。

（二）具体课例设计

大班下学期，幼儿的运动能力进一步提高。侧身爬作为大班幼儿动作发展的一部分，不仅锻炼幼儿的身体，还在多方面促进他们的整体发展。侧身爬要求幼儿身体各部分协同工作，尤其是手臂、腿部和躯干的协调配合；它还要求幼儿在保持身体平衡的同时进行移动；它更需要幼儿判断前进的方向和转弯的时机……通过增强身体协调性、提升肌肉力量、建立平衡感、提高方向感知能力、增强自信心、加快爬行速度、提高动作流畅性的经验积累，幼儿能够在侧身爬动作中获得全面的成长和发展。

当然，孩子们涉关"爬"的动作发展是处于不断熟练、完善的过程中的，幼儿阶段体验过简单的各种攀爬后，在小学阶段可以进一步学习和运用攀爬技能，去解决生活中不同情景中的问题，提高孩子发现问题和解决问题的能力。

为了实现预期的教学目标，让幼儿经历有意义的主动学习过程，我们依据幼儿的心理特点和认知规律，从唤醒已有经验、多种形式的攀爬巩固、运用不同形式的攀爬完成任务三个依次递进的板块来设计活动，提供丰富的实践机会，确保幼儿积极参与、主动探索。以下为具体教学过程的设计：

幼儿园大班体育"快乐的小螃蟹"

【活动目标】

1. 通过游戏练习手脚着地爬行，增强幼儿上肢力量和身体核心力量，提升幼儿的攀爬能力。

2. 在攀爬游戏中，促进幼儿身体健康、增强体能、预防疾病、提高生活质量。

3. 在活动中增强幼儿勇于挑战的信心，提高团队协作能力。

【活动过程】

一、准备部分

师：孩子们，今天老师带你们去海滩边游玩，让我们一起出发吧！

1. 带领幼儿排成一列绕场地周围跑操。

2. 组织幼儿排成4队进行韵律活动。

3. 幼儿两两开展"对掌互推"小游戏。

（设计意图：在音乐声中开展花式热身运动，充分活动幼儿的四肢，调动运动激情。尤其在"对掌互推"小游戏中，锻炼幼儿的手臂力量，为下面攀爬活动的安全开展作准备。）

二、基本部分

1. 探索各种爬（自由爬）

师：海滩上有什么小动物？今天我们来学做这些小动物，它们是怎么爬的？

（1）空地上自由爬——引导幼儿学习好的动作。

（2）集中梳理各种爬，引出侧身爬。

（设计意图：在自由爬的过程中，捕捉活动的重难点"侧身爬"，为后面的游戏作铺垫。）

2. 练习螃蟹爬（斜爬、竖爬）

师：沙滩上有好几条路径，我们小螃蟹要来比一比，谁能既快速又稳稳地通过，每条路径都可以去尝试一下。

提供两组垫子路、一组软梯＋障碍路、一组椅背路，幼儿自由练习侧身爬，开展侧身爬小比赛。

（设计意图：不同路径的创设能为幼儿提供更多选择的机会，满足不同能力幼儿的需求，并获得成功感。在自由探索中练习侧身爬，充分彰显自主性原则。）

3.游戏：螃蟹守卫战（创设正方形攀爬场地）

（1）讲解规则：一名幼儿当乌龟趴在场地中间，四周被小螃蟹包围。乌龟要找准空位逃出包围圈，小螃蟹则互相配合不让乌龟逃出去。

（2）游戏进行2—3次。（场地中间扮演乌龟的人数逐渐增加）。

（设计意图：游戏是幼儿最喜欢的活动，将动作技能与游戏融合，让幼儿在学中玩、玩中学，自然地达成教学的目的。）

4.比赛：螃蟹追逐赛（将难易程度各异的路径围成正方形）

（1）讲解规则并示范：分4组，分别站在四个起点，听指令同时出发，沿着正方形的场地学着螃蟹爬，并追逐前面的小螃蟹，追到即获得奖励。

（2）以小组接力的方式，完整开展一轮"螃蟹追逐赛"。

（设计意图：该场地的创设整合了多种难度的路径，而比赛的形式提升了活动的紧张度，这既是对侧身爬动作的巩固，又让活动在紧张比赛中达到高潮，身心都获得了锻炼。）

三、结束部分

1.放松运动特别关注手部。

2.围圈做舒缓的互动游戏。

（设计意图：经历了一次次的对抗赛，孩子们的情绪高涨，身体肌肉也相对紧张。在"小螃蟹"舒缓音乐中放松身体，有助于调节孩子们的精神状态，使他们回归平静，同伴间的相互敲打，既是放松，也是增进同伴情感。）

小学一年级体育"多种形式攀爬"

【活动目标】

1.通过教学使学生获得多种方式的爬行动作基本知识，学会爬行的基本方法，掌握基本动作技能并能合理运用。

2. 体验活动乐趣，养成身体良好姿态，发展力量，灵巧协调等身体素质。

3. 促进神经系统的发展，培养勇敢协作精神和安全练习意识和习惯。

【活动过程】

一、准备部分

师（情境一）：抗日战争时期，日本军队在我们中国的土地上抢、杀、掠夺，小朋友要不要团结起来参加红军。为了更好地锻炼身体，我们先热身活动各关节。

1. 两路纵队绕场地热身跑 2 圈。

2. 四列横队模仿老师做热身操（音乐：为梦想时刻准备着）。

学练标准：情绪高涨、积极参军、积极准备（在全班同学的关注下，奖励贴纸给达标的同学）。

（设计意图：从思想上调动孩子们参与运动的积极性，激发孩子们的爱国主义精神，引入到情境教学中来。热身、活动各关节，为下面攀爬活动的安全开展作准备。）

二、基本部分

多种形式攀爬的动作方法

1. 单一身体练习

师（情境二）：热身活动结束，我们进行基础专项训练——各种姿势爬，听到枪声注意趴下隐蔽。

1.1 听音乐体验多种形式的爬

学练标准：增强学生的防备心理和自我保护意识（给及时趴下的孩子有效的表扬）。

（设计意图：利用音乐配音把学生及时引入到情境中来，通过形式多变的模仿性练习，激发学生的学习兴趣，枪声的设计让情境设计很有真实感。）

1.2 用不同姿势爬过雪山

师（情境三）：基础专项训练结束，同学们顺利过关，接下来我们进行第一项专项训练——快速攀爬过雪山。

学练标准：上下肢协调，攀爬速度快、有榜样作用或帮助组内同学提高速度。

（设计意图：用学生自身最擅长的攀爬方式，体验攀爬的乐趣，同时通过竞争提高速度，发展学生四肢的协调能力。）

1.3　过草地：安全爬过电网区

师（情境三）：哪种方式的攀爬能够确保我们安全地过敌人的电网区？

学练标准：用合适的方法不断尝试，最后有效解决问题（奖励积极思考的同学）。

（设计意图：遇到更复杂的环境，学生能通过不断实践，探索更合适的攀爬方式。）

2.组合练习

2.1　爬雪山＋过草地

2.2　飞夺泸定桥＋爬雪山＋过草地

学练标准：面对不同的环境，会用不同的方法攀爬，克服各种困难和险境。

（设计意图：在不同的复杂环境中，能及时有效地选择攀爬方式，培养学生解决问题的能力。）

3.比赛：红军长征

方法：红一、二、三、四方面军从江西出发，每组前一个队员过第一道封锁线，下一个队员就可以出发，全军完成红军长征回到江西会合，才算长征胜利。用时少的军队获胜。

学练标准：奖励遵守规则的同学，培养学生的规则意识。

（设计意图：通过比赛培养学生的合作意识和团队精神。）

三、结束部分

1. 爱国主义教育：老师3分钟红色故事演讲，学生自由躺下闭目沉浸式身心放松。

2. 跟着音乐坐姿、站姿拉伸放松。

学练标准：在沉浸式的体验中用心感受和平时代来之不易，增强对红军的敬佩之情。

（设计意图：身心都得到放松，激发学生的爱国情怀。）

（三）教学实践反思

1. 结构化贯通教学内容——塑造环境应变能力

"摸爬滚打"一直以来是幼儿非常感兴趣的动作内容，手脚着地爬（小螃蟹爬）属于攀爬的一种。大班幼儿身体各项机能已趋于完善，控制能力加强，大、小肌肉群也发展较好，但动作相对不够熟练，本次活动目标定位在提升攀爬能力、促进身体健康、增强体能，在目标的制定和内容的选取上都比较符合大班幼儿的发展特点。我们知道，任何一种运动技能的掌握和提高都是在不断地反复中得以巩固的，而手脚着地爬对于发展幼儿攀爬能力、提高身体灵活性、锻炼上肢力量具有特殊的价值，根据大班幼儿运动能力发展水平，该阶段应不断提高其动作质量。

本次活动与其说是为幼儿进入小学作铺垫，不如说是为其长远发展打基础，"生命在于运动"，运动体验越丰富，运动能力就越高，身体素养就越好。我们希望通过各种材料的投放与游戏的融入，让幼儿在适合他们参与的、饶有趣味的攀爬运动中，收获锻炼给身心带来的诸多裨益。

幼儿自大班进入小学，意味着进入了义务教育阶段的开始，"教什么"比"怎么教"更重要。遵循国家体育与健康课程标准，以课程五大内容为基本框架，结合地方课程实施办法和常态课基本规定，以课堂教学模式"学练三个一"为抓手，以工具性的方式倒逼使用贯通课程的具体实施。同时，在场地器材设置儿童化、情境化的基础上，采用游戏、比赛等多种方式，帮助学生逐步适应小学低段体育活动。

2. 问题化贯通教法学法——提升问题解决能力

幼儿大班"快乐的小螃蟹"整个活动设计都以情境、游戏贯穿。首先，准备活动的音乐是幼儿熟悉的流行音乐，这能更好地提高幼儿参与运动的积极性，之后引出沙滩，让幼儿根据已有经验回顾沙滩上的爬行类小动物，探索各种动物爬的方式，接着在自由爬的过程中，捕捉活动的重点——小螃蟹侧身爬，为后面的游戏作铺垫，随之在小螃蟹与小乌龟的互动游戏中，巩固侧身爬，之后的螃蟹追逐赛，着眼于突破本次活动重难点，练习的密度与速度递增，最后在小螃蟹的音乐中做放松小游戏，前后呼应。

对于幼儿来说，游戏是百玩不厌的，游戏化的情节是吸引幼儿进行反复练习的保证，而通过多次有效地重复，实现动作技能、身体素质的提高，正是我们教学活动的归宿。在本次活动中，围绕手脚着地爬所设计的几个游戏活动兼具趣味性、竞赛性和变化性的特点，从而能时刻吸引幼儿参与锻炼，使幼儿在一次次的学练过程中达到"玩中学，学中练，练中探"的教学目的，并充分享受体育锻炼的快乐。

新一年级"多种形式攀爬"的课例呈现与生活与健康成长课程教育性和实践性的关联，聚焦、对标在情境中解决问题能力以及科学精神、理性思维的培养，更多的是让学生学会学习，他们的乐学、善学还体现在应对不同情境选择不同方法解决问题中。

例如"多种形式攀爬"中，利用音乐配音进行各种形式爬行环节后，提问 1：孩子们，你们有没有更多的爬行方法？让孩子们充分展示自己的爬行方式。问题 2：哪种方式更快？感受不同方式的快慢。问题 3：哪种方式爬低网更安全？让孩子分组讨论、思考解决问题的方法并实践论证。这些方法来自孩子实践经验所得，课堂就是孩子自己的课堂。老师设置情境，提出问题引导学生思考、分析，鼓励学生提出各种不同的答案并实践，在完成任务后总结最佳方法，从而理解概念。

3. 精准化贯通教学评价——形成三维健康品格

以幼儿为主，创设各种游戏情境来不断提升他们的锻炼积极性，从而达到动作技能的练习。教师是整个活动的引导者，也是参与者、支持者，在各种互动游戏中，教师与幼儿一起沉浸式体验，拉近了师幼之间的关系，进而能更好地达到活动目的与效果。

教师尤其注意对幼儿运动品格的培养，以促进他们形成积极向上的心理态度和行为习惯。游戏中有规则、竞赛中有输赢，活动中，当幼儿不守规则、为了避免同伴的责备而找理由、因为比赛输了而沮丧不已时，教师充满睿智地引导、巧妙地奖惩，让教学活动更具生活味，师幼关系更显融洽。

例如"多种形式攀爬"中，游戏规则是在学生玩的过程中，出现问题、解决问题时制定出来的。例如在案例中的比赛环节，前一个学生冲过第一道封锁线时，第二个学生再出发。而在活动中，一位学生爬完全程后，排在后面的学生着急了，教师随即提出问题：有什么方法让更多的孩子玩？又例如在活动中，学生一个接一个攀爬、路线堵住没法前进了，教师提出问题引发学生思考：有没有既不拥堵、又能让多一点孩子玩的规则呢？学生想出"过第一道封锁线后下一个再出发"，这一提议得到同伴认可并确定为规则，对于共同参与制定的游戏规则，学生更愿意主动遵守。

生活与健康成长课程是以身体练习为主要手段，以发展学生核心素养和增进学生身心健康为主要目的。坚持"健康第一"教育理念，落实"教会、勤练、常赛"，加强课程内容整体设计，注重教学方式改革，重视综合性学习评价，关注学生个体差异，养成锻炼习惯，培养遵守规则、不怕困难、坚持不懈的精神以及团队合作意识。

二、指向关键经验"情绪愉快"的案例解析

（一）关键经验及学情分析

幼小衔接是学前教育和小学教育的过渡阶段，是学生身份转变、学习方法改变的一个必要过程。在这个衔接过程中，孩子们的心理变化会尤为突出。这些变

化受到教育环境、社会认知、学习内容等多方面因素的影响。由此，我们在衔接过程中应关注这些方面带给学生的情绪影响，选择合适的方法帮助学生更好地适应新环境，促进身心健康发展。

我们对区域内实验小学504名一年级新生和实验幼儿园270名大班幼儿的生活与健康成长课程中的健康行为内容进行教学对比，发现两者在教育环境、社会交往、学习评价等方面存在差异，具体表现如下：

1. 教育环境：目前的幼儿园教育一般在较为轻松、愉快的游戏活动中进行，以乐学为主要教育手段，没有家庭作业。而小学教育则要求教师较为系统地、有步骤地进行教学，与幼儿园相比知识性较强，对学生的规则意识、自控能力也提出了更高的要求。对于这种教育环境的转变，幼儿的情绪势必会起伏较大，对心理的调控能力也提出了更大的挑战。

2. 社会交往：在社会交往方面，由于目前的幼儿多为独生子女，存在着较为强烈的自我中心倾向。随着年龄的增长，小学一年级的孩子相比幼儿园大班的孩子，社会交往的要求也更高，在学习上需要相互合作、探究。

3. 学习评价的变化：幼儿园的学习以游戏化、体验化为主，注重幼儿的过程体验，而小学阶段，教师对课堂目标、学习达成度都存在一定的要求，这种学习评价的变化对孩子的情绪也提出了一定的挑战。

综上所述，我们从儿童发展的内在连续性和进阶性的角度考虑，结合《浙江省体育与健康课程指导纲要》和《义务教育体育与健康课程标准（2022年版）》，并以学生核心素养培养为导向展开活动设计，选择了幼儿园大班"生气了，怎么办？"以及小学一年级"我的情绪我做主"两个课例，从健康行为、体育品德、关键经验这三个目标维度，凸显关键经验的连贯性和综合性，具体如下：

表6-4　幼儿园大班和一年级关于情绪愉快的学习目标分析

	大班"生气了，怎么办？"	一年级"我的情绪我做主"
健康行为	观察了解小动物生气的原因，乐意表达和讲述，尝试与其共情。知道生气时寻找适合自己的方法缓解情绪，学习调节自己的情绪。	在活动中体会情绪对生活和学习带来的不同影响。能说出调控情绪的3种方法。
体育品德	激发善于观察、关心他人的精神品质。	在练习过程中能积极参与，学会团队合作与交流。培养学生思辨能力、创新能力、解决问题能力。
关键经验	在活动中了解生气这种情绪，并寻找调节的方法。	在活动中了解不同的情境下的情绪，并寻找多种调节的方式。

（二）具体课例设计

幼儿园阶段，孩子们在情绪调节方面尚处于发展和成长的阶段，他们对于自身情绪的管理和控制能力相对较为薄弱，容易受到周围环境和他人行为的影响。

随着孩子们逐渐成长，一年级新生面对学习环境、学习内容、学习方法的改变，心理上面临着较大的挑战，但是他们的情绪稳定性有所增强。依据《义务教育体育与健康课程标准（2022 年版）》中所指出的跨学科主题教育与学前教育主推的以增添幼儿各式生活经验的活动为主的课程模式，我们在设计课例时要适当降低教学难度和要求，创造适合一年级学生的体育活动环境和学习方法。

本课例以一年级学生较为喜欢的游戏、绘画等方式，设置不同场景，引导学生开展活动。例如，通过抽奖这一小游戏，让学生说出自己的感受，从而直观地帮助学生理解"情绪"这一词。活动注重学生的交流合作，小组合作贯穿于本课例始终，在小组这一小集体中，学生通过表达、商量等手段，提高了交流能力，培养了合作能力。以"有趣"为导向，将直白的教学内容与充满趣味的活动相结合，激发学生的学习和活动兴趣。例如整个课例由"小小画家"—"小小诸葛亮"—"小小分享家"—"情绪交换站"等体验活动串联，学生通过画、想、说、动等多样的方式达到本节课"在活动中体会情绪对生活和学习带来的不同影响；说出调控情绪的 3 种方法；在练习过程中，能积极参与，学会团队合作与交流"的学习目标。

幼儿园大班"生气了，怎么办？"

【活动目标】

1. 理解生气是一种正常的情绪，每个人都会有生气的时候。

2. 观察了解小动物生气的原因，乐意表达和讲述，尝试与其共情。

3. 知道生气时寻找适合自己的方法缓解情绪，学习调节自己的情绪。

【活动准备】

PPT《我生气了》；活动前幼儿与家长讨论消气的方法；记录表大卡纸一张、记号笔；音乐《幸福拍手歌》。

【活动过程】

（一）观察图片，引出生气

师幼共读PPT《我生气了》三幅图，观察小动物的神态表情。

交流讨论：小动物们怎么了？它们为什么会生气？

根据画面猜猜：可能发生什么事情了？小老鼠被小猴子拿走玩具生气了；小猪和小羊发生争执生气了；小兔和小松鼠比赛输了生气了。

（设计意图：通过观察图片，让幼儿了解生气时在表情、动作上的外显特征，同时猜测小动物生气的缘由。）

（二）联系生活，了解生气

交流自己生气的经历：想一想你自己曾经因为什么事情而生气呢？

1.幼儿小组交流、简单表征，并将绘画的内容进行呈现。

2.教师利用幼儿的绘画表征边分享交流边进行分类小结。

（设计意图：以小动物的生气引发幼儿自身的联想，结合生活实际讲述"生气"的种种原因。教师的小结试图帮助幼儿梳理生气的各个类别。）

（三）看看讲讲：生气危害大

教师提问：生气的时候心情怎么样？会说什么做什么？

小结：生气是一种自然的情绪，但生气过多会影响身体健康，有时还会让人做出不恰当的行为。

探讨：一个人一直生气好不好？

现场实操：我们的身体就像一只气球，可是遇到一件不高兴的事情就生气，遇到一件不顺心的事情又生气，就这样，身体里的怒气会越来越多、越来越多……到最后会怎么样呢？（会爆炸）这可怎么办呢？

（设计意图：由表及里的追问，让幼儿对"生气"这一情绪的体验更深刻。通过打气球的方式结合老师生动的讲解，让幼儿直观感知生气带来的危害，非常具体形象，从而为消气办法的引出作好铺垫。）

（四）想想议议：消气办法多

分享交流消气的方法：故事中小动物们是怎样消气的？让

我们一起来看看它们的消气好方法。

（1）了解小动物的消气办法。

幼儿自主阅读幼儿用书中《我生气了》想办法页面，相互交流小动物是用什么方法让自己开心起来的：小老鼠——运动消气；小猪——和老师谈心消气；小兔——看看电视消气。

（2）当你生气时，你有什么好方法让自己消消气？把你的方法与大家分享一下吧。

记录表中用简笔画及时记录小朋友的消气方法：听音乐；看看优美的风景；大声喊叫；把生气的事情放进"吐槽瓶"；吃美食……引导幼儿观察记录表并说说：你最喜欢哪种消气的方法？为什么？

小结：消气的好办法有——玩好玩的，吃好吃的，听好听的，看好看的……我们要用文明又方便的方法来消气。

（设计意图：通过故事与幼儿对话，增加了趣味性。让幼儿带着一种天然的亲近感与故事中的角色产生共鸣，了解并愿意尝试运用这些消气的方法。消气方法有许多，文明消气才可取。简笔画的记录方式，尊重了每位幼儿的想法，而探讨则帮助幼儿甄别文明消气的恰当方法，从而引导幼儿不断自主学习，丰富自我体验。）

（五）游戏巩固：气消享快乐

1.想一想，如果以后遇到生气的事情，你会怎么做呢？

2.游戏：幸福列车（播放音乐《幸福拍手歌》）。

方法：扮演火车头的老师提问，扮演车厢的幼儿依次轮流表达消气的办法，逐渐变成一列长长的火车，跟着音乐跑动起来。

师：如果感到生气你会怎么做？

幼：如果感到生气我会跺跺脚（叉叉腰、大声哭、看电视……）

小结：每个人都会有生气的时候，这很正常，重要的是你必须记住生气时该怎样来排解。

祝大家快乐越来越多，烦恼越来越少，每天都有一份好心情！

（设计意图：巧妙运用《幸福拍手歌》的旋律，改编歌词，进行问答游戏，将"消气"好办法融入幸福列车中。既给了每位孩子思考、表达的机会，又丰富了孩子们愉悦的体验。教师的小结，再一次强化了"生气"是一种正常的情绪，关键在于如何学会化解，学会用正常的方式去化解。）

小学一年级"我的情绪我做主"

【活动目标】

1.在活动中体会情绪对生活和学习带来的不同影响。

2.能说出调控情绪的 3 种方法。

3.在练习过程中，能积极参与，学会团队合作与交流。

【活动准备】

教学视频、情绪图片、礼物盒、沙包、篮球等。

【活动过程】

（一）导入

（1）场景：今天我来上课感到很开心，同学们有什么感受呢?

（2）情绪表达操：生气——深呼吸，高兴——拍拍手，伤心——抱一抱……

（设计意图：用有趣、热情的热身游戏，快速拉近师生关系，进入课堂角色。）

（二）认识情绪

游戏"摸礼物"：老师准备了礼物盒，想要大家来摸一摸。（盒子里面是一面写有奖品、一面画有各种表情包的小卡片）

1.说一说摸之前的感觉：好奇、兴奋、紧张……

2.摸时候的感觉：兴奋、疑惑、紧张……

3.展示小卡片的感觉：高兴、失望……

4.总结：这些感觉都是情绪。

（设计意图：引导学生认真参与游戏，积极思考，联系 PPT 图片能说一说图上分别是什么情绪，怎么分辨的? 初步理解"情绪"一词。）

（三）探究：生活中遇到过什么情绪？

通过抽奖的游戏，你遇到了哪些情绪？

小组活动——小小画家：我有什么情绪可以和大家分享？

（每组选择 3—4 种情绪在小组展示板上画一画）

举例：什么事情？让我感觉心情怎样？

（设计意图：引导学生认真参与活动，积极思考，小组合作，用绘画表达情绪，并尝试说一说什么事情会是何种心情。）

（四）得出结论：情绪是可以调节的

教师提问：不同的事情、因素会让我们产生不同的感受（情绪），这个时候怎么办呢？

小组活动——小小诸葛亮（出谋划策）

1. 学生四—六人一组，根据"小小画家"活动环节画出的表情讲讲情绪小故事。（引导：什么时候？什么事情？谁感觉怎么样？该怎么办？）

预设：（以下几种方法）

（1）合理发泄：利用适当的运动来调节不良情绪。

（2）注意力转移：转移注意力。

（3）交流排解：找父母、朋友进行交流、谈心，排解不良情绪。

（4）自我鼓励：通过鼓励自己，给自己积极向上的力量。

2. 小组展示交流。

3. 情绪交换站——翻情绪盲盒，进行相应的运动。

方法：以小组为单位，依次翻开一张画有不同情绪的表情卡片，并根据卡片找到相对应的运动。（生气：丢沙包；伤心：摸高跳；沮丧：快速拍球等）

（设计意图：尝试用自主探究、小组合作的方式完成自主学习，学会思考，当自己有不良情绪时会如何排解，注重观察和表达，增强交流。情绪交换站旨在引导学生通过运动来调整情绪，让学生感受运动带来的愉悦感。）

（五）拓展延伸：小小分享家

1. 组内说一说本节课的感受，认识了几种情绪，遇到不好的情绪时的解决办法。

2. 和家人积极交流，观察家人的情绪，主动关心家人，用自己的方法制作《情绪管理表》。

（设计意图：将所学的知识运用到实际生活中，体会成功带来的乐趣。提高自我情绪控制能力，关心家人，学会感恩。）

（三）教学实践反思

1. 关注教学目标设定的进阶性

《3—6岁儿童学习与发展指南》把健康领域放在五大领域之首，幼儿时期，孩子们的身心发育尚未成熟，愉快积极的情绪养成和调节都需要成人的鼓励和支持。幼儿园阶段的孩子理解能力相对较弱，从幼儿园升入小学后，从相对轻松的"无作业状态"到家长和教师对其有明确学习目标，由此，一部分孩子在身心状态调整上出现困难。因此幼小学段教学目标设定的进阶性至关重要。

例如本案例中，幼儿园阶段的"情绪调整"板块主要让学生认识"生气"这一种常见的情绪，并在一系列连贯的活动中引导学生学会调节这一情绪的方法。而在一年级案例中，则是循序渐进地引导学生通过"抽盲盒"这一游戏所产生的自我感受，说出1—3种不同的情绪。在这两个不同的阶段，我们的课程目标有效渗透到五大领域和各种游戏活动中，潜移默化地进行健康教育，让幼儿学会观察、合作和探究，有效提升学科素养。

2. 强调教学内容选择的整合化

幼小贯通课程要尊重两个阶段孩子身心发展规律，促进幼儿园和小学的有效衔接。在不同的阶段，由于教学目标的变化，教学内容也随之变化。在幼儿园时期，教学内容需要适当地渗透小学的体育健康知识。例如：规则意识的培养、团队合作的尝试等等。而小学阶段的教学内容则应适当降低难度，是幼儿园健康领域的拓展和延伸。由此，我们在教学内容的选择上要重视两阶段的有效整合，课程内容的有效整合是幼小贯通课程落实的有效途径。

例如本案例中我们在组织一年级健康行为《我的情绪我做主》课程活动时，选用了跨学科主题教育方法进行。设计了以下几个环节：一是美术。在活动探究阶段"什么是情绪"环节中利用学生喜欢的画一画方式，帮助学生认识情绪；二是语言表达。利用问题串"什么时候""什么地点""发生了什么""谁感觉怎么样""该怎么办"等带领学生正确认识和调节情绪；三是体育与健康。教师利用情绪引导卡，帮助学生学会不同情绪的调节方法。而这些小学初阶段采取的跨学科方式和幼儿园阶段的多领域协同发展不谋而合，学生在活动中适应快，教学内容掌握轻松。

3. 坚持教学方法选用的游戏化

幼儿园教育主要以游戏化、体验化、活动化为主要手段。重视孩子的体验过程，对学习也没有明确的要求，孩子在活动过程中相对较为自由，因此，幼儿园时期，孩子的课堂体验感主要是愉悦的。但是小学一年级阶段，学生主要通过"学"来获得体育知识，掌握体育技能，提升健康水平的基础。如何才能让两个阶段的学生有效衔接，我们需要改变教学方式，让小学一年级阶段的学生也充分获得课堂的愉悦感、成就感。体育课程一体化研究基于不同学段学生的发展规律和学科特点指出：幼儿启蒙游戏化，小学基础期趣味化、初中发展期多样化、高中提高期专项化、大学应用期自主化。由此，一年级教师在落实课堂中的"学"时，要关注学生的兴趣点、兴趣层，采用多种学习方式，提升学生在"学"中的自主性和有效性。运用丰富多彩的教学方式，将健康教育有机渗透在课堂教学活动中，既可以有效激发孩子的兴趣、好奇心和探究欲，又能很好地培养孩子的实践操作和探究能力。

幼儿园"生气了，怎么办？"中，教师运用孩子较为熟悉和感兴趣的动物故事引导学生去发现生气这一情绪，并运用阅读、观察、交流等活动，促进孩子对生气这一情绪的认识，最后又通过游戏以及音乐配合下的身体活动来帮助孩子了解调节"生气"这一情绪的方法。而一年级案例"我的情绪我做主"则是抓住了现阶段学生的兴趣爱好，从"摸盲盒"这一游戏让学生自我体验多种情绪，接着根据学生的能力，进行有提纲式的故事讲解和创编，促进学生的口头表达能力和对情绪的自我认识，最后结合该阶段学生注意力集中时间短、活泼好动的特点，设计"情绪交换站"这一环节，利用体育运动，让学生通过身体活动来认识不同情绪的调节方法。

第七章 ／

艺术审美与表现领域
课程一体贯通的实施

艺术教育是美育的重要组成部分，起到以美育人、以美化人、以美润心、以美培元的作用。《义务教育艺术课程标准（2022 年版）》强调了学段衔接、幼小衔接的重要性，在第一学段（1—2 年级）提出，以艺术综合为主，体现从幼儿园综合活动到小学分科课程的过渡与衔接。儿童在 4—9 岁的阶段是艺术学习的"黄金窗口期"，该阶段恰好处于幼儿园与小学的衔接期。把握好这一阶段，可培养学生艺术敏觉、美商与创新能力，培养良好的审美情趣，形成独立思考和创造能力，促进情感表达能力，为学生的综合素养打下坚实的基础。

当前幼儿园大班和小学一年级的课程设置存在着艺术内容重复、断层和缺乏系统性的问题，因此，我们亟需重新构建一个有机衔接的艺术教育课程体系。这一体系应当立足于儿童的认知发展特点和情感需求，紧密结合儿童的生活实际，确保教育目标的一致性和持续性。通过系统和科学的艺术教育课程设计，激发孩子们的艺术潜能，引导他们在艺术世界中感悟、表达和创造，以适应未来社会对多元人才的需求。

第一节　幼小学情分析

教育家奥苏伯尔曾提出一个观点："若要将教育心理学的核心理念浓缩为一句话，那么我会强调，学习者先前的知识和经验是塑造其学习成效的决定性因素。"这一理念构成了中小学教育的核心，即教学应当基于学生现有的知识基础和能力水平来进行。在为期近一年的艺术幼小衔接课程中，我们对幼儿园大班的艺术活动内容和小学艺术教材进行对比分析，开展深入一线的学情调研，旨在准确把握新入学儿童的艺术素养基础。

一、培养目标分析

幼儿园的艺术教育以《3—6 岁儿童学习与发展指南》为指导，小学则以《义务教育艺术教育课程标准（2022 版）》（以下简称《艺术课程标准》）为依据，两个学段在艺术领域的培养目标上展现出一定的连贯性。例如，在审美感知上，从幼儿园阶段鼓励儿童通过歌唱和节奏游戏来感受音乐的韵律和旋律，到小学阶段则更深入地引导学生理解和表达音乐的基本要素和情感内涵。在音乐表达能力上，从幼儿园的自由歌唱和简单乐器演奏，到小学段的系统学习音乐相关知识和简单的音乐技巧。然而，也存在一些目标承接上的问题，具体如下：

（一）学习目标设置进阶性不足

在艺术表现方面，由于个体的差异较大，一年级学生在新环境中需要适应新的音乐学习要求，但相应的课程目标没有随之提升，导致部分学生的音乐潜能未能得到充分发展。例如，在音高的学习中，大班的孩子已经能够通过听辨、模仿，完整演唱 3 到 4 个音组成的旋律，但小学一年级没有目标提升的体现，这需要在课程设计中增加一些简单的旋律和节奏练习，帮助他们更好地适应小学的音乐学习。

（二）学习难度要求存在陡坡

幼儿园阶段艺术学习游戏化和自由化，而小学阶段艺术学习难度升级，强调理论知识和艺术技能的学习，目标跨度较大，学生需要在短时间内适应这种转变。可以通过渐进式的教学方法，逐步引导学生从简单的音乐活动过渡到较为系统的学习。

（三）学习内容丰富性倒退

在艺术学习探索方面，幼儿园的美术学习鼓励孩子探索自然，去户外闻闻花香、看看树叶，是建立在真实情境体验上的美术学习，音乐学习会探索与体验多种音乐风格，了解相应的文化。而到了小学阶段，反而仅要求学生了解一些基本的艺术常识，而且往往局限课堂内学习，学习内容虽然"精选"，但丰富性"打折"，甚至有些学习内容在幼儿园中早有接触。两者之间存在目标倒退现象，应引起重视，并进行针对性的解决。

二、学习方式分析

大班幼儿和小学一年级学生，在艺术领域的学习方式上呈现出不同的特点：

（一）学习形式不同：从游戏学习到系统学习

幼儿园的艺术活动以游戏为主，设计具有情境性和趣味性，强调孩子们在轻松愉快的氛围中对艺术进行自然探索。小学阶段的学习则更注重系统性，学生需要按照规定的进度学习，关注艺术素养的连贯发展。例如，在音乐教育中，大班阶段多通过节奏游戏和音乐故事激发孩子们对音乐的兴趣；小学阶段的音乐学习则更加系统化，学生需要学习了解音乐要素，掌握简单的音乐技巧。

（二）学习环境不同：从自由探索到规范指导

大班孩子的艺术学习以无意性为主，孩子们在自由探索和表达中发展感知和表现能力。小学一年级段则更具有意性，他们需要有目的地学习和练习。美术教育中，幼儿园的学习环境较为宽松，孩子们可以自由选择材料和创作方式。小学阶段则更加规范，学生需要在教师的指导下使用特定的材料和工具。音乐教育中，幼儿园的学习环境鼓励孩子们自由地唱歌和打击乐器，小学阶段则需要学生在规范的课堂环境中学习乐器演奏技巧和音乐知识。

（三）思维状态不同：从随机直觉到逻辑有序

幼儿园阶段的艺术探索多是随性的，以喜好出发，随机性地碰撞出创意火花，幼儿天生具有对色彩、形状和材料的敏感性，他们通过自由的涂鸦、拼贴、捏泥等方式，表达内心的想法和情感。幼儿的创作不受规则和技巧的限制，更多地依赖于直觉和本能。幼儿的认知发展处于前运算阶段，此时他们以具体形象思维为主，通过直接操作和感知进行探索和学习。

而在小学阶段，思维更具有逻辑性，体现在学生将创意与艺术形式的有机结合，进行有目的的创作。在音乐教育中，创意思维的深化则体现在学生学习如何用已有经验创编简单的旋律、节奏等，表达个人的音乐想法，对艺术作品进行更深层次理解和表达，运用已有经验分析音乐作品的结构和风格，例如，音乐的乐句和音域等。

三、评价方式分析

幼儿阶段的艺术学习评价更指向真实情境中幼儿的感知表现，以过程性评价和表现性评价为主，比如幼儿的模仿能力、肢体表达、技法表现、想象创造等，注重"过程"＋"结果"的教学评价设计，教师时刻观察、记录幼儿在参与艺术相关活动时的表现。幼儿对艺术的感知和理解还非常稚嫩，幼儿园阶段重视与保护幼儿的艺术热情与探究积极性，评价多为给予更多的理解、包容，反馈上弱化专业性，主要以正面鼓励和激励评价为主。

小学一年级的评价方式更加综合化，融评于教，采用适合他们年龄的教学方法，如主题化学习、游戏化学习、任务化学习等，激发学生的学习兴趣，评价渗透在学生学习的"各个环节"。基本技能、观察表达、审美感知、创意表达、综合实践、合作能力等方面，分项评价与综合评价的方式勾勒完整的学生艺术能力画像。

四、家庭教育分析

家长对于孩子艺术教育的启蒙起着至关重要的作用。很多孩子在幼儿园时期已经开始学习乐器、舞蹈或者绘画的技能。也有不少家长一味地重视学习艺术的技能技巧，忽视幼儿学习艺术的兴趣，常会出现学了很多项，但都学不精的现象。

在家庭教育中涉及艺术层面的熏陶，差异较大。幼儿时期，家长的要求多以让孩子感受、开阔眼界、体验为主，通过游戏和互动的方式，提升幼儿的感知和观察能力。到了小学阶段，更注重学生艺术方面的能力与技能。儿童在艺术学习上还存在明显的个体差异。具体表现在认知发展水平上的差异、基本能力的差异、语言表达能力的差异和学习习惯上的差异等，要重视不同儿童的个体差异，让每个儿童在自己的水平上得到应有的发展。

幼儿阶段至小学一年级是关键的衔接期，针对在幼小学段进阶中的差距、台阶，打通各幼小学段阻隔，建立幼小学段"共性"联系，保持幼小衔接中艺术教育内容与形式的一致性、连续性、贯通性。

第二节　以核心素养为导向的关键经验梳理

基于儿童艺术素养发展的现状，同时更有效地达成艺术学习的双向衔接，对标《3—6岁儿童学习与发展指南》中5—6岁年龄段和《义务教育艺术课程标准（2022版）》中1—2年级学段找寻贯通式课程的发展要求，结合我区儿童的艺术素养发展水平，对比分析两个阶段孩子的关键经验，梳理整合了具体的发展要求。

一、领域目标对比分析

对比两个学段目标，艺术学习的具体目标指向不同。

表 7-1　领域目标对比表

	幼儿园大班	小学一年级
音乐学段目标	① 乐于模仿自然界与生活环境中有特点的声音，并产生相应的联想。艺术欣赏时常常用表情、动作、语言等方式表达自己的理解。 ② 愿意和别人分享、交流自己喜爱的艺术作品和美感体验。 ③ 积极参加艺术活动，有自己比较喜欢的活动形式。 ④ 艺术活动中能与他人相互配合，	① 能体验音乐的情绪与情感，了解音乐的基本特征，感知音乐的艺术形象，对音乐产生兴趣。在音乐体验中唤起爱党、爱国、爱家乡的情感。 ② 能积极参与演唱、演奏、歌表演、律动、音乐游戏、舞蹈、戏剧表演等艺术活动，积累实践经验，享受艺术表现的乐趣，在各种艺术实践中初步建立规则意识和合作意识。

	幼儿园大班	小学一年级
	也能独立表现。 ⑤ 能用基本准确的节奏和音调唱歌。 ⑥ 能用律动或简单的舞蹈动作表现自己的情绪或自然界的情景。 ⑦ 能自编自演故事，并为表演选择和搭配简单的服饰、道具或布景。	③ 对音乐有好奇心和探究欲，能在探究声音与音乐的过程中表达自己的想法和感受。 ④ 初步了解中国音乐文化和世界多元音乐文化。 ⑤ 对身边的音乐和音乐现象感兴趣，能与他人分享、交流自己的发现和感受。
美术学段目标	① 乐于收集美的物品或向别人介绍所发现的美的事物。 ② 乐于模仿自然界和生活环境中有特点的声音，并产生相应的联想。 ③ 艺术欣赏时常常用表情、动作、语言等方式表达自己的理解。 ④ 愿意和别人分享、交流自己喜爱的艺术作品和美感体验。 ⑤ 积极参与艺术活动，有自己比较喜欢的活动形式。 ⑥ 能用多种工具、材料或不同的表现手法表达自己的感受和想象。 ⑦ 艺术活动中能与他人相互配合，也能独立表现。 ⑧ 能用自己制作的美术作品布置环境、美化生活。	① 能根据周边环境中各种自然物与人造物，运用线条、形状、色彩、肌理等造型元素，以及对称、重复等形式原理，欣赏和评述其中的美。 能与同学分享、交流对身边的美的体会，初步形成发现、感知、欣赏美的意识。 ② 能使用不同的工具、材料和媒介，创作不同形式的美术作品，表达自己的感受。 ③ 能分享与交流自己的作品，理解同学的作品，尊重他人的看法。能利用多种感官或者简单的工具，观察身边常见事物的外部形态特征。 ④ 能对自己感兴趣的某一事物或现象进行较为深入的观察。 ⑤ 能用完整规范的语言描述事物或现象，表达自己的艺术观点。

幼儿园阶段与小学阶段音乐教育的区别：

幼儿园阶段的音乐教育更注重直接的音乐感受和兴趣培养，不强调音乐学习的顺序性，更像是在玩乐中自然接触音乐，引导幼儿乐于参与音乐活动。教师通过简单的律动、歌曲模仿等方式，帮助幼儿感知音乐要素，并进行简单的表达。而小学阶段的音乐教育则开始注重音乐思维的构建和艺术理解，通过音乐游戏、趣味唱游等符合儿童心理特征的学习方式，帮助学生理解音乐作品的结构、旋律、节奏等要素，并尝试用音乐表达自己的感受和想法。

幼儿阶段与小学阶段美术教育的区别：

幼儿阶段的美术教育更强调模仿和创作的乐趣，注重培养幼儿对色彩、线条、形状的感知和运用，鼓励他们自由地表达自己的想法。教师通过简单的涂色、线条描绘、形状拼贴等活动，帮助幼儿掌握基本的绘画技能，并激发他们的艺术潜能。而小学阶段的美术教育则开始注重艺术的感知体验和理解，鼓励学生观察、分析、解读艺术作品，理解简单的艺术语言和创作意图。在掌握基本绘画技法的基础上，学生开始尝试独立构思、表达个人想法，进行初步的艺术创作，并逐渐理解艺术与社会、历史、文化的联系。

因此，为了更好地实现艺术幼小衔接贯通课程的目标，需对两个阶段的学习目标进行更加系统、合理的规划。艺术幼小衔接贯通课程应关注艺术感知、技能技法、审美素养的逐步提升，避免陡坡、倒退和原地踏步现象。规划、设计幼小衔接课程内容，采用适宜的教学方法，并建立科学的评价机制，实现幼小贯通。

二、关键经验的具体指向和发展要求分析

结合发展要求分析现状，找到大班与小学一年级之间的适恰点，打通两个学段间的矛盾障碍。鉴于此，幼儿园的艺术活动应"向上衔接"，渗透一些一年级教材中即将出现的内容或把一年级教材中的内容降低难度，穿插在大班的艺术学习中；一年级则"向下衔接"，保持与幼儿园艺术教育在活动化、情境化、游戏化的一致性。音乐聚焦趣味唱游、聆听律动、情境表演和发现身边的音乐这些关键经验，美术聚焦造型表现、设计应用、欣赏评述关键经验，明确学习目标和发展要求，为幼小衔接艺术一体贯通课程的实践探索指引方向。

表 7-2　幼儿园大班和小学一年级艺术审美与表现领域关键经验具体指向和发展要求

关键经验		幼儿园大班关键经验 具体指向和发展要求	小学一年级关键经验 具体指向和发展要求
音乐	趣味唱游	① 能用自然的声音歌唱。保持正确的唱歌姿势，做到节奏、音调基本准确。并能加入简单的动作进行表演。 ② 能拍击、念读或用打击乐器演奏简单的节奏型，尝试为演唱和游戏伴奏。 ③ 在老师的指导下，尝试用身体动作表现速度、力度、拍子、节奏、乐句等音乐要素。 ④ 喜欢玩歌唱游戏，对老师的提示与指挥有反应，逐步建立游戏规则与合作意识。	① 能用正确的姿势、自然的声音，准确的节奏和音调有感情地独唱或齐唱，能在演唱中加入适当的动作进行表演。 ② 能拍击、念读或用打击乐器演奏简单的节奏型，并为演唱和游戏伴奏。 ③ 能按要求随音乐进行动作模仿、音乐游戏等，用身体律动表现音乐的速度、力度、节奏、乐句与旋律方向等音乐要素。 ④ 能遵守游戏规则，初步建立合作的意识。在唱游活动中能根据老师或指挥提示，做出正确的反应。

关键经验		幼儿园大班关键经验 具体指向和发展要求	小学一年级关键经验 具体指向和发展要求
音乐	聆听律动	① 能用律动或简单的舞蹈动作表现音乐的情绪与形象。 ② 了解常见的打击乐器音色，感受音乐的高低、快慢、强弱、长短，能做出相应的体态反应。 ③ 能随音乐合拍、有韵律感地做动作，做到拍感稳定。 ④ 喜欢欣赏各种不同风格的音乐，（如名曲、优秀儿童歌曲、古典音乐等），尝试自由地随音乐进行律动及简单的舞蹈。 ⑤ 学习安静地聆听音乐，注意力集中，不干扰他人。	① 聆听或表现音乐的过程中，能根据音乐的情绪自然流露出相应的表情或做出体态反应，说出音乐情绪的相同与不同，简要描述表现的形象和内容。 ② 能听辨常见打击乐器音色，判断音乐的高低、快慢、强弱、长短和音色变化，并做出相应的体态反应或简单描述。 ③ 能跟随音乐的节拍拍手或走步，对二拍子的音乐做出相应的体态反应。 ④ 在老师的指导下，随进行曲、舞曲、摇篮曲等音乐进行律动、舞蹈。 ⑤ 在聆听音乐时能保持安静，注意力集中，参与音乐活动时能专注于音乐，不干扰他人。
	情境表演	① 乐于模仿舞蹈或戏剧中的动作与表情，进行大胆的表演。 ② 在老师的指导下，能根据音乐的情绪或情境，尝试进行简单的角色扮演、动作创编，体会表演的乐趣。	① 在老师的指导下，能根据要求观察舞蹈、戏剧等艺术表现形式的特征，并运用自己的表情、肢体进行简单的模仿。 ② 能根据音乐情绪特点进行简单的动作创编或即兴表演，与同伴一起体验表现造型、扮演角色的乐趣。
	发现身边的音乐	① 乐于模仿自然界和生活环境中有特点的声音，并产生相应的联想，能以自己喜欢的方式表达。 ② 喜欢和聆听有节律的儿歌、童谣、诗歌，初步感受语言中的节奏美，有兴趣寻找发现生活中的节奏。	① 能举例说明给生活和自然界中声音的特点，能运用人声、小型打击乐器、动作进行模仿和表现。 ② 能按一定节奏朗读儿歌、童谣、诗歌，初步感受音乐节奏、音调与语言节奏、声调的关系。 ③ 能通过广播、影视、网络等多种媒介听赏音乐，养成在生活中聆听音乐的习惯。
美术	造型·表现	① 积极参与艺术活动，有自己比较喜欢的活动形式。 ② 用绘画、泥工、手工制作等多种方式表现自己的所见所想。 ③ 用多种工具、材料或不同的表现手法表达自己的感受和想象。 ④ 在艺术活动中能与他人相互配合，也能独立表现。	① 喜欢用多种工具、材料进行作画。 ② 喜欢用涂色、线描、水墨、水粉、刮画、指纹画、吹墨画、棉签画、添画等多种方式进行绘画。 ③ 能用线条、形状、色彩、构图等多种绘画语言，表现自己的所见所想。

关键经验		幼儿园大班关键经验 具体指向和发展要求	小学一年级关键经验 具体指向和发展要求
美术	设计·应用	① 围绕主题进行意愿画创作，作品主题突出、物体特征显性、内容情节丰富、布局相对合理，构思新颖。 ② 能根据提供的材料进行创造性手工制作。 ③ 喜欢用自己制作的图画、手工制品等装饰和美化环境。	① 喜欢用泥工、纸工、捏泥、多元废旧材料进行手工制作。 ② 有初步的基本手工技法，如捏、撕、剪、贴等进行自主创意。 ③ 乐于用自己制作的美术作品布置环境、美化生活。
	欣赏·评述	① 乐于收集美的物品，愿意和别人介绍自己所发现的美的事物。 ② 愿意和别人分享、交流自己喜爱的艺术作品和美感体验。 ③ 喜欢欣赏各种艺术作品，愿意接触传统的民间艺术和地方民俗文化活动，如皮影戏、剪纸和捏面人等，感受民族文化。	① 喜欢欣赏自然界和生活环境中美的事物，乐于向别人介绍所发现的美的事物。 ② 乐于收集美的物品，愿意和别人分享、交流自己喜爱的艺术作品和美感体验。 ③ 愿意接触各种形式的传统民间艺术，如剪纸、泥人张、年画等，讨论和交流对民间艺术的理解，感受民族文化。

第三节　教学设计建议

　　幼小衔接是幼儿园和小学两个阶段平稳过渡的教育过程，也是儿童成长过程的一次重大转折。艺术教育贯穿幼儿园、小学以及之后学习的各个时期，是终身教育的重要环节。在核心素养立意下的幼小衔接艺术贯通课堂中，孩子们发现生活，开启创作灵感；走进自然，感受表达美感；观察世界，充实感性审美。在研讨实践中我们基于学生发展适宜性设计、探索、落实幼小衔接艺术学科贯通课程，逐渐清晰教学实践策略。

一、素养"导向"：做双向衔接，确保连续性

　　18—19 世纪的教育家们认为儿童发展的基础是经验的获得；20 世纪教育家杜

威则提出了"教育即经验"的观点，并强调"连续性"的原则：他认为通过经验形成的认知会对后继的经验产生重要影响，由此决定个体发展的水平；研究者卡干也提出过经验具有"连续性"的看法，并认为"衔接"可以使不连续性得到缓解。因此"连续性"对于幼小衔接阶段儿童的艺术学习经验积累起到了关键性作用，这就要求我们做到双向衔接，体现连续性。

艺术美术教育领域——在学习的内容上，相对于小学美术教育而言，幼儿园美术领域表现形式和内容更加多样化，思考小学的"造型·表现、设计·应用、欣赏·评述、综合·探索"几个核心要点的要求，我们必须仔细分析素养，两个学段互相呼应衔接，依据儿童经验发展规律，调整已有活动的内容、开展的顺序，在技能的培养、美术核心经验上进行有机衔接。如一年级教材中有《新朋友》这一课，可以将此活动调整到新生刚进入学校的阶段，让孩子们做自我介绍、说说今天认识了什么新朋友、新朋友是长什么样子的、为什么喜欢跟他做朋友等。而幼儿园后期开展的主题活动"你好，小学"中，也可以涉及朋友的话题，围绕进入小学拥有新朋友的期待进行想象作画。如在幼儿园，孩子们已经有绘画基础，会画一些基本图案，那么在刚进入小学时，我们可以先开展教材中的"生活中的基本图形"，让孩子去发现身边的物体由哪些基本形状组成，培养他们的观察能力和发现美的能力，接着再开展后续的"奇妙的同心圆"等内容，沿着这样的一条衔接线循序渐进，让孩子们逐渐感知什么是美术、美术里有什么，引领孩子们慢慢走进美术，让他们在不知不觉中喜欢美术，从而适应小学生活。

艺术音乐教育领域——我们从"趣味唱游、聆听律动、情境表演、发现身边的音乐"四个核心要点梳理幼儿园大班、小学一年级两个阶段音乐学习的关键经验，在对比联系中发现，幼小衔接阶段音乐学习的目标应该定位于音乐学习习惯的养成、音乐抽象思维能力的启蒙，指向音乐素养能力的"连续"发展。

二、教法"联通"：寻新颖体验，体现创新性

心理学家维果斯基在其研究成果中提出：幼小衔接是儿童学习和发展的关键阶段，同时也是儿童从一个平稳期到另一个平稳期的过渡。当儿童进入小学后，会发现与幼儿园学习存在差异，并发生"冲突"。教法"联通"能有效缓解"冲突"，助力他们平稳进入小学学习。在幼儿园阶段，艺术教学过程与游戏二者可谓密不可分，缺少了游戏的学前课程教学是不完美、不合理的，与幼儿发展相适应的课程必然少不了幼儿参与的游戏活动。在幼小衔接艺术贯通课程中，依然可以通过各个环节中充满创意的情境创设，来帮助孩子更好地享受艺术课程。在衔接的过程中，我们幼小教法"联通"，从趣味情境中生发教学，学有所得。

在美术艺术教育中，幼儿园大班应增设美术技能培养的相关内容，在课堂教学中可以多采用师生合作的方式进行，多培养孩子的自主能力，为进入小学做好准备。如在"你好，小学"的主题活动中，我们开展小组式的美术创作活动"未来的小学"，孩子们通过合作商量、寻找作画工具、呈现作画内容等，以多样化的作画技能来呈现自己的创作。而对于刚进入小学的学生，在课前的导入环节，教师就可以加入更多更新颖的环节。如"我的新朋友"这一课中，教师可以为学生引入"猜一猜"的游戏活动，以连线对对碰、蒙眼猜好友的形式，来讲述朋友身上的特点，为作画做好铺垫；或者也可以加入绘本《我有友情要出租》的有声读物，听着绘本、看着多媒体白板上的PPT，绘本的精美图片和声音相结合，学生身心投入。类似的游戏活动是美术课堂的"调味剂"，让原本沉闷的学习氛围变得活跃，也能让学生"食欲大增"，调动学习的积极性。

同样，在音乐艺术教育中也强调游戏化情境创设，"趣味唱游"就是主要的教学方法。"趣味唱游"是以歌唱为主，融合演奏、声势、律动、即兴表演、舞蹈表演等多种表现形式及其活动内容，以趣味化游戏方式开展的音乐活动"。这正符合处于幼小衔接期儿童的身心发展特征，他们以形象思维为主、好奇好动、模仿力强。因此，对他们而言，唱游是一种行之有效的教学形式，可以使儿童沉浸于良好音乐氛围，在体验、欣赏、学习和创造中自主表达所思所想，提升音乐能力。

三、元素"融合"：寻多样发展，培养完整性

《强势开端：幼小衔接》报告中指出：从幼儿园到小学的转换对儿童来说是第一次经历两个不同的教育场所，优质的幼小衔接会对儿童的个性发展、习惯养成和学习能力提升有促进作用。我国学者在此基础上也提出了儿童健全成长取向的幼小衔接观念，将"完整儿童"作为教育理念。

在幼小衔接美术贯通课堂中，我们提供多元材料，孩子们运用材料进行造型、表现、设计、应用、欣赏等。如在大班主题活动"树叶拼贴画"中，我们寻找大量的自然材料，石头、树枝、花瓣、叶片等，在与大自然的充分接触中，将来自于大自然的材料进行多元化的创作，呈现不同形式的美术作品。而对于刚刚进入小学的学生来说，他们会逐渐接触到更多的美术材料及使用工具，我们遵循先易后难的宗旨，逐步添加，让学生在循序渐进的过程中，寻找到美术带来的美感，并在小学的课堂中，融入更多的作画方式与材料，真正让学生由心出发，喜欢上美术创作活动。如在一年级的"七彩银杏"这个课堂中，老师引导学生探索叶脉、形状、颜色等，并融合了学校精神与校树文化、"十大品格德育"文化，

利用银杏叶进行创意装饰并赠送亲友、表达情感，制作银杏叶名片介绍自我、结交新朋友等。

四、环境"渗透"：寻浓厚熏陶，提升审美感

良好的环境是无声而有力的幼小衔接教育资源。在实践中发现，开发与运用校园环境、画室环境以及社会地域环境资源，整合有效教学内容，开展艺术活动，能够更好地激发幼儿的创作欲望与艺术素养。幼儿园往往十分重视环境的呈现，将幼儿日常的艺术作品以不同的方式在教室里、楼道口、大厅中呈现，在一日生活的各个环节以播放不同的音乐对幼儿进行生活活动提醒等等。同样，在新生入学前，小学可以打造适宜的文化环境，帮助学生熟悉校园环境，了解小学的不同课堂环境。如在一年级的班级教室、专业教室、校园储藏室、卫生间等张贴学生易于识别、特征显著的标识图案与图文提示，组织学生观赏走廊与展厅中常设的各学科优秀作品；又如，小学还可以根据教学需要灵活摆放专业画室中的课桌椅，比如可以是圆桌围绕型的，鼓励学生自主寻找同伴入座，根据绘画、剪贴、捏塑等造型特点设计画室创作区域等。

五、生活"联系"：寻艺术突破，促发表达欲

"生活"是幼儿园与小学艺术教育之间有效的衔接点，利用"生活"能让儿童敞开心扉，自由地进行艺术表达。幼儿园习惯围绕生活，为幼儿创设学习活动；小学同样需要认识到艺术与生活之间的联系。小学校园里的人和事对初入小学的学生而言是新奇而陌生的，在面对艺术教材上的知识时，有的学生可能会持消极的态度，而利用生活元素这条幼儿园与小学之间的纽带，能够消除他们对艺术活动的陌生感。孩子在幼儿园已经有用彩泥塑造简单水果的经验，因此，在幼小衔接美术贯通课堂中，可以带领学生在活动前期开展亲子活动，通过实地考察等方式了解更多蔬果的种类和特征，获得生活中的直接经验，以期在实际活动中，有更强烈的表达欲望与更多的表现形式。活动后，还可以以生活化的方式进行小组合作，以布置"水果店"的方式呈现作品。

六、评价"个性"：寻多元方式，调动积极性

对学生的评价应从甄别式的评价转向发展性评价，既要关注学生的学习结果，又要关注他们的学习过程；既要关注学生学习的水平，又要关注他们在学习活动

中表现出来的情感与态度，评价要反映学生学习的成绩和进步。对于初入学的儿童更要帮助他们逐步适应。

在幼小衔接美术贯通教学中，我们要将评价重点放在儿童创作的过程中，而不是只看结果。幼小衔接时期的美术教学与专业的美术教育不同，主要是为了培养儿童感受美和创造美的能力，因此要将重点放在儿童创作的过程中。在此期间，我们可以正面积极地评价，调动孩子学习的积极性，培养孩子的信心。我们要将孩子放在主要地位，多给予孩子一些鼓励与表扬，并且尝试让孩子们以自评与同伴互评的方式，实现自我认识与自我激励。尊重个体差异，保护孩子的个性特长，充分挖掘他们的自身潜能，使每个孩子都能看到自己的进步和闪光点。

在音乐活动中我们发现，无论是幼儿园大班还是小学一年级的儿童都存在着较大的个性差异，在参与音乐活动，女生普遍乐在其中，一部分男生心动却未能行动。出现这样的现象需要老师在及时发现后做出引导，有效的方法是给予学生不同的个性化增值性评价。除了课堂上的及时评价、课堂后的作业反馈，在阶段性的情况汇总方面，可以建立个性音乐档案，记录学期初、学期中、学期末不同阶段的音乐学习表现，并通过对比分析每个孩子的表现。

第四节　典型案例解析

一、指向关键经验"造型·表现"的案例解析

大班幼儿能有目的地观察周围生活中事物的形状、颜色和基本特征，从简单的想象和表达走向更为丰富的情感表现，从直觉表达走向更具逻辑性的艺术表现与创作，进行有目的的艺术创作。他们对美术有着天然的热情，想象力天马行空，可以把任何东西变成自己想要的形状和颜色，乐于用这些元素进行造型表现，并融合一定的设计意图。学习方式以玩乐和体验为主，他们更愿意通过游戏、玩耍等方式学习美术。表达方式以直觉和感性为主，他们会根据自己的感受和理解进行创作，作品往往充满童趣和天真。尽管如此，这一阶段的孩子在"造型·表现"和"设计·应用"等方面的发展仍处于初级阶段，需要创造适宜的环境和教学支持其进行艺术感受与表现，从而获得艺术审美与表达表现能力的提升。

进入小学，儿童对周围事物环境表现出更积极的探索欲，并乐于探索事物的

形状、颜色、纹理等多种特征，逐渐尝试学习基本的造型技能，并融入设计与应用的理念，美化生活，创意表达。例如设计自己的姓名卡片、美化教室环境、设计祝福贺卡等，将造型表现与生活实际相结合，融设计性、文化性、创意性和实用性于一体。这一过程培养了儿童的审美情趣、创造力和艺术素养，提升了综合能力，为他们的未来发展打下坚实的基础。

大班美术活动"树叶拼贴画"

【活动目标】

1. 观察和比较树叶的色彩、形状、纹理等外观特征，感受树叶的造型之美，萌发爱护植物、热爱大自然的情感。

2. 发现树叶拼贴的多种方法，并尝试用不同的方法表现树叶贴画之美。

【活动过程】

（一）观察树叶，感受树叶形色之美

1. 谈话导入："小朋友们，现在是什么季节？你看到了哪些变化？"

2. 出示 PPT，欣赏秋天落叶之美。"美丽的秋天到了，树叶都纷纷飘落下来，让我们一起来欣赏秋天里落叶的美景。你看到了什么？有什么颜色？看起来有什么感觉？"

3. 观察实物落叶，发现形、色、纹理之美。"小朋友们这几天在散步时也拾了自己喜欢的各种各样的落叶，它们都长什么样子的呢？你觉得像什么？"（从大小、形状、颜色、纹理等方面进行提炼，从形似上进行想象）

（二）尝试拼贴，提炼树叶贴画之法

1. 尝试创作："如果把这些树叶进行组合、拼贴，你想选什么树叶？可以拼贴出什么呢？小朋友们可以试着摆一摆哦。"（提供一张 A4 白纸做衬底，幼儿自行尝试摆放）

2. 交流分享：

"你拼出了什么？"

"你是怎么拼的？"（看看叶子像什么就去拼什么，先想好要做什么再选叶子进行创作……）

"拼贴画有哪些好办法?"(结合儿童的创作提炼)比如:

* 一片叶子的变化:叶子的形状像什么,就做成什么,只要在叶子身上添画、补充,就能变出新东西,比如银杏叶变扇子……

* 同种叶子的叠加:比如许多小圆叶子叠在一起成为鱼鳞,许多枫叶黏在一起变成花球,许多银杏叶变芭蕾舞裙,许多小小叶子连成一座桥……

* 不同叶子的组合:把不同的叶子进行组合变成一种新的东西,大小叶子变小船、变孔雀……

* 改变叶子的形状:圆形叶子取一半变成跷跷板,长叶子取茎变尾巴……

……

3. 出示 PPT,欣赏各种拼贴画,发现其拼贴的好办法,"这里还有各种各样的拼贴作品呢,让我们一起来欣赏一下,他们拼了什么?是怎么拼贴的呢?"

(三)二次创作,表现树叶贴画之美

1. 讨论:"现在我们要开始进行拼贴画创作了,你想拼什么呢?你会怎么拼?"

2. 提炼步骤:"拼贴画有哪些步骤?""树叶画怎样才能牢牢地固定在地板上呢?"(关注双面胶固定时需要用力按压一下)

"原来拼贴画的创作,要先确定拼贴内容,再摆放设计,添画补充,最后才能黏贴固定。(梳理关键步骤,并呈现步骤图进行提示)

3. 幼儿创作,教师巡回指导:

观察拼贴主题的创意设计;

观察指导黏贴的造型设计,排版疏密、改变原有形状、添画等技巧的运用;

观察指导黏贴的技巧。

……

(四)作品展示,欣赏评述贴画之趣

1. 作品展示,先完成的幼儿先进行自由欣赏。

2. 集体欣赏,分享交流。"你最喜欢哪一幅?他创作的是什么？哪里设计得特别好？他用了什么好办法？"

3.小结提升，感悟美趣。"小小落叶，不仅是秋天里的美景，还可以成为美丽的作品呢，除了贴画，小树叶还可以怎么创作呢？下次等待你们的双手继续来创作哦！"

小学一年级美术活动"七彩银杏"

【活动目标】

1.了解银杏叶的颜色、形状、纹理等特点。

2.引导学生用银杏叶进行装饰，并制作银杏叶造型名片卡。

3.培养学生的动手能力，制作姓名卡交换，融入校园结交新朋友，学会美化生活。

【活动过程】

（一）情境导入

杏树生长（视频）

1.学生随着音乐律动进场。

2.观看树叶生长过程视频。

3.鼓励学生进入状态，送一片杏叶。（准备进入上课的状态，提示周围同学以其为榜样）

（二）趣味探究

1.银杏叶探秘游——探颜色

第一关，小耳朵仔细听！

动画：我是一片杏叶，你们知道我有哪些颜色吗？

生：有绿色，还有黄色的。

动画：我什么季节的颜色是黄色的？

生：秋天。

师：看大屏幕，银杏树随季节轮换，从绿色慢慢过渡到金黄色，产生色彩渐变之美。艺术家还用银杏叶创作了一个色环，真美丽！

2. 银杏叶探秘游戏——探形状

动画：你们知道我的形状是怎样的吗？

生：扇形……小斗笠、小裙子、小雨伞、小尾巴、小扇子。

动画：快来来看看，我给同学们穿上了小裙子，戴上了小帽子，打上了小雨伞。真是太有趣了！

3. 银杏叶探秘游戏——探纹理

动画：看看我的里面有什么呢？快来摸一摸我。是不是有一些些小凸起。

生：有纹路。（奖励叶子—奖励艺术品）

师：是的，是银杏的叶纹！是聚散的线条，就像我们每个孩子来自于不同的家庭，但最终汇聚在 101 班这个温暖的大家庭一样。银杏叶纹也很像孔雀开屏的尾巴。

刚才老师送给你们的小卡片、小盒子也能与银杏组合，成为一件小小的艺术品呢！这样组合就成了一张小贺卡，你想送给谁？

生：妈妈。

师：是一个懂得感恩的好孩子，我们的小盒子也可以贴上银杏树叶送给你喜欢的好朋友。

（三）作业创生

创造银杏叶——艺术银杏叶

1. 今天是林老师与同学们的第一堂美术课，我用银杏叶名片的方式让大家认识我！中间是我的照片，因为我是美术老师，所以我用我最喜欢的七彩调色盘。下面可以写上名字或称呼。那你们知道林老师为什么要用杏叶来当名片吗？让我们来看二年级的学姐的一段视频！

2. 今天我们也要制作属于自己独一无二的七彩杏叶名片卡，让同学们认识你！我们来看看具体可以怎么做！

渐变、叶脉添画、小波点、小几何、添画喜欢的事物。

3. 作业要求：将你的照片贴在杏叶上，画上你喜欢的装饰。

4. 创作：（8分钟音乐）。

（四）作品展示

1. 十片银杏叶放置在舞台中央，学生将作品粘贴在大型杏叶上。

师：舞台上是十片银杏叶，上面是我们宁波艺术实验雅教育十大品格，如果我们的学校像一棵大树，每个学生都像上面的一片叶子，而这里是我们汇聚而成的七彩银杏叶！每一个孩子都为自己贴上了一个七彩梦！你们真是棒极了！

2.拓展部分。

师：现在我们校园的银杏树还是青青的树叶，到了深秋才会变得金黄，我已经把金黄色的银杏树带到了我们的课堂，我要送给今天最团结善思的一组！今天我们完成的七彩银杏叶也可以展示在我们班级的文化墙上，成为新学期一道靓丽的风景线！随着音乐手牵手，像一片银杏叶一样，舞动起来，想象着我们是一片片承载着艺术实验梦想的杏叶，飞起来，飞向更美好的远方……（学生们随着音乐律动离场）

二、指向关键经验"设计·应用"的案例解析

每个幼儿心里都有一颗感受美、创造美的种子。幼儿艺术领域学习的关键在于充分创造条件和机会，为幼儿提供丰富的、便于取放的材料、工具或物品，支持幼儿进行自主绘画、手工等艺术活动。同时教育者要引导幼儿欣赏多种多样的艺术形式和作品，努力丰富他们审美经验，并引导幼儿进行自主创造，提高他们的设计思维与能力，在艺术活动中能与别人相互配合，也能独立表现。

刚入学的一年级学生还有很明显的幼儿阶段特征，他们对事物的探索、进行艺术创作的热情非常高。通过象征期与图式期的发展，他们能够更多关注细节，较清楚地表达自己的设计想法，开始尝试使用基本的造型技能来实现自己的想法、表达创意并美化生活。

大班美术活动"材料我来玩——柿柿如意"

【活动目标】

1.感受各种材料的特性与制作基本方法，用喜欢的方式来表现"柿柿如意"的主题，并用自己的作品装饰美化教室。

2.围绕主题，根据提供的材料，尝试运用搓、揉、捏、压、吹画、剪贴等多元方法进行主题创作。

【活动过程】

（一）观察柿子，感受大自然的美

1. 情境导入：欢迎小朋友来到柿子园，我们走近柿子树，看一看柿子是怎么生长的。再拿起柿子仔细观察，看看谁能发现关于柿子的秘密。

2. 观察柿子：拿起柿子摸一摸、看一看、闻一闻、尝一尝，还发现了什么。鼓励幼儿仔细观察柿子的外形、色彩、肌理、味道。

3. 通过提问的方式，让幼儿对柿子特征有初步的了解。再通过播放图片，加深幼儿对柿子各种造型的印象。

（二）走进材料，发现材料的创意

1. 引导幼儿欣赏不同艺术家创作的柿子，猜一猜艺术家们用了什么方法创作，说一说艺术作品给予的感受与启发。

2. 教师提前准备了黏土组、油画棒、纸艺组、布艺组、水粉组、彩笔组，孩子们在材料区转一转、想一想，思考哪些材料可以用来创作柿子。

3. 观察教室秋日布景，思考自己的作品可以放在教室的哪个角落进行布置。

（三）完成创作，装饰美化教室

1. 幼儿根据材料分小组，进行合作创作。教师巡回指导。

2. 小组合作分享作品，谈一谈创作心得体会，并将自己的作品放在教室合适的位置进行装饰展示。

3. 小组合作整理桌面。

小学一年级美术活动
"黏土我来玩——好看的棒棒糖"

【活动目标】

1. 设计不同形状和色彩的各种棒棒糖。

2. 初步尝试画草图再制作的方法，通过设计美味好看的棒棒糖提高观察、设计和动手能力。

3. 感知体验棒棒糖的各种形态带来的美感，满足学生好玩的心理，培养学生对设计的兴趣。

【活动过程】

（一）创设情境，邀请学生进行设计

1. 情境导入："小朋友们，最近小熊糖果屋的生意不是很好，他的棒棒糖有点普通，你能帮帮小熊吗？"

2. 提问探究：你们都见过哪些有趣、好看的棒棒糖呢？

（二）图片欣赏，打开学生设计思路

1. 欣赏棒棒糖图片，观察设计棒棒糖的方法。（糖可以是圆形或者其他形状，装饰可以用上点、线、面或者动物等喜欢的图案。）

2. 观察棒棒糖的色彩，了解色彩与口味的关系。（色彩鲜艳的棒棒糖更受小朋友的喜欢。）

3. 手绘棒棒糖设计图并分享。画出心中好看的棒棒糖，并从口味、造型、装饰等方面向同学介绍。

（三）魔法变变，粘土制作棒棒糖模型

1. 老师将其中一位同学设计的棒棒糖用粘土制作出来。"这样小熊老板一看就知道棒棒糖的样子了，我们将棒棒糖的设计图做成了模型。"

2. 总结老师在制作的过程中用了哪些黏土的手法。请小朋友们从粘土中找出最喜欢的一种颜色，跟老师一起来做做手指运动：揉揉揉，揉出一个球；揉揉揉，压压压，压出一个圆；揉揉揉，搓搓搓，搓出一条线。

3. 思考自己设计的棒棒糖如果做成模型，在制作时还能用到哪些好方法。请学生说一说这些不同的制作方法。教师小结：拉一拉、贴一贴、卷一卷、扭一扭、捏一捏等塑形方法。

（四）全班合作，小熊糖果屋再开张

1. 根据自己棒棒糖的设计图，选择合适的方法和颜色进行棒棒糖模型制作。

2. 将棒棒糖插在架子上进行展示，邀请设计师来说一说是怎么设计并制作的。

3. 全班同学做一做小顾客，"你愿意买谁设计的棒棒糖呢？"

（五）拓展欣赏，感受糖果包装的魅力

1. 欣赏好看的棒棒糖包装，思考包装如何进行设计。

2. 课堂总结：设计就在我们身边，小小的一根棒棒糖就充满了大大的设计艺术，走进生活，去发现更多有趣的设计吧！

三、指向关键经验"聆听·律动"的案例解析

大班阶段的幼儿在音乐感受方面，更喜欢听节奏鲜明、旋律较为优美的歌曲，喜欢用身体动作、跟唱等方式表达对音乐的感受和理解，鉴于其具象思维为主的年龄特点，需要通过图谱、图片等一些具象的方式支持幼儿进行感受理解和表达表现。

"聆听·律动"是小学阶段音乐教学的重要组成部分之一，可以帮助学生培养对音乐的理解、感受和创造能力。认真聆听：鼓励学生集中注意力，认真倾听音乐，感受音乐的节奏、旋律、情绪等变化。积极律动：鼓励学生用身体动作来表达对音乐的理解和感受，例如拍手、跺脚、舞蹈等。自由表达：鼓励学生用自己的方式表达对音乐的感受。

大班音乐活动"面具舞会"

【活动目标】

1. 尝试用招手问好、握握手、抱一抱等身体动作表现音乐（ｘ ｘ ｘ）的节奏型，对参与舞会律动感兴趣。

213

2. 能听辨不同的节奏和旋律的乐曲段落，结合图谱进行动作表现，对律动创编感兴趣。

A 段：

$1=D$ $\frac{4}{4}$

$\underline{\dot{5}\ \dot{6}}\ \underline{\dot{5}\ 3}\ \underline{4\ 5}\ \underline{4\ 2}\ |\ \underline{\dot{1}\ \overset{7}{\dot{1}}}\ \dot{1}\ 0\ |\ \underline{4\ 5}\ \underline{4\ 2}\ \underline{3\ 4}\ \underline{3\ \dot{1}}\ |\ 2\ \overset{4}{5}\ 5\ 0\ |$

$\underline{\dot{5}\ \dot{6}}\ \underline{\dot{5}\ 3}\ \underline{4\ 5}\ \underline{4\ 2}\ |\ \underline{\dot{1}\ \overset{7}{\dot{1}}}\ \dot{1}\ 0\ |\ 3\ \underline{\dot{1}\ 6\ \dot{1}}\ \underline{6\ \overset{4}{4}}\ |\ 5\ \overset{4}{5}\ 5\ 0\ |$

B 段：

$1=D$ $\frac{4}{4}$

$\underline{\dot{3}}\ \dot{3}\ 4\ 4\ |\ \underline{5\ \dot{1}}\ \underline{7\ \dot{1}}\ 5\ 0\ |\ \dot{1}\ \dot{1}\ 2\ 2\ |\ \underline{3\ 5}\ \underline{4\ 5}\ \underline{6\ 5}\ \underline{4\ 3}\ \underline{2\ 7}\ 5\ |$

$6\ \underline{\dot{1}\ 6}\ \dot{6}\ 6\ |\ 5\ \underline{\dot{1}\ 5}\ \dot{5}\ 5\ |\ \overset{\frown}{4}\ 5\ \dot{3}\ 5\ |\ 2\ \underline{2\ 3}\ \underline{4\ 3}\ 2\ 0\ 0\ |$

【活动过程】

（一）相互问好，引入活动

1. 师幼互动问好

引导语：小朋友们，你们好！向老师问好可以怎么说呢？

2. 手鼓来问好

提问：来了一位新朋友，它的名字叫手鼓，手鼓向你们问个好："小朋友们，早上好！"你们要跟手鼓说什么呢？（手鼓好！）

3. 节奏问答

4. ① 引导语：我们来玩节奏（X X X X X X X）问答游戏，跟着手鼓来问好：小朋友们，早上好！

幼：手鼓手鼓，早上好！

② 师幼用拍手、跺脚来玩问答问好的游戏。

（设计意图：该环节通过层层递进的问好形式，和幼儿进行互动，引发幼儿积极参与的兴趣，同时加入节奏的练习，为后续的音乐感知作铺垫。）

图谱： X X   X X   X X   X

        手鼓   手鼓   早上   好

        🖐   🖐   早上   好

        👣   👣   早上   好

（二）欣赏 A 段音乐，感知 XX X 的乐曲节奏

引导语：今天邀请你们参加一个面具舞会，请你们听一段音乐，说说有什么感觉？

1. 个别幼儿尝试听音乐走路拍手、其余幼儿跺脚拍手。

2. 全体幼儿尝试听音乐跺脚拍手。

3. 幼儿跟着音乐跺脚、拍手参加舞会。

① 师：在前往舞会的路上会遇到许多朋友，每次听到（X X X），请和面对面的朋友挥挥手问声"早上好"。

② 师：除了挥手问好，还可以怎样问好？（握手、抱抱、击掌、眨眨眼等）

③ 幼儿听着音乐体验各种问好方式。

（设计意图：该环节通过参加舞会的情景来引导幼儿仔细倾听 A 段音乐，通过相互问好、握手、抱一抱、击掌、眨眨眼的方式感知和体验（X X X）的节奏型，体验听音乐做律动的乐趣。）

（三）欣赏 B 段音乐，能跟着音乐做舞蹈律动

1. 听 B 段音乐，感知乐曲舒缓的节奏。

师：面具舞会马上要开始了，我们一起来听一听第二段音乐。

师：这段音乐给你什么感觉？

2. 听 B 段音乐感知图谱。

师：我还给这段音乐变了一个魔法图，我们一起边听音乐边看魔法图。

提问：看懂这个魔法图了吗？这里为什么是大大的弧线？这里为什么是点点呢？

小结：原来弧线表示柔和的感觉，点点表示跳跃的感觉。

师：我们伸出小手跟着音乐一起也来画画魔法图怎么样？

3. 分段听 B 段音乐编动作。

提问：舞会马上就要开始了，我们给这段音乐编好看的动作吧！这是一段跳舞的音乐，柔和的音乐做什么动作更适合呢？跳跃的感觉可以怎么做动作呢？

4. 根据幼儿的想法，师幼共同编舞步：向前走四步，行

个礼；向后退四步，自己转个圈；右移一步鞠躬，左移一步鞠躬；转个圈圆走七步。

5. 教师哼唱歌曲，请个别幼儿做动作。

提问：你最喜欢哪个动作？你能把这个好看的动作跳出来吗？

6. 幼儿听音乐跳舞。

师：找一个好朋友当舞伴，跟着音乐一起来跳舞。

（设计意图：该环节通过倾听 B 段音乐感知其舒缓、柔和的旋律，通过多次倾听让儿童更好地感知音乐的节奏与旋律，增加对音乐的感知力；同时，借助图谱让幼儿更好地理解这一乐曲的旋律结构特点，通过师幼共同创编动作进一步表现 B 段音乐。）

附图谱：

（四）面具舞会，进一步表现音乐节奏

1. 教师出示面具，引出"面具舞会"的情境。

2. 教师手持面具，合着音乐做舞蹈律动，演示到 X X X 的节奏时，戴上面具。

3. 幼儿选择自己喜欢的面具、师幼共同做舞蹈律动。

4. 听到 X X X，幼儿玩面具遮脸的律动游戏。

5. 师幼共同进行完整的律动。

（设计意图：该环节通过出示面具，进一步引发幼儿参与面具舞会的兴趣，通过教师的示范引导，让幼儿回归对音乐中（X X X）节奏型的关注，为后续自己玩戴面具参与舞会的律动游戏作铺垫。）

一年级音乐活动"玩具兵进行曲"

【教学目标】

1. 感受音乐所表达的情绪与形象，体验音乐主题的节奏型与旋律特点。

2. 在游戏中熟悉各个音乐主题，并能对不同主题进行分辨。

3. 能根据不同主题的音乐特点进行有创意的律动表演，呈现多样化的音乐表达。

主题1：

主题2：

【教学过程】

（一）玩具兵进行曲 A 段第一主题节奏熟悉

1. 游戏：响板在"歌唱"。

设问：今天老师带来一段由打击乐器演奏的旋律，请你们听一下，有没有你们熟悉的朋友？

2. 找到响板的演奏，并尝试和老师合作拍一拍响板的节奏型。

3. 在熟练的基础上感受节奏速度的变化。（渐快）

（设计意图：玩具兵主题节奏较规律，运用之前学习的响板音色听辨游戏来提前感知主题节奏，与老师合作在由慢到快的速度中适应节奏，为聆听乐曲做铺垫。）

（二）玩具兵进行曲 A 段体验活动

1. 故事导入：其实刚才的音乐有一个好玩的故事。一个安静的晚上，一个可爱的小朋友甜甜地进入了梦乡，这时，玩具兵们一个个从玩具箱子里偷偷地爬了出来，他们排着整齐的队伍游行，在屋子里快乐地走了几圈，感觉还不够，就三三两两跳起了舞，不停地打闹嬉戏，一直玩到凌晨，天快亮了，小主人醒来了，玩具兵们才慌慌张张地逃回玩具箱里。小主人起床，打开玩具箱子一看，玩具兵们东倒西歪地躺在里面，原来这是一场梦啊！

2. A 段体验活动。（音乐制作成引子 +A+B+A+B……循环播放，沉浸式聆听）

引子处，教师语言引导学生用拍腿代替玩具兵们行进的步伐，跟随着老师的指令开始巡逻，在每一次的 B 段音乐处老师发出对下一个 A 段的要求指令。

	A 段	B 段
第 1 次聆听	按音乐拍子拍腿	聆听音乐 师：注意玩具兵很有精神，拍腿动作轻巧一些，跟上音乐的拍子
第 2 次聆听	按音乐拍子拍腿	聆听音乐 师：老师在拍腿的时候会有变化，请大家模仿老师
第 3 次聆听	两句结尾处做木头人状，其他音乐按恒拍拍腿	聆听音乐 师：能否自己准确找到木头人的音乐
第 4 次聆听	两句结尾处做木头人状，其他音乐按恒拍拍腿	聆听音乐 师：能跟着老师画图谱吗？
第 5 次聆听	随音乐跟老师画图形谱	聆听音乐 师：想一想，你觉得两个乐句的小尾巴画什么样的线条合适？
第 6 次聆听	自己跟着音乐画图形谱	安静聆听

3. 讨论两个乐句的不同结尾。教师出示几条不同的线条，学生讨论哪个与音乐吻合：

4.选择合适的线条补充图谱，并再次跟着音乐来一遍。

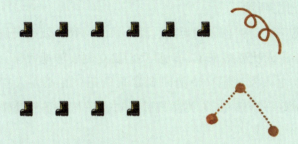

5.用身体动作表现两个不同的小尾巴。

教师引导：现在你可以选择一个自己最喜欢的玩具，做出合适的动作表现句末的旋律形态。

6.请几位同学表现不同的小尾巴，师生进行点评。

7.完整聆听乐曲：

表现A段：A段学生进行空间走步，句尾进行个性化表现，B段出现时，做出一个自己喜欢的玩具造型。A段出现时继续空间走步。B段安静聆听再现段如同A段。

（设计意图：重复循环A段与B段，学生在连贯的聆听体验中，对进行曲有了完整的感知。每一遍的B段音乐，是对下一个A段提出不同的、层层递进的要求，这样就避免了听一次说一段话进行讨论的间断。一气呵成的体验营造了聆听的氛围，并且突出了听与做，语言少了，把更多的时间交给了音乐本体。同时，学生通过恒拍、身体动作，不仅更深入感受到玩具兵生动活泼的形象，对进行曲风格有了初步感觉，又能积累学生对乐句的感知，但又没对学生提出这些概念性知识，不点破、不说破，仅仅通过活动积累他们对乐句感知的经验。）

（三）B段与尾声音乐聆听

1.B段音乐聆听

① 连接语：玩具兵们除了游行、狂欢，还跳起了舞蹈。小公主们跟我一起来。

② 师哼唱旋律C，女生学习小公主的动作。（女生：舒展左手臂，右手臂，拎起裙子，蹲一下。）

③ 师哼唱旋律D，男生学习小王子动作。（男生：踏步后做邀舞动作。）

④完整表现 B 段

2. 尾声聆听

尾声活动：当你们听到这段音乐的时候，就是天快要亮了，小主人快要醒来了，玩具兵们要立刻安静地回家，否则要被小主人发现啦！悄悄回到 U 形队伍，在小主人打开盒子前做好一个造型。（关注最后一句音乐与孩子们动作的吻合度。）

（设计意图：在这一课时中，B 段作为粗略聆听的段落出现，学生通过参与表演感知 B 段的曲式结构是这个环节的主要目的。无论是 A 段还是 B 段都是三段曲式，让学生感知、积累该曲式结构经验的最好方式莫过于参与体验。因此仍旧利用这段的素材，引导"公主"与"王子"进行分角色表演。"公主"与"王子"是一年级学生较为感兴趣且熟悉的角色，通过合作表演，学生不仅感受到了 B 段的曲式结构，还深入感受了乐曲情绪。同时，尾声的游戏体验，能够让一年级学生做到真正关注音乐、捕捉音乐。）

（四）完整聆听，表现曲式

1. 安静聆听全曲，用图形排列出作品的曲式结构。

方法 A：学生做动作，老师出示课件。

方法 B：做好表现玩具兵、王子公主的卡片，请学生根据旋律顺序来贴。

方法 C：做好答题卡，请学生用色彩的方式根据角色进行填空。

2. 教师简单总结三部曲式。

（设计意图：对于一年级学生来说，涉及曲式结构的知识还不成熟，但是经过一节课的学习，他们对于不同音乐旋律代表的不同形象已经有所了解，在安静的旋律聆听中回忆这些旋律和形象并排列顺序是他们可以尝试的，在他们进行正确排列后，老师可以简单总结规律，为以后的学习做好积累。）

四、教学实践反思

（一）聚焦关键经验指向，追寻"最优化"

艺术是儿童认识世界表达情感的工具，艺术教育不是单纯的技能训练，而是儿童的艺术启蒙，无论是哪个学段的艺术教育，都应该致力于培养儿童的艺术感知力、艺术表现力和艺术创造力。在艺术贯通课程的教学实践中，我们需要聚焦关键经验指向，追寻"最优化"的教学效果。

在大班"面具舞会"、一年级"玩具兵进行曲"课例中均聚焦关键经验"聆听律动"，通过音乐聆听、身体动作表现、角色扮演等多种方式，引导儿童深入体验和理解乐曲。首先，在音乐聆听方面，我们注重了"听"的过程，让儿童在不断重复的旋律中感受音乐的变化和规律。通过多次的聆听和模仿，儿童不仅熟悉了乐曲的旋律，更能够准确捕捉到音乐的节奏和乐句的变化。这种循序渐进的聆听方式，有助于培养儿童的音乐感知力和节奏感。其次，在身体动作表现方面，鼓励儿童用自己的身体去表达音乐。通过拍腿、走步、做木头人等动作，学生不仅更深入地感受到了音乐的节奏和旋律，还能够在动作中体验到音乐带来的快乐。这种身体动作与音乐的结合，不仅有助于培养儿童的艺术表现力，还能够增强他们的身体协调性。

最后，在完整聆听和表现曲式方面，我们让儿童用图形、卡片或色彩等方式排列出作品的曲式结构。这种方式不仅让儿童更加直观地感受到了乐曲的曲式变化，还能够帮助他们巩固对乐曲的理解和记忆。同时，我们也注重对儿童艺术创造力的培养，鼓励他们用自己喜欢的方式去表达音乐。

艺术领域的学习是体验艺术，而非模仿艺术。如在幼儿园大班"树叶拼贴画"课程中，孩子们为了达成预设的创意树叶拼贴这一目标，通过收集不同形状、颜色的树叶，基于树叶的形状、纹理等外观特征，尝试、探索用简单的绘画语言进行设计、剪贴、拼搭，从而创作出一幅幅赋予新生命的作品；而在小学一年级"七彩银杏"活动中，则是要"制作一张融合银杏元素的个人名片"，这不仅让学生了解并应用自然材料，还培养了他们结合实际生活场景进行艺术创作的能力。

又如，在幼儿大班美术活动"材料我来玩——柿柿如意"中，材料区的创设为幼儿的创造提供了无限可能，通过欣赏真实的柿子和艺术家笔下的柿子，不仅提升了他们的观察能力，还提高了审美能力，用自己的作品装扮教室更是进一步提升他们生活设计的能力。在一年级美术课"黏土我来玩——好看的棒棒糖"中，通过生活情境发现问题，并用绘制草图和制作模型的方法来解决发现的问题，无形中锻炼了学生运用艺术方法解决生活问题的能力。这样的教学设计充分体现了情境化的教育理念，通过将美术活动与生活、自然、童话故事等元素相结合，引导学生在解决实际问题的过程中观察世界、发散思维、积极表达自己的观点和感受。

（二）基于思维发展梯度，实现"再想象"

幼儿园大班孩子正处在思维发展的关键阶段，他们的思维特点是以具体形象思维为主，正逐步向抽象逻辑思维过渡。在这个阶段，孩子们更倾向于通过最直观、最单纯的方式来感受世界，这种感受自然而然地转化为他们的表达方式，使得他们的想象力和创造力得到了充分的发挥。例如，在大班的"树叶拼贴"活动中，孩子们可以自由地利用树叶的原有外形，或者通过改变造型、组合造型等方式，创作出全新的作品，他们的思维完全不受束缚，自由驰骋。

当他们步入小学阶段，一年级的艺术教育则更加关注经验，逐渐引导学生的想象思维向更深层次发展。为了使两个学段之间的过渡更加适宜，我们在一年级的美术活动"七彩银杏"中，采用了开放性的银杏叶名片的制作活动。这个活动更加贴近学生的日常经历和联想经验，设计上更具情境性和故事性，为学生的创作提供了有力的支持，有效地促进了他们思维的多元发展。

（三）基于动作发展脉络，实现"再建构"

在长期的音乐熏陶下，儿童在音乐感受与肢体表达方面积累了丰富的"表现与创造"经验。通过特定的音乐活动教学实践，我们观察到儿童能够凭借对音乐的聆听，发挥丰富的想象力，积极参与体态律动的音乐活动。这一过程中，儿童对音乐的感知能力得到了更细微、更敏锐的锻炼，同时身体协调性也显著提升。音乐聆听与体态律动的结合，不仅有效刺激了儿童的大脑发展，更在感觉、运动、语言等多个维度上促进了儿童综合能力的发展。同时，我们重视音乐聆听与体态律动在培养儿童审美情感方面的重要作用。通过这些活动，儿童对音乐的审美兴趣被激发，进而形成了独立且深刻的审美观点。在两个课例的实践中，教师特别关注儿童在聆听后的肢体表达，特别是在小学阶段，教师在巩固基础的同时，还巧妙引入稍复杂的音乐元素，以提升学生对音乐的深入理解。随着儿童在音乐审美和表现能力上的逐渐成熟，教师逐步引导他们参与更具挑战性的体态律动，以实现音乐素养的全面提升。

在美术领域活动中，我们能够观察到这样的发展轨迹：大班幼儿已经能够将自己的既有经验相互联系起来，初步形成了"表现与创造"的经验架构。他们能够依据物品的外观形态、色彩搭配等关键要素，灵活地运用各式各样的工具和材料，进行富有个人特色的创作活动。而当我们把视线转向小学一年级的学生时，会发现他们已经进入了另一个阶段：基于已有的造型进行观察，进而进行结构化的创造与表现。学生在这一过程中经历了一个完整的认知体验循环。他们在欣赏和感受方面，运用了多种感官和通道，从而构建起了创作的循环。这个循环促使学生基于已有的认知结构去建构新的经验，激发了他们对绘画创作的主动意愿和实践。过程中，绘画不再是单纯的技能展示，而是源于生活的深刻体验；创作也不再是冷冰冰的技巧堆砌，而充满了情感和语言的生命表达。

综上所述，通过幼小艺术领域贯通课程的深入实践探究，我们将持续聚焦于幼小学段学生艺术教育的核心素养。通过跨学科整合、多元化活动、多形式展示、多维度启发等方式，不断优化幼小艺术贯通课程。我们始终从儿童的角度出发，兼顾教育的内在连续性与进阶性，力求平缓过渡，促进幼小阶段儿童审美感知能力的多元化发展。同时，我们积极推动幼小衔接的无缝对接与贯通，确保幼小衔接的双向奔赴，实现教育过程的规范化，面向未来，为儿童的全面发展奠定坚实基础。

第八章 ／

以形成性评价为取向的
课程一体贯通评价

鄞州区幼小衔接课程一体贯通的实践研究，顺应国家高质量基础教育体系建设的需要，从区域层面探索衔接课程的有效实施，实现幼儿园和小学之间的科学衔接，确保儿童平稳过渡健康成长。但长期以来幼小学段课程评价的价值导向和具体方式方法有着较大差异，特别是小学阶段大多是以结果为导向的评价方式导致两个学段之间的课程评价尚未形成连贯一致，很大程度制约了幼小衔接课程的开发建设。为了确保衔接课程真正一体贯通，评价方式也必须转变和贯通。幼小衔接课程评价应根据该年龄段儿童的身心特点，吸纳国际上的先进实践经验，积极尝试运用形成性评价，关注儿童的行为表现和学习过程，以"寓评于乐"为基本原则，践行"参与即合格、完成即优秀"的育人理念，使评价成为儿童认识自我、发展自我、管理自我、激励自我的一种手段，充分发挥评价对于儿童发展的激励作用，助力儿童做中学、学中做，持续激发儿童的学习兴趣，不断提升儿童的学习自信。

第一节　形成性评价与幼小课程衔接的关系

一、当前幼小衔接课程评价中存在的问题

幼小衔接作为儿童教育生涯中的重要过渡阶段，其课程评价在衔接课程建设中扮演着至关重要的角色。首先，课程评价能够帮助教师了解儿童衔接课程的学习进程与存在的问题，指导教学改进；其次，能够让儿童了解衔接中自己的学习状态，促进学习能力发展；再次，评价结果可以客观反映衔接课程的实施效果，协助教育管理者和教师监控课程目标达成度，确保衔接质量；最后，评价数据可以为教育政策制定、课程结构调整和教学资源的选择提供教育决策所需的实证支持。

幼小衔接课程评价体系的一致性构建，直接关系到儿童能否顺利适应新的学习环境并持续发展，但是幼儿园和小学两个学段目前在评价方式上还存在一定的差异[①]。幼儿园的评价更多采用形成性评价，内容涉及多个领域，使用成长档案和

---

① 黄瑾，田方，乔慧，张萌，俞畅.教师主体在幼小双向衔接中的实践特征、现实困境与协同路向——基于 11 省市幼-小教师的实证调查［J］.华东师范大学学报（教育科学版），2023，41（11）：1-12.

互动反馈等多元评价方式，侧重于观察和记录幼儿的日常行为和游戏过程，关注儿童个体差异，强调评价的自然性、过程性和综合性，旨在促进儿童的认知、情感和社会等能力维度的全面发展，较少依赖标准化测试[①]；而小学的评价体系则以结果性评价为主，倾向于学科分化评价，通过标准化测试、作业考核等方式衡量学生的学科知识掌握情况，虽然近年来也逐渐强调形成性评价的运用，但传统上更侧重于判断学生是否达到了学科标准和学习要求，往往更重视对学生的具体学习成果进行评价，可能造成对学生学习发展和变化的忽视。在幼小衔接过程中，这两种评价方式的差异和转换，使儿童从一种更自由和更具探索性的学习环境转变为一种更正式和更结果导向的学习环境，从而可能导致儿童出现压力和不适应，影响其适应性和学习动力；对结果性评价的依赖还可能导致过于偏重儿童的知识学习，忽略情感与社会交往和创新能力等非认知能力的培养；同时，结果性评价往往伴随着选拔与分类，容易忽视评价的教育及促进作用，影响积极互助学习氛围的形成和个体化教学的实施；而且小学教师也可能习惯于依赖结果性评价来了解儿童的学习情况，难以准确把握儿童在过渡期间的变化与需要。这种评价差异在一定程度上导致了幼小课程评价的断层，增加了处于幼小衔接期的儿童适应小学教育的难度[②]。

二、幼小衔接课程一体贯通评价的现实意蕴

面对幼小课程评价体系的差异，构建课程一体贯通的评价体系成为保障高质量幼小课程衔接的最后一个关键环节。《指导意见》明确要求"幼儿园与小学协同合作，科学做好入学准备和入学适应"，强调了课程与教学的连续性；国际经验也表明，核心素养的融入和课程目标的纵向进阶与横向融合是促进幼小课程一体化的重要策略[③]。因此，课程评价的一体贯通需着眼于建立以培养核心素养为导向，以促进儿童全面发展为目标，覆盖纵向学段连续性和横向学科融合性的评价体系，确保评价内容、方法与儿童发展的一致性。

确保幼小衔接课程评价的一致性，不仅关乎儿童个人学习与生活的顺利过渡，更是保障幼小衔接课程一体贯通模式整体优化和教育质量提升的关键环节。首先，评价保持一致的衔接课程可以从多角度消除衔接断层，帮助儿童在面临学习环境、

① 冯晓霞.义务教育新课标背景下的幼小课程衔接问题［J］.上海托幼，2023，（12）：8-9.

② 米志旭，张美琴.幼小课程衔接：价值取向、现实挑战及优化策略［J］.北京教育学院学报，2023，37（02）：61-65.

③ 邵朝友，周文叶，崔允漷.基于核心素养的课程标准研制：国际经验与启示［J］.全球教育展望，2015，44（08）：14-22+30.

学习方式和社会角色等多方面的转变时，更平稳地适应新的环境与要求。其次，通过构建一致的课程评价标准和体系，还可以确保幼儿园和小学在课程内容、教学方法及评价方式上的连贯性和整体性，促进儿童不同学段间学习经验的连续累积。再次，统一的课程评价标准和体系更加强调儿童发展的整体性、连续性和进阶性，可以在动态变化中关注不同儿童在不同年龄段个性化的身心发展需求，确保评价既符合儿童发展规律，又能促进其全面发展。第四，幼小教师通过参与多主体协同的教研共同体课程评价活动，能够增进对儿童学习特点和教学方法的理解与共识，促进教师之间的专业交流与合作，提升教师的教学能力和课程设计能力。最后，保障幼小评价的一致性可以在教学评价实践中促使"家-园-校-社"多主体之间形成更紧密的合作，共同参与儿童教育过程，形成教育合力，为儿童创造更和谐、支持性的学习环境。

三、形成性评价在幼小课程评价中的应用及一体贯通评价的实践路径

形成性评价（formative evaluation）是一种经典的教育评价方法，在国际教育评价研究中连续多年处于热点位置[①]，它关注并促进学习过程，强调在教学过程中获取反映学生学习的证据，通过提供即时反馈和调整教学策略，帮助教师和学生理解学习进展，并据此优化学习路径。因与自我调节学习紧密融合，同时关注学科领域特异性并结合学习进阶的系统研发，形成性评价逐渐发展为教学中完整的连续过程，并被广泛应用于多学段和多领域中[②-⑤]。

长期以来，以形成性评价为主的幼儿园教育和以结果性评价为主的小学教育之间没有形成有效的课程评价衔接，这严重制约了我国幼小衔接课程的建设。因此，基于国际经验与我国教育实践，从适应儿童认知发展水平出发，以培养儿童核心素养为目标，在幼儿园与小学低年级之间建构基于形成性评价为主要取向的课程评价方式，是幼小衔接课程一体贯通的有力保障。

① 王烁，李昂扬，苏君阳.近十年国际教育评价研究热点与趋势的可视化分析［J］.黑龙江高教研究，2021，39（01）：14-22.
② 曹飞.形成性评价前沿动向及借鉴［J］.湖南师范大学教育科学学报，2024，23（02）：87-96+116.
③ 赵传兵.从唯量化走向多维优化——发展性评价观对教师教育评价的影响［J］.黑龙江高教研究，2014，（07）：7-9.
④ 李志义，黎青青.过程性评价与形成性评价辨析——工程教育专业认证视角［J］.高等工程教育研究，2022，（05）：6-11.
⑤ 陈鲲.论形成性评价理论内涵及应用——以大学英语听力教学为例［J］.中国成人教育，2014，（23）：178-180.

（一）形成性评价与结果性评价的关系

形成性评价概念的提出伊始，就是与学习者结束课程时对学习结果进行评判的结果性评价相对应的。两者之间既有联系，又有区别。形成性评价需要学生进行参与，是在教学之中为学生提供的即时性的、促进学习的强且积极长久的反馈；而结果性评价不需要学生参与，是在阶段性教学活动结束之后对学生学习情况的记录与评判，对学习的影响可能是微弱和短暂的。

但是不论在教学实践中，还是理论研究中，形成性评价与结果性评价并不是泾渭分明、敌我相对的。因为结果性评价有时也可以促进学生自我反思的发生，帮助学生认识到自己的不足之处等，从而表现出形成性评价的作用；而形成性评价中某些方法和策略如果不能对学生的学习起到促进作用，也不能贸然称之为形成性评价。因此，建构以形成性评价为主要取向的幼小衔接课程一体贯通评价时，并不是要贸然将两者刻板地割裂开来，而是需要从对学生的表现和成就的促进效果来辩证地理解两种评价，在实践中交互配合使用，才能达到更好的教育效果。

（二）形成性评价在幼小教育实践中的应用及效果

我国幼儿园经过多年的探索，已经可以较为成熟地通过多种形式的形成性评价来对学前儿童的发展进行有效地评判与指导[1]。多项研究均显示，应用形成性评价能够显著提升学前教育质量和学前儿童的学习成效。如在学前儿童数学学习与发展中，形成性评价强调过程性能力建设和良好学习品质的培养，强调评价主体和手段的多元化，有助于教师及时调整教学策略，促进儿童的个性化学习和数学能力的发展[2]；形成性评价在幼儿园课程实践中，通过教师与儿童的互动、档案袋评价等方法，有效提升了学前儿童的参与度和学习质量，促进了课程教学的优化与儿童的主体性发展[3]；在幼儿园师资培训的学习路径支持教师专业发展模式的支持方面，研究发现基于学习路径的教师培训通过形成性评价任务的实施，增强了教师对学前儿童学习的观察、分析与支持能力，从而促进儿童学业成就的提高[4]。可见，形成性评价在学前教育中的应用，不仅体现在对儿童个体学习过程的即时反馈和个性化指导，还体现在促进教师专业成长、优化课程设计和教学策略，以

---

① 黄瑾，田方，乔慧，张萌，俞畅.教师主体在幼小双向衔接中的实践特征、现实困境与协同路向——基于11省市幼-小教师的实证调查［J］.华东师范大学学报（教育科学版），2023，41（11）：1-12.

② 周欣.对学前儿童数学学习与发展监测评估价值取向的思考［J］.学前教育研究，2017，（05）：3-9.

③ 马灵君，李玲玲，闫晓琳.形成性评价在幼儿园课程实践中的应用［J］.学前教育研究，2019，（09）：85-88.

④ 李丽，吕雪，俞冰.学习路径支持教师专业发展模式的国际经验及其对我国幼儿园师资培训的启示［J］.学前教育研究，2022，（07）：12-22.

及推动教育评价体系向发展性和过程性评价转型。这些研究共同强调了形成性评价在提升教学质量、促进儿童全面发展方面的价值，为学前教育质量监测和教师专业发展提供了重要策略和实践指导。

形成性评价在小学教育中也受到日益广泛的关注，逐渐被视为推动教育评价改革、实现学生全面发展的重要途径。形成性评价作为一种过程性评价，其核心理念与关注学生发展的激励性评价相契合，可以通过评价活动促进学生知识、技能、情感态度和价值观的全面发展[①]；在实施策略上，形成性评价要求教师提升自己的教学能力，具备设计和实施的能力，以激发学生学习兴趣[②]；形成性评价可以通过在小学课堂教学中通过倾听儿童声音，实现共鸣性理解，强调评价的互动性和主体性，促进儿童的主动学习和教师的教育反思，从而提升了评价的教育功能，有效促进儿童的发展[③]。形成性评价在小学教育中的实际应用也显示了其积极的效果。通过多元化评价活动，不但提升了教师对教学活动的调控能力[④]，还提高学生的学习动力、自我效能感，以及对学习内容的深入理解[⑤]。然而，在早期的实际操作中也存在一些问题，如过度依赖单一评价方式、忽视学生的个性化差异，以及反馈方式过于简单化、形式化，未能真正达到激励和促进学生发展的目的等[⑥]。所以，有学者提出在小学教育中应用形成性评价时应先树立正确的评价观，关注学生的个体差异，重视学生在学习过程中的进步与体验，而非单纯的结果比较[⑦]；教育行政及学校管理层需正确理解并实施形成性评价，避免陷入"频繁考试"的误区，确保评价服务于学生学习，而非成为额外负担[⑧]；建立教育"共同体"和应用信息技术，提升形成性评价的科学性与有效性，是形成性评价成功实施的关键[⑨]；

---

① 刘富太.形成性评价应关注学生发展——对西部农村小学英语课堂教学评价的思考[J].人民教育，2013，（17）：51-52.

② 孙明焱.多元形成性评价在小学英语教学中的有效应用[J].中国教育学刊，2016，（S2）：8-12.

③ 于伟.倾听儿童的声音，寻求共鸣性理解——小学课堂教学中形成性评价的田野考察与思考[J].教育科学研究，2019，（03）：44-48.

④ 孙明焱.多元形成性评价在小学英语教学中的有效应用[J].中国教育学刊，2016，（S2）：8-12.

⑤ 亓文涛，乔爱玲.形成性评价在基础教育教学中的应用研究[J].现代教育技术，2007，（11）：89-92.

⑥ 肖曙光.改革小学教育质量评价体系的尝试[J].中小学管理，2002，（04）：35-36.

⑦ 贾瑜，辛涛.关注过程：落实综合素质评价育人目标的关键[J].中国教育学刊，2023，（12）：75-80.

⑧ 刘富太.形成性评价应关注学生发展——对西部农村小学英语课堂教学评价的思考[J].人民教育，2013，（17）：51-52.

⑨ 马瑞，冀小婷."双减"政策驱动下的教育评价改革探究[J].天津师范大学学报（社会科学版），2022，（03）：7-12.

建立健全的形成性评价体系，确保评价的科学性、有效性，并通过教师培训提升教师的评价技能，合理利用信息技术赋能教育评价[①]；还需进一步探索和实践形成性评价的创新模式，克服实施障碍，确保评价活动能更好地服务于学生成长和教师专业发展[②]。

（三）形成性评价在幼小衔接中的重要作用与意义

随着教育改革的深入，两学段都在向更加综合、全面和以儿童为中心的评价方式转型，力求实现评价的连续性和互补性，促进儿童在幼小衔接过程中的平稳过渡与全面发展。

形成性评价的核心在于"在过程中学习，在学习中评价"，强调即时反馈和持续改进。已有研究表明，形成性评价与幼小课程衔接之间的关系密切，不仅能够引导学习活动的方向，完善教学过程，还能及时发现并解决问题，强化儿童的学习主体地位，尊重个体差异，符合素质教育理念，对于幼小衔接阶段儿童的语言能力提升尤为显著[③]。可见，形成性评价的优势不仅在于关注儿童知识的掌握，而且更注重能力的培养、情感态度的形成以及问题解决能力的提升，因此可以被视为解决幼小课程评价衔接问题的关键策略。首先，形成性评价可以促进幼小学习过程的连续性。形成性评价注重在学习过程中对儿童学习进行持续的观察、记录和反馈，有助于实现幼儿园到小学教育记录及过程的平滑过渡，保障了儿童发展的连续性。其次，形成性评价支持儿童的个性化学习。形成性评价能够识别每个儿童的个体差异，为儿童提供个性化的指导和支持，这对于满足不同幼儿的过渡需求尤为重要，有助于促进儿童发展的全面性。再次，形成性评价可以增强儿童的自我调节能力。通过形成性评价，儿童可以更好地了解自己的学习进展，从而培养自我调节和自我反思的能力，这对于小学低年级儿童尤为重要。

将形成性评价融入小学低年级课程评价体系，不仅有助于儿童适应新的学习环境，而且能促进其全面而个性化的发展。通过构建教育共同体和全融合的评价场、问题导向的评价单和成长档案报告书等方式，可以更全面、更准确地反映儿童的发展状态，为儿童提供更加适宜的支持与指导，真正实现以评价促进儿童健康成长的目标。

（四）以形成性评价为取向的课程一体贯通评价实践路径

根据对文献的梳理可知，目前幼儿园与小学的形成性评价都强调了评价的动

① 王海英，吴爽.形成性评价视域下反馈在中小学教学管理中的运用［J］.现代教育管理，2020，（03）：103-109.

② 李凌艳，张志红.为学生更好地学习成长：打通教育评价改革的"最后一公里"［J］.中小学管理，2022，（11）：9-12.

③ 王开琳.形成性评价在幼小衔接课程中的实验研究［D］.石家庄：河北师范大学，2011.

态性、过程性和发展性，注重儿童的个体差异，鼓励儿童积极参与评价过程，注重评价的正面激励作用，通过持续的反馈促进学习和行为的改进，因此，以形成性评价为主要取向可以作为消弭幼小课程评价断层的有效方法，但是在教育实践中两个学段对于形成性评价的使用却存在多种差异。

首先，形成性评价的内容与形式存在差异。幼儿园的形成评价更多为非正式评价，主要基于综合素养的培养，更侧重于游戏化、情境化，评价内容和形式都与儿童生活紧密相连，更注重情感和行为的自然流露；而小学则开始融入更多学科知识，评价形式包括正式评价并趋向多样化，包括纸笔测试和非纸笔的综合实践评价等，更注重知识技能与实践操作的结合。其次，自主性与目标性存在差异。幼儿园的形成性评价更依赖于教师引导和亲子互动，通过家园合作，鼓励家长参与评价过程，如通过访谈、投票等方式，让幼儿在家庭和学校环境中获得一致性的反馈和指导，强化情感和社会性评价的一致性；而小学阶段的形成性评价更强调儿童的自我目标设定和自我监控，通过"自励评价"等方法，培养儿童的学习自主性，实现个性化学习路径和自我驱动发展，评价更注重学生的自我反思和目标导向。再次，评价深度与复杂度存在差异。幼儿园中虽然也鼓励儿童在不同领域展现自我并进行积极的自我评价，但是教师与家长的评价和反馈在儿童评价中仍然占有重要位置；随着儿童年龄增长，小学的评价在内容上更为深入，涉及的思维能力和知识范围更广，评价任务设计上也会增加难度，更强调儿童解决问题和批判性思维能力的培养。最后，评价的频率存在差异。幼儿园的形成性评价可能更为频繁，因为儿童在这个阶段的发展变化较大，需要持续地观察和记录；小学的形成性评价可能频次更低，并且更侧重于学期或学年的总结性评价。

确立幼小衔接课程的一体贯通实践，打造保障两个学段课程评价的有效通路，解决幼小在形成性评价实践中的多种差异，可尝试通过如下途径实施。第一，更加关注儿童全面发展过程。在幼小衔接课程中实施形成性评价，应更加关注儿童在认知、情感、社会性等多维度的成长，及时调整教学策略，确保衔接课程中的活动与学习与儿童身心发展水平相匹配。第二，以关键经验为抓手培养核心素养。坚持在课程设计与评价中融入具体可实操的关键经验与多维核心素养目标，形成具有连续性和进阶性的评价标准，确保评价内容与儿童整体核心素养的培养相适应。第三，鼓励多元主体参与评价。构建包含幼儿园和小学教师、家长与儿童等多元主体评价体系，确保评价的全面性和准确性，同时提升儿童、教师和家长对衔接过程的共同理解和参与度。第四，保障评价频率，坚持动态调整与及时反馈。建立并实施多频次的动态过程性评价体系，通过反馈机制促进儿童自我调节能力的提升，确保评价成为促进儿童发展的有效工具。

综上所述，通过构建以形成性评价为取向的幼小课程评价体系，可以有效解决幼小衔接中的评价断层问题，确保儿童在学习过程中得到连续和个性化的发展支持，进而实现幼小课程的高质量一体化衔接，为儿童的终身学习和全面发展奠定坚实基础。

第二节　课程一体贯通评价的实践探索

　　幼小衔接一体贯通课程的开发实施始终坚持儿童发展为本的理念，努力为区域儿童从五彩斑斓的幼儿学习生活到丰富多彩的小学学习生活构建和谐过渡、健康成长的桥梁。我们以发展儿童核心素养为导向，通过生活化、游戏化、情境化、过程化的方式，帮助儿童实现幼儿与小学无缝对接、相互贯通。在一体贯通课程实施探索的同时，恰逢浙江省教育厅出台《浙江省教育厅关于推进小学生综合评价改革的指导意见》和各学科综合评价指南，为一体贯通课程评价指明了方向。加强过程评价、改进结果评价、面向全体学生、体现素养导向、强化过程体验、促进主动学习等核心理念成为我们开展幼小衔接一体贯通课程评价的指南。我们依据形成性评价的核心理念，关注幼儿日常生活和学习活动，及时全面记录儿童的行为表现和点滴进步，采用多主体客观评价来持续激励幼儿成长；我们运用形成性评价手段，对小学生的行为习惯、课堂表现、作业表演及阶段性学业质量进行客观评价，全方位了解学生，及时肯定鼓励和指导，帮助小学生适应小学学习生活，养成良好习惯，学会学习。

一、形成性评价在幼儿园阶段的运用

（一）幼小衔接课程一体贯通课程内容的评价实践案例解析

　　【背景介绍】

　　　　华泰剑桥幼儿园是一所省一级幼儿园，他们将《"小人国"课程》作为整体课程，以"玩出故事、玩出智慧"理念为指

导，遵循让幼儿在开放的游戏中学习、在多种体验中获得成长的理念与思路，将游戏精神贯穿于学习、运动、生活等一日活动中，发展主动学习的核心素养，促进儿童完整成长、智慧增长。该园于 2022 年成为幼小衔接课程合作园校，逐渐梳理与探索形成性评价的实践运用，着眼于课程的实施过程和幼儿的发展状态，力图探索多元的评价体系，注重评价方式的创生，来促进课程体系及其实施环境的优化，最终促进幼儿的健康发展。

【具体做法】

聚焦幼儿素养，明晰三维评价目标

首先，以提高幼儿社会适应为指向，形成科学个性的评价方式。在运用形成性评价的多元探究过程中，形成科学又富有个性的融合评价方式，最终支持每一个幼儿提升社会适应能力，促进幼儿的全面发展。

其次，以帮助幼儿平缓过渡为基础，探索多元参与的评价途径。通过评价主体参与、评价途径行进、评价方式的推动，探索入学适应课程的有效机制，帮助幼儿平缓过渡，为幼儿健康成长奠定坚实基础。

最后，以激发幼儿内在潜力为愿景，建构独特创造的评价体系。充分挖掘幼儿的潜能，用发展的眼光发现幼儿成长的独特性和创造性，激发幼儿内在的潜力，让幼儿未来的无限发展成为可能。

助力贯通课程落地，构建三维评价体系

第一，多主体参与，构建"师、幼、家"协同式评价方式

在课程的实施过程中需要借助多方资源的合理参与，我们通过教师、家长、幼儿三位一体的循环互动参与评价。教师通过观察、反思、研讨、实践跟进评价；幼儿以乐玩、记录、讲说、展演等形式，形成对游戏的思考与表达；而家长则以融入课程、助教参与、倾听记录、评议鼓励的角色参与，支持幼儿的可持续发展；通过循环的螺旋式改进，逐步形成属于"小人国"幼小衔接适应性课程的三方评价方式（如下图 8-1）。

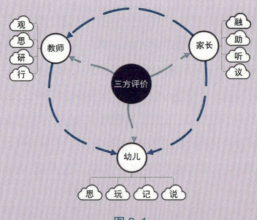

图 8-1

（1）教师：教师的评价贯穿于幼儿园日常生活、活动过程之中，在"小人国"幼小衔接适应性课程实施的过程中，教师更多地是以观察者的身份参与其中，以"观——思——研——行"的阶梯循环式进行评价。

（2）幼儿：幼儿是最实际的评价主体。课程中，幼儿的活动充分自主，通过"玩——记——说——思"的递进循环模式，促使幼儿形成属于自己的评价故事，也是他们自主探索、合作交流、自评及互评的结果。

（3）家长：家长是课程中的重要资源，通过"融——助——听——议"等手段，形成属于家长独有的融合评价方式。主要是通过对课程本身和实施中的某些内容和状况的了解，进而对幼儿园课程作出评判。家长给幼儿园课程评价增添了新的视角。

第二，多时段伴随，延展"教学、游戏、生活"互补式评价维度

课程中的评价是伴随在整个一日生活环节中的，无论是幼儿还是教师，甚至是家长都可以在这个时间段内，任何时间点，任何环境下，形成适宜的评价。

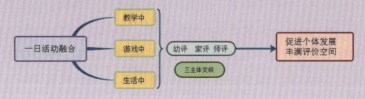

图 8-2 "小人国"幼小衔接适应性课程评价维度

1. 主题教学行进，评价路径化

在幼儿园适应性课程的主题教学实施中，我们的评价是"路径式"的，即基于幼儿的学习路径展开。通过对主题行进路线的审议，制定相匹配的评价方式。我们从"探究""理解""表达""内化"的过程行进，分别设置了前期的调查式评价与作品式评价，中期的考察式评价与阶段式记录，再到最后的回顾式评价，行进中完成对教学活动的多维度评价。

（1）调查审议式（幼评＋师评）

调查审议式评价是教学活动开始前最基础的评价方式，教师以"议题呈现—情景经历—自主探究—议题讨论—展示分享—评估交流"的步骤进行审议。对课程设计、实施、管理等环节进行必要的审视讨论，有助于教师厘清思路，提升理念，使课程实施更具有有效性。而对于幼儿来说，更多的是呈现对课程前期经验的了解与铺垫，以追求课程顺利地开展。

表一：教师课程审议记录表

时　间		地　点	
年　段		主　持	
参与人员			
上周主题班级反馈			
上周主题调整建议			
下周审议主题			
目标审议			
资源审议			
活动内容路径			
删减内容			
增加内容			

（2）作品分析式（幼评＋师评）

作品分析式评价是指分析幼儿主题实施、游戏过程中的作品，如主题绘画、美工作品、自我装扮的个性造型照片等，了解幼儿的能力、倾向、技能熟练程度，以及情感心理状态等。结合幼儿不同作品呈现，给予合理的分析判断，促进技能提升，获得心理的满足。

表二：幼儿作品评价分析表

姓　名		班　级	
作品名称		记录人	
作品剪影			
评价分析			

（3）交互学习式（幼评）

在以幼儿为主体的评价过程中，注重幼儿的自我评价和同伴评价。孩子们常常会去阅读他人对自己的评价记录，从而来进一步调整自己并提高自己的各方面能力。如给同伴"点个赞"，给同伴的作品"贴个星"，"我最喜欢的作品"等等。

（4）回顾点评式（幼评＋师评＋家评）

回顾点评顾名思义就是在活动的尾声，回顾并梳理幼儿在整个活动中获得的经验并对幼儿的整体状态进行评价。在幼小衔接课程实施的最后阶段时，整体地对幼儿的学习与发展做一个全面的回顾与评价，也能非常显性地看到孩子的成长与课程开展得是否适宜。

2. 一日生活融合，评价整体化

一日活动中我们将"健康、语言、社会、科学、艺术"五大领域的内容自然整合，孩子们在多时段的互动中，运用"自评、互评"的不同手段，促进幼儿主动学习、激发幼儿的内驱力，真正实现评价的整体化。

（1）互动监督式（幼评）

互动监督很多时候是在幼儿的互评中体现，也有孩子对伙伴自评的监督。如在教师创设的喝水记录墙中，孩子们会通过数一数的方式，看看同伴是否完成今天的喝水量。这些监督式的评价，让孩子在互动中体验责任感。

（2）参与呈现式（幼评＋师评＋家评）

在一日生活中，我们更多的是让三主体以不同的形式参与其中。并在参与的过程中，将评价无痕地呈现在环境中。如我们的主题墙中，有孩子们与家长共同完成的前期调查表，有同伴间互动完成的儿歌评价表等等，这些都在参与的过程中体现了评价，也让孩子们真正成为评价的主人。

（3）倾听询问式（幼评＋家评）

家长在倾听幼儿讲述的过程中，运用有目的地询问，鼓励幼儿把幼儿园里发生的故事大胆地讲述，家长及时记录，并将这些记录进行合理的评估，更深入地了解幼儿行为动机，与教师及时沟通跟进，以更好地满足幼儿心理需求。

（4）评估助力式（师评）

为了更科学、客观、全面对幼儿的学习与发展作出价值判断，我们结合课程，围绕幼儿特有的学习与表达方式，准确理解和把握3—6岁儿童在健康、社会、语言、科学、艺术五大领域学习与发展的核心经验，培养具有"阳光、明礼、灵动、敏学、淳美"的儿童。

3. 游戏活动助推，评价个性化

在关注整体的同时，我们的评价更趋向个体。每个幼儿在沿着相似进程发展的过程中，各自的发展速度和到达某一水平的时间不完全相同。

（1）情境讲述式（幼评＋家评）

在游戏回顾时，提供具有现场情境感的活动照片，幼儿进行有目的、有条理的讲述，教师和同伴可以进行随机的评价，也可以综合地对幼儿游戏行为进行分析，帮助幼儿理清想法与愿望。

（2）项目统计式（幼评＋家评）

充分利用《生活宝典》中的"三叶树"设计，开展项目统计式评价。"三叶树"既是幼儿游戏支架，也是量化评价工具。

学期末，会下发一张《"小人国"游戏项目统计表》，请幼儿带回家和爸爸妈妈一起做统计，数一数每棵树上有多少大拇指，哪些树是空白的，从中可以得出每一个孩子一学期来玩过哪些区域？为课程的实施提供有效的信息资源。

（3）音频记录式（幼评＋家评）

利用现代便捷的媒体网络，鼓励家长通过音频（视频）的方式进行记录，把孩子们讲述给爸爸妈妈听的有趣故事、绘画作品等及时记录下来，进行上传分享。教师通过这类资源的收集与分析，来丰富幼儿成长档案，并对课程行进进行调整与完善。

（4）勋章积分式（幼评＋师评＋家评）

精心设计"整理小天使、安全小天使、自理小天使"等八枚天使勋章，经过讨论形成《天使勋章评选标准》，以过程中游戏集赞积分形式开展，鼓励幼儿在不同阶段自主完成不同的游戏任务，收集到不同的勋章，增强游戏的趣味性和目的性。

第三，多形态支持，开发"卷、证、册"具象式评价工具

在幼小衔接课程实施中，围绕"会生活、强心魄、明礼仪、爱学习"的课程总目标，对幼儿的活动开展进行过程性的评价。

1. 三维联动问卷星

在幼小衔接的开展中，通过幼儿园、家园及学校三方共同循环互动评价，来推动完善课程的实施方向。以三方论坛、三方调查等不同形式开展，通过问卷星的评价，搜集三方的建议信息，逐步形成我们的评价内容。

2. 集章通关成长证

（1）同伴互助。在开展集章活动时，幼儿在游戏过程中遇到困难或者需要同伴帮助时，可以通过同伴互助的方式来解决问题。同样也可以通过同伴互评的形式，督促各项任务的完成。

（2）师幼协助。遇到困难、缺乏自信坚持不下去的时候，还可以寻求老师的帮助。与此同时，老师在这个过程中通过观察与记录，在孩子们的通关本中，给予"敲章"等一系列评价。

（3）家长携助。家长积极地参与到课程实践中，给"通关项目"作出评价。父母陪幼儿一起完成相关打卡内容，在互动监督的情况下，给予印章奖励。

通过多维度的评价，最终孩子们在幼儿园的最后阶段，获得通关成长证，让孩子获得成长的快乐，感受成长的足迹。这一份"成长证"也是代表孩子们顺利入学最好的证明。

3. 生活宝典记录册

（1）定计划，记打卡。根据幼儿的不同年龄特点及发展需要，我们制作了《"小人国"集章生活宝典》，里面包含了生活四个板块的"生活树"打卡项目，以及计划、生活故事、集星榜等，随时记录孩子的生活。在大班，在此基础上，又生成了他们的《劳动手册》，设置了"每日记录""劳动故事""一日计划""叠被子每日评价""每日打卡"等页面，鼓励幼儿记录自己的劳动过程。

（2）绘故事，述成长。孩子们的生活是有趣的，他们的劳动、自我服务也在他们的生活册中，以绘画表征的方式呈现流露。有一天的线路图式记录、有独立劳作的表征、有小班稚嫩又充满童趣的绘画。在记录的过程中，孩子们学会梳理，学会自我评价，学会同伴分享。让自我生活管理扎根心底。

（3）集贴纸，累勋章。我们为孩子们绘制了属于他们的"生活"使用册，项目的形成支撑让孩子们有了任务意识，我们以集星形式，进行项目打卡，以积星换取勋章的方式，促进幼儿的兴趣及新经验的获得。孩子们的打卡记录十分鲜明地显现在生活册中，既能让教师与家长了解到自己孩子的生活打卡情况，也可以让孩子对自己的能力成长可视化。

【实践效果】

1. 增强了幼儿问题的实际解决力

多种形式的衔接活动开展的过程，实际也是幼儿解决问题的过程，是一个系统思考并行动反思的过程。在幼小衔接的过程中，儿童随着生活及学习环境的变化，会有一些始料不及的问题出现，儿童会以一种"循环往复"的方式探究问题，在不同的问题场景中有意识地调动已有经验与技能，促进经验的巩固。在前期的适应性课程开展的过程中，从孩子们的生活记录册中抽样发现，刚开始孩子的"三叶树"项目达标寥寥无几，做的计划与画面叶是十分凌乱，但到了后期，孩子们的记录逐渐凸显个性，在与同伴、老师的共同协作下，项目的完成度有了质的飞跃。因此，在贯通的阶段，儿童不仅能够积累新经验，还可巩固已有经验，在进入小学的前期阶段，他们会将这些实际的问题解决能力切实地运用到自己在衔接过程中所遇到的各类问题。

2. 促进了幼儿品质的养成巩固力

在幼小衔接课程一体贯通的实践过程中，我们发现儿童的能力提升和智慧增长在潜移默化中悄然发生。将幼小衔接中的生活准备、学习准备、习惯准备等作为一个个项目来完成，提供给孩子一个全开放的丰富立体的环境，如"我是小当家"的过程中，孩子们通过小组合作商量，将原先的抛弃，结合实践所得的信息经验，完成生活项目，从中所体现出的就是孩子们协商能力、自我管理等的优质学习品质。通过教师、同伴间的相互影响，促进了幼儿自信、主动、积极、坚持等综合品质的养成。而这些品质的养成与巩固将为孩子进入小学顺畅开展学习与生活提供保障。

3. 提升了幼儿认知的自主建构力

幼小衔接课程一体贯通的开展，其实也是幼儿更好地认识自己的过程，幼儿总是在操作、提问、解决并发现新问题。浓厚的兴趣可以更好地激发幼儿自主求知、自主探索与实践，这个过程不是被动吸收的，而是幼儿作为认知主体主动建构的。我们通过多元评价，让孩子们更立体地了解自己，认知更多元的世界，在进入小学之前，自主建构更立体的认知框架，为能更快地衔接课程，奠定了更具象的认知能力。

（二）幼小衔接课程一体贯通幼儿数学素养形成评价实践案例解析

【背景介绍】

宁波市鄞州区云天实验幼儿园作为鄞州教育局组织的首批幼小衔接结对实践园之一，结合本园多年积淀的特色和优势领域，着力于探索数学领域的学科衔接，并对幼儿园数学学习评价进行了深入的研究。构建了"1+3"幼儿数学形成性评价模式："1"即"一个理念"：让"看见"更完整，让"理解"更深刻；"3"即"三个维度、三种场景、三类表单"。"三个维度"指数学评价指标指向：数学核心经验，数学学习能力，数学学习品质；"三种场景"：指幼儿在学习活动、游戏活动、生活活动中的三种场景。"三类表单"指数学检核表、一份数学学习材料对应一张观察记录表、学习故事。经过近三年的实践，取得非常好的成效。

【具体做法】

细化三维目标让数学评价有所依。

数学评价的维度应该包含：数学核心经验、数学学习能力、数学学习品质。明确评价的维度，梳理《纲要》《指南》中数学领域的学习目标，对标数学核心经验，参考黄瑾教授的《积木建构游戏与儿童早期数学学习》，同时结合日常的观察，细化三个维度的各项指标，调整编码四级指标，并对三级指标提出相应的提示，防止忽略。

图 8-3 幼儿数学立体评价三维目标示意图

维度一：数学核心经验

学前儿童数学学习与发展的核心经验反映了"幼儿学了什么"包括四个方面，集合与模式，数概念与运算，图形与空间，比较与测量。为了能和日常幼儿的表现进行更加合适的匹配，让观察更加聚焦，梳理每一项具体的表现水平，以数概念和运算为例。

表 8-1　5—6 岁儿童评价手册——数学核心经验

二级指标	评价维度	表现水平
数概念和运算	① 感知 10 以内的数量，能按数取物，并区分基数和序数。	L1：能够有序唱数。能够 10 以内按数取物（或按物取数） L2：能够手口一致的点数，并说出总数，能够运用一一对应或数数的方法比较集合的大小。能够理解数字是按顺序排列的，连续数字的后一个数字总比前一个大 1 L3：能够在目测小数量数群的基础上，接着往下计数。能够按数群计数，（如两个两个数，五个五个数）能够不受物体空间排列等因素影响正确比较数量的多少。
	② 能通过实物操作（如合并或拿取）或其他方法进行 10 以内的加减运算，理解加减的实际意义。	L1：能够感知集合元素数目的变化说出是多了还是少了。能借助于动作将实物合并或取走后进行加减运算。 L2：能够将两组物体合并，再逐一计数他们有多少个。能利用口述应用题进行加减运算。 L3：能够以第一个数为起点，通过接着数或倒着数的方式进行加减运算。能够掌握 10 以内的加减列式运算。

维度二：数学学习能力

幼儿学习数学除了核心经验，也处处体现着幼儿的数学学习能力，学习能力反映的是"幼儿怎样学"。数学学习能力分为：问题解决能力、推理与验证能力、交流与表征能力、联系迁移能力，以交流与表征这一指标为例。交流与表征能力指向幼儿在数学活动中用某种形式，如肢体动作、符号、图表以及口头表达等方式表达要说明的事项。

表 8-2　5—6 岁儿童评价手册——数学学习能力

二级指标	评价维度	表现水平
交流与表征	① 语言表述清晰且流畅。	L1：能进行相关数学内容的语言表述，但比较模糊。 L2：能进行相关数学内容的语言表述比较清晰。 L3：能进行相关数学内容的语言表述比较清晰且流畅。
	② 表征方式多样	L1：能运用实物或肢体动作进行表征。 L2：能运用实物、肢体动作、图表进行表征。 L3：能灵活运用符号等多种方式进行表征。
	③ 表征内容	L1：能运用实物或肢体动作进行表征。 L2：能运用实物、肢体动作、图形进行表征。 L3：能灵活运用符号等多种方式进行表征。

维度三：数学学习品质

学习品质是指向儿童在活动参与中非智力因素的关注，反映的是"幼儿学到了什么"。周欣等人（2018）将儿童在数学学习中的学习品质维度划分为四个部分：兴趣、专注、坚持以及反思，以二级指标"专注"为例。

表 8-3　5—6 岁儿童评价手册——数学学习品质

二级指标	评价维度	表现水平
专注	① 能在感兴趣的数学活动中参与时间较长，一般在 30 分钟以上。	L1：能在数学活动中持续参与时间不超过 10 分钟。 L2：能在数学活动中持续参与时间一般在 20 分钟左右。 L3：能在数学活动中持续参与时间达 30 分钟以上。

续　表

二级指标	评价维度	表现水平
专注	② 能在数学活动中注意力高度集中，兼顾多个维度的任务分配。	L1：注意力不集中，不能同时兼顾2个维度的任务分配。 L2：注意力相对集中，能同时兼顾两个维度的任务分配。 L3：注意力能高度集中，兼顾多个维度的任务分配。
	③ 能在数学活动中抗拒干扰，不被周围的动静所吸引。	L1：容易被周围的动静吸引，抗干扰能力弱。 L2：不太容易被周围的动静所吸引。 L3：能不受干扰，坚持较长时间专注自己的数学活动。

确立三种方式让数学评价有所聚。

鄞州区云天实验幼儿园运用三类表单在三种场景灵活运用三类表单，让评价更完整，更聚焦，更有效。三类表单是泛指，是根据三类场景下：学习活动场景、游戏活动场景、生活活动场景设计制作的三类表单，让老师的评价有抓手，能更加迅速了解班上全体幼儿以及个别幼儿的发展态势，从而进行相应的支持。

表8-4　儿童数学评价三个场景对应三类表单

三个场景		三类表单	评价主体
学习活动	教学活动	三维目标检核表	教师为主
	区域活动	一材料一表	
游戏活动 生活活动		学习故事	

表单一：三维目标检核表

该表单主要用于集体教学活动的场景中，让老师的评价更简单可操作。根据三个年龄段，分别从三维目标手册中提取关键指标进行简化。

表8-5　5—6岁儿童数学观察评估检核表（数学核心经验）

观察指标	观察要点	儿童行为表现
模式	模式的类型	☐重复型　☐发展型（递增型）
	单元的元素个数	☐2个　☐3个　☐3个以上
	模式单元的维度	☐1维　☐2维　☐2维以上
	完成情况	☐无法完成　☐复制　☐扩展　☐创造

　　例如，在衔接课程找规律《乱七八糟的魔女之城》的教学活动中教师通过三个递进环节进行教学：环节一识别模式——找到图片中有规律的排序；环节二扩展模式——按照规律接着往下排、填充空格；环节三创造模式——铺不同有规律的路。在活动中，教师对照三维检核表中的指标，能清晰地观察到三部分不同水平的幼儿：一小部分幼儿已经达到环节三创造模式；大部分幼儿具备环节二扩展模式水平；还有一小部分的幼儿对创造模式还有困难。这为教师后续提供相应的分层区域材料给出了有力的参考，教师从主观意识上形成了提供分层操作材料的需求。后续教师根据检核表中的指标，提供了层级一：ABB、AAB、ABC接着往下排的操作材料，层级二：AaBb等二维模式的填空和往下排的操作材料，层级三：ABCAABBCC递进式排序模式的操作材料。

　　有了数学观察评估检核表，教师的观察更加聚焦，清晰地知道幼儿的最近发展区在哪，能更加有效地提供不同层级的支持材料和有针对性的指导，从而更好地促进幼儿的数学学习和发展。

表单二：一材料一表

　　幼儿在区角游戏中，操作材料不同，其针对的核心经验、学习能力指向、学习品质指向也不同，为了让老师的评价更有目的性更有说服性，特设计此表单。老师可根据不同的操作材料对照数学评价手册中的指标完善表单。

　　以数学区域材料："种花"为例

　　游戏材料：方格盘1个、花片若干、筛子

玩法：游戏2人各自有一种颜色花，抛到筛子数几，即可在任意的方格盘中种几朵花，只要一个格子内的花数量达到"5"（数量可以逐渐递增），即可收割花朵。最后谁收成的花多则胜。

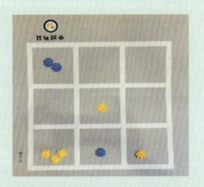

表8-6　5—6岁儿童数学区域观察记录表

日期	幼儿	核心经验	学习能力			学习品质				补充描述
		数的组成	问题解决	推理验证	交流表达	兴趣	专注	坚持	反思	
10.11	明明	△	○	○	○	☆	○	○	○	明明在遇到一个方格内满5可以收割了需要在对方的提醒下完成。
10.11	方方	☆	○	○	☆	☆	☆	☆	○	方方每次抛到数字小于5的数字会集中放到一个格子内。尚不会与对方的花进行组合去收割花，策略运用不明显。
10.11	诚诚	☆	☆	☆	☆	☆	☆	☆	☆	诚诚每次会根据棋盘上现有的花朵调整自己的种花方式，以最大可能获得花朵。

备注：参考数学评价手册中的指标△表示L1；○表示L2；☆表示L3。

教师通过"种花"游戏观察记录，发现明明对操作材料兴趣很高，在活动中表现"5"的组成经验尚不足，因此教师提供了单人操作练习的数的组成材料，在一段时间后，明明再次和伙伴进行"种花"游戏的时候，能再独自完成"收割"。诚诚能根据不同的棋盘，运用多种策略达成5的组成，可以引导其增加游戏难度进阶，改为"6、7、8"的收割，同时作为"小棋手"向大家介绍自己的经验，以达成生生的互学互助，进一步提升其交流表达的能力。

从上述案例中不难发现，教师在观察评价中，不再只聚焦核心经验的获得，而是更加综合地去考量幼儿现有水平，发现幼儿学习和发展的证据，看见幼儿的成长轨迹，并能用欣赏的眼光发现幼儿的亮点。并在观察中辨别幼儿行为背后的发展需要，提供不同的支架并能有差异性的进行指导，最大可能的促进幼儿在原有水平进行提升。

表单三：学习故事

学习故事是在游戏、生活情境下记录幼儿典型的行为、动作、语言、情绪情感等，通过观察分析行为表现的一种质性评价方式。是一种有效的过程性评价方式，通过对幼儿的持续观察、记录和分析，发现幼儿的学习特点和学习需求，为课程提供了个性化的指导，使教学活动更加贴合幼儿的实际需求，从而促进了幼儿全面而深入的学习。下面是具体案例：安安的时间小达人：

案例：安安的"时间小达人"

背景： 在幼儿园的日常活动中，教师发现安安对时间的概念特别感兴趣。他经常问及"现在几点了？""我们还有多久吃饭？"等问题。
观察记录一：安安对时针和分针的移动表现出浓厚的兴趣，并尝试自己读出时间。 观察记录二：安安开始尝试用画画的方式来表示不同的时间，例如用太阳的位置来表示上午和下午。他还尝试用积木来模拟一天中的不同时间段。 观察记录三：安安和其他小朋友一起参与了一个"时间接力"游戏，他们需要在规定的时间内完成一系列的任务，安安在这个过程中学会了估算时间并理解时间的宝贵。
识别： 通过连续的观察，教师发现安安在数学生活中对时间的认知有了显著的进步。他不仅能够识别和理解时间的基本单位，还能够通过实践活动来感知和应用时间。

在学习能力方面，安安展现了良好的观察力和逻辑思维能力，他能够通过观察钟表和日常生活来探索时间的规律。

在学习品质方面，安安表现出了积极主动和坚持不懈的态度，他对时间的学习充满了兴趣和好奇心。

支持：

基于对安安学习过程的观察和评价，教师设计了一系列与"时间"相关的活动，以进一步促进安安和其他幼儿对时间概念的理解和应用。

1. 日常生活时间表：鼓励幼儿制定自己的一日生活时间表，包括起床、吃饭、游戏和睡觉等活动的时间，培养时间管理意识。
2. 时间游戏：设计"时间接龙""猜猜现在几点"等游戏，让幼儿在游戏中练习对时间的快速反应和准确判断。
3. 故事时间：讲述与时间相关的趣味故事，如"愚公移山"、"守时的小明"，通过故事来传达时间的重要性和守时的价值。

通过这些活动，安安和其他幼儿不仅在时间认知上得到了提升，还在生活技能和团队合作方面获得了新的认识。

图 8-4

【实践效果】

"1+3"数学形成性评价让幼儿的数学学习看得见，展现了个性化独特的轨迹，更加全面和客观。教师通过对捕捉到的信息加以分析、甄别，并以此为基础设计活动目标、提供合适材料、组织教学活动，让幼儿的数学活动更加优质高效。数学形成性评价也让教师在不断的观察评价反思支持中得到专业的成长和专业的自信，对幼儿数学学习理解更加深刻。更为可喜的是，幼儿园历时 3 年，对毕业的 500 多个孩子中抽样了近 300 名孩子，向对应小学的数学教师进行了问卷调查，数据显示，云天实验幼儿园毕业的孩子在上课中的思维灵活性上有明显的优势，能大胆表达自己的想法和见解，爱提问。

二、形成性评价在小学阶段的运用

（一）幼小衔接课程一体贯通小学习惯课程评价实践案例解析

　　宁波鄞州新蓝青学校是由宁波市鄞州区教育局直管的九年一贯制民办学校。学校秉承"青出于蓝，行胜于言"的校训，以"让孩子走到正中央"为办学理念，"阅读"和"运动"为两大特色，培养真诚、乐观、坚毅、勇于超越的新蓝青学子。学校在幼小衔接的学科探索上起步较早，2021年秋季正式立项开展幼小衔接课题研究，将研究视角聚焦为幼小衔接儿童友好型场域建构，重点构建两类显性环境——校园环境、主题教室，三类隐性环境——习惯、课程、活动，力图构建儿童友好的环境场域，转变教师的教学理念，形成幼小衔接实践的"新蓝青范式"。学校将学生习惯的养成作为幼小衔接课题研究的重要子课题，通过习惯梳理、课程打造和形成性评价着力培养学生好习惯，以此促进学生的健康成长。

【具体做法】

1. 习惯梳理，制定标准

　　结合一年级学生的特点，以及家访中了解到的信息，确定了9个幼小衔接阶段学生必须养成的习惯，并将这些习惯分成了学习习惯、行为习惯和生活习惯三类，具体内容如下：

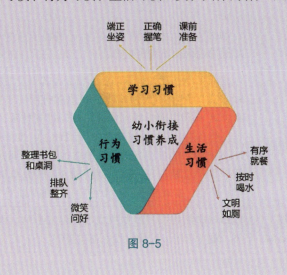

图8-5

为每一项习惯都梳理出了相对应的标准，内容如下：

表 8-7

好习惯	标　　准
端正 站坐姿势	1. 头正肩平背挺直；2. 坐在椅子中前部；3. 胸离课桌约一拳；4. 两脚平放在地上；5. 站立推凳手两边；6. 背挺身直不乱晃。
认真 握笔书写	1. 手离笔尖一寸距离；2. 食指和拇指对齐；中间留出小缝隙；3. 笔杆向后靠，下三指呈阶梯状；4. 掌心空，手腕用力。
课前 提前准备	1. 看好课表，明确下一节课程；2. 文具盒放在课桌前方；3. 课本、练习本统一放在左上角，与学科无关的东西不能放在桌子上；4. 端正坐姿，等待老师上课。
整理 书包和桌洞	1. 带好必须物品；2. 先放大书，再放小书，分类摆放，整齐有序；3. 最后拉上书包拉链。 1. 大书放在桌洞左边，小书叠在大书上面，统一靠在桌洞左侧；2. 其余杂物靠右放。
尊重 礼待他人 （微笑问好）	1. 遇见老师问候："老师好！"；2. 声音响亮，眼睛对视，微笑问候。
路队 安静整齐	排队： 1. 离开座位时桌面干净整洁；2. 凳子归位，全部推进；3. 排队"快"：30 秒门口排好队伍；4. 排队"静"：除领队整队外无一人说话；5. 排队"齐"：男女两排队伍，形成两条直线； 路队： 1. 两列纵队，队伍整齐；2. 行进过程中两两对齐；3. 行进过程中不大声喧哗。
有序 定量进食	1. 桌面干净、无任何东西；2. 洗手需排队，不插队；3. 来去的路上不大声喧哗、不追逐打闹、不奔跑；4. 学生认真完成中餐工作分工；5. 打餐排队，不喧哗，能自主选餐；6. 吃饭时做到食不言，安静就餐；7. 不挑食，尽可能光盘，不浪费粮食；8. 倒盘子时低于餐余垃圾桶，残渣不倒到桶外。轻放盘子、盖子、碗筷，摆放整齐；9. 中饭后，桌面清理干净。
整理 书包桌洞	1. 带好必须物品；2. 先放大书，再放小书，分类摆放，整齐有序；3. 最后拉上书包拉链。

续　表

好习惯	标　准
文明有序如厕	1. 如厕前使用肥皂彻底清洁双手，如厕后冲洗干净。保持卫生整洁。2. 正确使用蹲厕，保持正确的姿势。3. 不乱扔纸张、垃圾等杂物，避免堵塞管道。4. 避免不必要的冲水，节约用水。

2. 课程打造，行为示范

　　为了帮助一年级新生在九月份幼小衔接期间养成 9 个好习惯，学校发动教师团队智慧，通过编写习惯课程教案、创编习惯养成儿歌和制作学习视频等多个路径打造完整的习惯养成课程体系，为学生养成习惯提供最佳的学习和行为示范。

　　（1）编写教案集。一年级老师集体合作研讨并撰写了九节课的习惯课程教案，合编成《幼小衔接习惯养成课程教案集》。这些教案的编写为学生习惯养成提供了系统化的教学支持，并以现场示范、实地操练为主要方式开展教学，帮助学生理解并行为跟进。具体内容和做法如下：

表 8-8

课程内容	课程特色	具体做法
第 1 课：有序就餐	用实景演练助力秩序形成。	到食堂进行实际的就餐演练。
第 2 课：整理桌洞	用头脑风暴代替具体细则。	用海报纸整理学生整理妙招。
第 3 课：整理书包	用实战比拼置换传统说教。	进行整理书包比赛决出优胜。
第 4 课：按时喝水	用生活情境唤醒习惯意识。	对比植物不同状态重视喝水。
第 5 课：排队整齐	用反复训练巩固习惯养成。	明确排队要领反复训练强化。
第 6 课：文明如厕	用分组讨论促进规则完善。	分组讨论如厕规则使其完善。
第 7 课：端正坐姿	用朗朗口诀规范细碎要点。	记忆坐姿口诀促进习惯养成。

253

续 表

课程内容	课程特色	具体做法
第8课：微笑问好	用游戏活动激发正向感受。	通过地铁游戏知问好重要性。
第9课：正确握笔	用学生示范带动群体向好。	握笔标准孩子进行示范引领。

（2）创编儿歌。把9个习惯的具体标准创编成朗朗上口的儿歌（下表8-9是正确握笔和课前准备的儿歌），编入《小蜗牛习惯养成记》手册，引导学生每日诵读，并对照标准审视自己行为，大大提高了习惯养成的效果。

表8-9

好习惯	标 准
正确握笔	shǒu lí bǐ jiān yí cùn jù shí zhǐ mǔ zhǐ duì duì qí 手离笔尖一寸距，食指拇指对对齐 zhōng jiān liú tiáo xiǎo fèng xì bǐ gǎn kào zài xiǎo shān shàng 中间留条小缝隙，笔杆靠在小山上。 xià sān zhǐ jiē tī zhuàng zhǎng xīn kōng wàn yòng lì 下三指，阶梯状，掌心空，腕用力。 zhèng què wò bǐ xiě hǎo zì 正确握笔写好字。
课前准备	kàn kè biǎo zuò zhǔn bèi 看课表，做准备。 ná shū běn bǎi zuǒ jiǎo 拿书本，摆左角。 duānzhèng zuò zī jìng děng hòu 端正坐姿静等候。

（3）拍摄视频。学校将9个习惯的具体标准拍摄成真实学生在真实场景中的行为示范学习视频（如下图8-6），除了在习惯养成课堂进行观看学习外，学生可以在家里通过手机扫码观看，实现校内外同步一致，家长也能通过观看视频了解学校的教育要求，合力开展优良习惯的养成教育。

图8-6

3.手册打卡，日攀月登

为促进学生更好地养成良好的习惯，让他们在轻松愉快的氛围中学习和成长，学校为学生专门设计了《小蜗牛习惯养成记》手册，采用每日打卡帮助学生日攀月登养成好习惯。

（1）手册内容及意图。《小蜗牛习惯养成记》手册共有五个部分。首先是封面，设计以黑线条勾画出学校的主教学楼、吉祥物以及镂空的"小蜗牛习惯养成记"字样，学生可以根据自己的喜好给封面涂上喜欢的色彩，为自己定制专属手册。接下来是手册的第二部分，包括习惯内容、儿歌及习惯学习视频的二维码，这是孩子们养成这些习惯的"拐杖"。第三部分是"9+21"天的习惯养成记录，其中"9"代表九天的习惯养成内容学习，每天学会一项并用贴纸记录自己的学习情况；而"21"代表九节习惯课程结束后用21天巩固，学生可以以涂色、打勾、画圈等方式标示出自己对已学习习惯的坚持情况。"9+21"的每一页还包括同桌的评价、老师的评价和家长的评价。第四部分是一张习惯养成轨迹图，分为"9+21"两个关卡，小蜗牛每做到一天就可以向前爬一个格子，最终形成专属于自己的习惯养成轨迹。最后是附页在后面的贴纸，这些贴纸就是九个习惯的内容，考虑到一年级学生的识字水平，这些贴纸由图片和文字组成，为了让孩子们更好区分，也更有趣味，

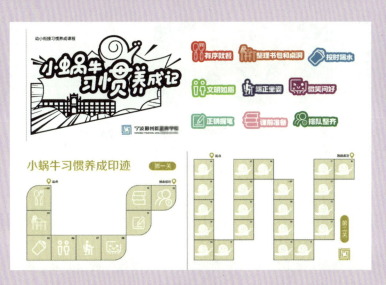

图 8-7

每个贴纸设计了的颜色也不一样。

（2）每日打卡，多维评价。首先是自评。幼小衔接月每日的最后一节课是整理课，学生根据当日的习惯养成情况进行自评，在"今天我学会了"一栏贴上相应的习惯贴纸。除了学习新习惯，学生还需对已经掌握的习惯进行评估，如果今天能继续保持便在"今天我做到了"一栏为对应的习惯上色。

其次是同桌评和导师评。除了自我评价外，同桌之间也将通过一日的观察进行互评，通过笑脸、哭脸、大拇指等童趣化的方式记录；导师的评价自然是最重要的，通过笑脸印章和激励性评语对全班小朋友的习惯养成情况进行评价，如"你是整理小达人！"

图 8-8

图 8-9

再是家长评。放学后，学生把习惯养成手册带回家，家长可以查阅孩子的一日习惯养成情况，并通过写寄语的方式进行反馈。有家长的每日参与评价，确保学校和家庭在孩子习惯养成上保持一致，有助于良好习惯的养成。同时也让家长感受到学校教师的用心，有助于家校教育合力的形成。

图 8-10

【实践成效】

一年级六个班级每个班级 40 名学生，各班每名学生都完成了"9+21"天的《小蜗牛习惯养成记》手册，每一名学生完整地记录了自己每一天养成的习惯及坚持的情况，在小蜗牛习惯养成印迹的表格里整整爬行了 30 天。

我们可以清晰地看到一年级学生表现出以下明显的特点：首先，在课前准备方面，一年级孩子能够提前做好喝水、上厕所、准备好课堂的必需物品等；其次，在课堂上，这些学生表现出精神饱满、坐姿端正的特点。他们能够集中精力听讲，积极参与课堂活动，与老师和同学进行积极的互动；然后，他们在课间和午间用餐方面，表现出有礼貌、有序的特点。最后，

图 8-11

他们能整理好自己的书包和桌洞，保持教室的整洁。这些学生表现出良好的自我管理、学习习惯、卫生习惯。

十月初，学校通过主题情境测评来了解学生的习惯养成情况。创设具体情景——陋习恶龙入侵校园，请一年级学生进入场景去解除危机，以游戏的形式组织全年级学生进行了一次习惯过关活动。此次习惯过关的具体情况如下：

表8-10　一年级小蜗牛习惯养成过关情况统计

	总人数	101班	102班	103班	104班	105班	106班
参加人数	225	33	37	40	38	37	40
满分	180	28	26	33	31	26	36
95—99	43	3	11	7	7	11	4
90—94	2	2	0人	0	0	0	0

由上面的统计表可知，本次过关获得满分的人数为180个，占总人数的80%，95以下只有两名，占总人数的0.9%，表明绝大部分参与的学生都能够达成或者接近满分。从学生的行为表现显示出孩子们具有了良好的习惯意识，大部分学生养成了预期的好习惯。从而说明了幼小衔接阶段的习惯培养课程的实施和评价取得理想效果。

（二）幼小衔接课程一体贯通小学数学课程的评价实践案例解析

形成性评价不仅能够关注到学生学习的过程，也能够关注到学生学习的结果，有效开展形成性评价可以极大地发挥评价在课程中的积极作用。幼小衔接数学课程的绝大部分内容都是游戏和操作活动，在很多人的眼中就是"玩"，学生也正是喜欢玩才喜欢数学课程、喜欢数学。但老师们清醒地认识到，单纯的"会玩"是不够的，还需要在玩的过程中帮助学生提高数学认知、发展数学思维和关键能力，帮助学生实现从外在的兴趣向数学本身的兴趣转化，这就需要激励性的形成性评价来为课程的实施保驾护航。幼小衔接课程一体贯通数学研究小组从数学学科入手开展实践研究，在基本沿用幼儿阶段过程性表现性评价为主的基础上适度增加结果性评价，梳理出课堂学习、课后作业、阶段性学业质量等三个方面的评价实施策略。

【课堂学习评价】

课堂是学生学习的主阵地，课堂学习评价既是课堂的重要组成部分，也是促进学生积极参与、有效学习的重要手段。鉴于幼小衔接时段正是儿童从幼儿学习样态逐渐走向小学学习样态的过渡期，重点从课前准备和课堂表现两个维度进行即时评价，激发学习兴趣、养成基本学习规范、获得基础学习能力。

（1）课前准备评价

课前准备能反映出学生对数学学习的一种态度和习惯，我们研制课前准备的评价量规（如下表 8-11）并在课程实施中运用。数学教师提前进入教室，观察学生的课前准备，及时帮助个别学生做好必要准备，并在正式上课前作出评价反馈，表扬做得好或者有进步的学生。通过一个月持续的即时评价帮助学生形成习惯，为高效课堂学习做好必要准备。

表 8-11　衔接课程课前准备评价表

评价内容	评价标准	星级评定
身心准备	上课预备铃声响后 1 分钟内坐好并保持安静	✿✿✿
材料准备	上课铃声前规整摆放书本、学具等学习材料	✿✿✿

（2）课堂表现性评价

从"遵守常规、主动尝试、大胆展示、认真操作"四个维度对学生课堂的行为表现进行星级评价（如下表 8-12），多角度、多方面、多层次了解学生课堂上的学习情况，并做出及时的反馈或指导，提高孩子们课堂的参与度和效率。为了鼓励学生大胆展示，数学教师和学生约定：只要举手就可以得一星，发言一次得两星，上台展示和讲解就得三星，极大调动了学生举手发言、上台展示的积极性。孩子们为了展现自我，上课更专心、尝试更用心，基本实现了评价促进学生学习的理想预期。

表8-12　衔接课程课堂表现评价表

评价内容	评价标准	星级评定
遵守常规	上课时注意力集中、不走神；不随便走动、不大声喧哗。	✿ ✿ ✿
主动尝试	面对任务能主动尝试，尽力想办法解决，不轻易放弃，不抄袭他人。	✿ ✿ ✿
大胆展示	能积极展示自己作品，大胆表达自己的想法，口齿清晰，语句完整、有条理。	✿ ✿ ✿
认真操作	能及时投入操作练习，能按时完成操作任务。	✿ ✿ ✿

注：采用分项评星的方式评价，按照每项内容的评价标准基本能做到的给三星，大部分能做到的给两星，有部分做到的给一星。

【课后作业评价】

进入小学后，学生的数学学习是有明确的质量要求的，包括掌握基础知识技能、运用数学和其他学科知识方法解决问题、培养积极情感态度和良好学习习惯等。因此，幼小衔接数学课程的实施过程中，课后作业是课堂学习的重要补充。尽管一年级的新生具有强烈的学习欲望，但仅仅依靠课堂上40分钟的学习未能完全理解和掌握，尤其是操作技能和活动经验的累积还需要课后作业的跟进和提升。研究小组从作业目标、作业类型和作业评价三个维度展开实践研究，初步构建了适合儿童数学学习的形成性作业形式、呈现方式和评价方法，其中评价贯穿在整个作业布置、呈现和结果评价中。

1. 课后作业形式

由于一年级学生识字不多、书写有困难，衔接阶段的作业以各种学具为依托，比如七巧板、小棒、积木、红豆、米、小正方体等，有效利用学具进行操作、游戏、活动，并进行规范的语言表达训练，因此作业的形式主要是数数、拼搭、画画和语言表达，并告知家长每次作业的评价标准，让家长对标对孩子的作业表现进行观察和帮助。例如"我会数小棒"的课后作业如下：

表 8-13

课程内容	作业目标	作业内容	评价标准
《我会数小棒》	1. 用不同方法准确数出 100 以内小棒； 2. 能有序数实物。	1. 数出 100 根小棒，并 10 根一捆捆好； 2. 数出 20 个小正方体进行搭高，记录最多数量。	✿✿✿：能准确、有序、快速完成数小棒，正方体 12 个以上。

2. 作业呈现方式

幼小衔接数学作业的呈现方式应该多样化、个性化，以适应不同儿童的需求和特点。鉴于一年级新生的实际，主要采用图画、照片和音频视频等方式。

（1）画数学：纸质呈现。刚入学的新生，手部大肌肉发育不全，识字量少，不适宜手写作业。但他们爱想象爱画画，能用画画的方式表达数学。如课程"有趣的数字"后引导学生课后用一幅画表示数字 1～9，孩子们能创造精美的作品（如下图 8-12 和图 8-13）

图 8-12

图 8-13

（2）用数学：照片呈现。爱玩是儿童的天性，把作业当成玩，不仅保证了作业的质量，同时减轻了他们的压力，因此幼小衔接作业更多的是实践性操作作业。可以用照片呈现的方式表达儿童的动手能力、思维能力和学习成果。

图 8-14　　　　　图 8-15　　　　　图 8-16

（3）讲数学：音频和视频呈现。音频和视频上传作业作为一种创新的学习形式，能够为儿童提供更加直观、生动的学习体验，充分发挥他们的主体作用，参与知识的发现、探索和应用的过程，通过语言的培养和训练，提高数学思维能力。同时也为老师及时了解掌握学生的真实学习水平提供了必要的物证。

图 8-17　　　　　　　图 8-18

3. 作业评价方法

作业评价是课后作业的重要环节，既关注儿童的学习过程，也对学生的学习结果进行诊断。各实验学校数学教师坚持每位学生作业必反馈的原则，及时给出激励性评价，帮助儿童及时了解自己的学习状况并跟进后续学习活动。主要的方法有以下三种：

（1）语音点评。针对学生家长上传的照片、音频、视频等作品，执教老师观看（或听）后立即给出语音描述性反馈。如老师观看了学生在家找立体图形、滚动圆柱、球的视频后，这样点评：孩子在家找到了这么多的立体图形，初步感知了它们的特征；在滚一滚的过程中发现球和圆柱都是能滚动的，这次作业完成得很好！老师还想问孩子一个问题，球和圆柱在滚动的时候，方向有什么不同？

在评价的同时还提出了问题和建议，这样点对点的个别评价促进学生的深度学习，同时保护学生的评价信息和隐私，帮助学生树立学习自信。

（2）钉钉留言。除了个性化的语音点评之外，执教老师使用较多的是钉钉留言，尤其是对整个班级学生作业完成情况的反馈和指导采用钉钉留言非常省力便捷。比如学习了衔接课程"趣填四宫"后，当天的回家作业是填四宫数独并讲解填写过程和理由，家长拍视频上传。执教老师观看并一一语音点评后还在班级钉钉学习群上这样留言（如下图8-19）。

图 8-19

新蓝青学校的黄林锋老师除了每日及时评价反馈外，还对学生一周的学习和回家作业作整体性的反馈与指导，使学生和家长能够清晰地知晓教师布置回家作业的用意，了解到孩子在数学学习中的进度和收获，也便于家长在和孩子一起亲自互动、共同提高。这种评价反馈方式还是非常有效的家校沟通，赢得广大家长的普遍欢迎和认同。

（3）作品展示。对一年级的学生来说，自己的作业能被老师当众表扬或在教室的展板上展示，那是一件非常开心的大事。小学数学衔接课程实施中，老师经常使用的方法有两种：一是把学生优秀的操作视频（或者说题视频）发到班级数学学习群，让其他学生一起来欣赏、学习；二是把学生优秀的作品（如数字画）进行展陈，让其他学生来欣赏点评。蓝青学校还把学生优秀的数字画投到《小学生数学报》刊登（如下图 8-20）。这些都是对学生的正向激励评价。孩子们在老师、家长的激励性评价中更加喜爱数学，更加投入学习，形成积极向上的学习态势。

图 8-20

【阶段性学业质量测评】

经过九月份整整一个月的数学幼小衔接贯通课程实施，学生课堂学习的态度、习惯明显好转，动手操作和语言表达也同步快速发展，为了更加全面地了解每个学生的学业质量水平，开展一次阶段性测评，取名为"趣味大闯关"。

厘清测评目标。

开展阶段性学业水平检测的目的有三：

1. 考查学生六个方面关键经验的达成度，具体是指分类比较、数数、有序分物、图形拼组、比轻重、简单推理等；诊断衔接课程教学效果，反思改进后续教学；

2. 了解每个学生的动手操作能力和口头表达能力，及时发现学生中存在的实际问题；

3. 采用有趣的游园闯关形式，激发学生的参与热情，让学生体验闯关成功的喜悦，增进学习数学的信心。

选定测评内容和评分规则（如下表 8-14）

表 8-14

测评要点	测评题目	评分规则
1. 分一分：能有序分 10 以内个数的物体，并清楚表达分的过程和结果。	材料：1 个骰子（六面分别是 5—10）和 10 个小正方体木块。 1. 随机抛出骰子并数出相应点数的小正方体木块。 2. 用数出的小木块有序分一分，边分边说：（　）可以分成（　）和（　）。	（1）有序分，描述分的过程全部正确，得 3 分； （2）有序分，描述分的过程只出错 1 次，得 2 分； （3）有序分，描述分的过程，出错 2 次，得 1 分。
2. 摆一摆：能数出所摆图形中小正方体的个数，并能正确搭出这个图形。	材料：准备 6 种图形纸（如下图）和若干正方体。 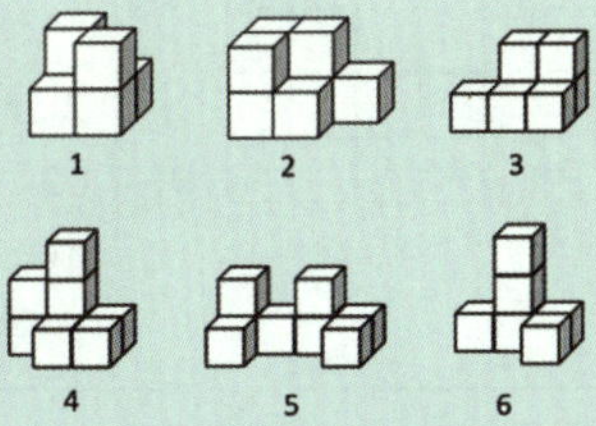 1. 随机选出其中一张图，数出图中小正方体的个数； 2. 摆出和图纸上一样的图形。	（1）数对小正方体个数、摆对图形，得 3 分； （2）数错 1 个数量，摆对图形得 2 分； （3）数错 2 个数量，摆对图形得 1 分。
3. 比一比：能按一定标准对一把小物品进行分类，能清楚表达比较的过程和结果。	材料：若干小物品（不同颜色的积木、小立方体、三通接口各 10 个）。 1. 任意抓一把小物品； 2. 分类； 3. 按照下面的句式表述比较结果： （　）比（　）多，（　）比（　）少；（　）和（　）一样多；（　）最多，（　）最少。	（1）分类正确，语言表述清楚，得 3 分； （2）分类正确，语言表述啰嗦，但意思对，得 2 分； （3）分类正确、语言表述错得 1 分。

续 表

<table>
<tr><th>测评要点</th><th>测评题目</th><th>评分规则</th></tr>
<tr><td>4. 拼一拼：
能用七巧板拼出指定的图形。</td><td>材料：每个学生 1 副七巧板
1. 用整副七巧板拼出一个长方形；
2. 移动一块变成三角形。</td><td>（1）20 秒内完成，得 3 分；
（2）30 秒内完成，得 2 分；
（3）在老师提示下完成，得 1 分。</td></tr>
<tr><td>5. 比轻重：
能根据天平图示进行简单判断与推理。</td><td>1. 如下左图最重的画“√”，最轻的画“○”。
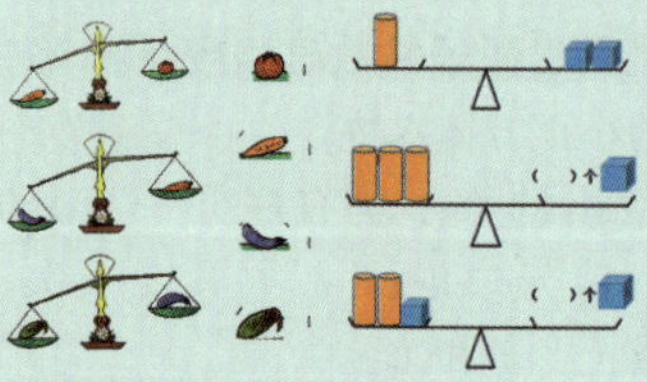
2. 如上右图，根据图示填上正确的数字。</td><td>（1）4 个全对，得 3 分；
（2）3 个判断对，得 2 分；
（3）2 个判断对，得 1 分。</td></tr>
<tr><td>6. 解数独：
能运用唯余法和排除法填写四宫数独。</td><td>填数独
<table><tr><td>2</td><td></td><td>4</td><td></td></tr><tr><td></td><td></td><td></td><td>2</td></tr><tr><td>3</td><td>1</td><td></td><td>4</td></tr><tr><td>4</td><td></td><td>1</td><td>3</td></tr></table>
<table><tr><td>4</td><td></td><td>2</td><td></td></tr><tr><td></td><td></td><td></td><td>3</td></tr><tr><td></td><td></td><td></td><td></td></tr><tr><td>2</td><td>1</td><td></td><td>4</td></tr></table></td><td>（1）解出 2 题，得 3 分；
（2）解出 1 题，得 2 分；
（3）所填数字正确，但还没有完成一题，得 1 分。</td></tr>
</table>

备注：六项全部是 3 分评为满分蜗牛；五项得 3 分的为极速蜗牛；三项得 3 分，总分满 12 分为达标蜗牛。

组织实施测评

1. 测评方式

学校采用非纸笔测试为主的方式进行测评，六项测评内容中前 4 项（分一分、比一比、摆一摆、拼一拼）采用游考形式，取名为“趣味大闯关”，分设 4 个场地，每个场地设 4 个测试摊位，由学校数学教师担任面试考官，学生以班级为单位轮流到四个场地参加闯关测试。后两个项目（比轻重、解数独）则采用笔试的方式由学生在自己教室内独立完成。

2. 组织实施（略）

测评数据统计和分析

从两个维度对学生的测试进行数据统计和分析。

1. 正确率（或完成率）。对全校 240 名参加测评学生的成绩记录卡进行正确率（或完成率）统计，结果如下：

测试内容	分一分	摆一摆	比一比	拼一拼	比轻重	解数独
正确率	100%	100%	100%	92%	85%	90%

六个项目整体的正确率达到 94%，达到了非常高的水准，反映出学生整体的学习效果非常好；从各项的数据对比，前四项动手操作和表达的得分情况好于后两项静态的学生独立完成的笔试得分，这正好说明了操作活动更受学生的欢迎，吻合一年级学生身心发展和认知发展的规律，更加容易掌握；从后两项得分较低，还能看出这一年龄段的学生推理能力相对较弱，更需要借助直观的操作活动帮助学生积累经验，逐步提高。

2. 学生达标率。根据测评规则，对 240 名学生的得分情况进行统计并进行冠名：满分蜗牛 114 人，占 47.5%；极速蜗牛 78 人，占 32.5%；达标蜗牛 48 人，占 20%。

全体学生达标，满分学生占比 47.5%，非常有力地说明了幼小衔接课程一体贯通实施的效果很好。同时，我们还清楚地看到了学生的个体差异，在后续的教学中可以根据学生的实际水平能力开展针对性的教学帮扶，让更多的学生达到优秀。

三、促进幼小衔接课程一体贯通的形成性评价成效

实践出真知。经过一年多的实践探索，幼小联动、互相磋商，幼小衔接课程一体贯通的形成性评价也取得了些许成果和实效，为区域幼小衔接课程的开发建设添砖加瓦，让幼小衔接课程更加丰满、更具实践推广价值。

第一，提升了幼小教师的育人理念，充分认识到了评价的育人功能。

我们在学习和实践探索中达成共识：形成性评价作为一种过程性评价，强调幼儿或学生的行为参与，是在教学之中为学生提供即时性的、促进学习的强且积极长久的反馈，其核心理念与关注学生发展的激励性评价相契合，可以通过评价

活动促进学生知识、技能、情感态度和价值观的全面发展。在幼小衔接课程实施过程中运用形成性评价，倒逼教师树立正确的评价观、提升自己的教学能力，在课程设计和实施时充分关注儿童的心理、行为习惯、学习兴趣和学习表现，既要为学生创设良好的学习环境、提供感兴趣、符合儿童认知水平的游戏活动，还要根据学生在学习活动中的行为表现及时调整教学策略，促进儿童的个性化学习和关键经验的获得。比如一年级数学幼小衔接课程设计了七巧板、火柴棒等许多益智游戏活动，即吻合了儿童喜欢游戏、喜欢动手操作的特点，还能从学生的操作活动中准确把握学生的认知水平、学习能力和学习态度，能给与及时而有针对性的指导。实验教师还十分注重学生的个体差异，积极践行"参与即合格、完成即优秀"的评价原则，允许不同的学生有不同的表现和收获，既要确保全体学生参与活动、操作体验，又要鼓励学生勇于探索与创新。

第二，探索发现了许多行之有效的多元评价支架，为进一步推广实施幼小衔接课程提供了范例。

教无定法贵在得法，教育评价也是如此。我们积极探索实践形成性评价，为幼小衔接课程的实施寻找行之有效的评价支架，方便各实验园校借鉴使用，更是为了今后推广该项课程做好准备。

以华泰幼儿园的衔接课程评价为例，构建了较为完整可复制应用的校本化形成性评价体系，不仅有明确的三维评价目标，更有幼儿、教师、家长协同参与的多元评价主体和多时段随时发生的互补式评价维度，还开发了"卷、证、册"等具象式评价工具，教师课程审议记录表、幼儿作品评级分析表、幼儿生活宝典记录册等评价支架为有效开展形成性评价、全面检测儿童和助力幼儿健康成长上均有非常大的实效。又比如新蓝青学校研究梳理的幼小衔接阶段小学生习惯养成课程实施和评价，非常全面详细地展现了习惯课程的内容、目标要求、实施策略、具体操作办法和成效，是一线学校借鉴应用的模板。特别是手册《小蜗牛习惯养成记录》和"9+21"每日打卡，让小学生的习惯养成有标可依、有据可查，真正做到全员全过程，十分高效还很有趣味性。

第三，促进幼小衔接教学行为的变革，不断完善衔接课程体系。

形成性评价不仅能持续关注并帮助儿童获得正向的指引和个性化发展，同时还能帮助教师反思改进自己的教学观念和教学行为，对整个幼小衔接课程体系的完善也有助益。

一方面通过参与研究和行动落实，无论是幼儿园还是小学，教师的儿童观、学习观、课程观以及评价观都发生了明显的变化，教学活动变得更有童趣，更适合儿童成长的需要。比如幼儿园大班采用"数学区域活动记录表"可以清楚地了解不同学生在关键经验、学习能力、学习品质三个方面的具体表现，并给予幼儿针对性的指导帮助。对学习能力较弱、关键经验还没有掌握的幼儿安排基础性的操作活动，帮助其理解感知逐步达到掌握；对能力较强的幼儿则提供更加开放性的数学活动，让其自主尝试探索发现。同样的，在小学衔接课程实施中，教师的设计理念更加契合一年级儿童的心理特征和认知规律，更多地采用情境化、游戏化、活动化的学习方式帮助学生充分利用生活经验和操作活动来学习新知、形成能力。

另一方面，通过衔接课程形成性评价的持续推进，引起教育策略的改变，进而带动一年级课程体系的改革，不断完善幼小衔接课程。以新蓝青学校为例，把9月份定做幼小衔接课程实践月，整合基础课程，打造适合一年级新生喜欢的学习场域，开发一年级学生习惯养成课程和语文、数学、英语"幼小衔接贯通"课程，形成了较为完善的幼小衔接课程体系。尤其是数学学科，探索研究课堂学习评价、作业评价和阶段性学业质量评价保障衔接课程的有效落地，帮助学生在丰富的游戏、操作活动中提高数学认知、发展数学思维和关键能力，帮助学生实现从外在的兴趣向数学本身的兴趣转化。

参考文献

陈鲲.论形成性评价理论内涵及应用——以大学英语听力教学为例［J］.中国成人
　　教育，2014，（23）：178-180.

曹飞.形成性评价前沿动向及借鉴［J］.湖南师范大学教育科学学报，2024，23
　　（02）：87-96+116.

范文倩，李媛，张一春.游戏化教学：幼小衔接教学的新趋向［J］.数字教育，
　　2018，4（04）：45-49.

冯晓霞.义务教育新课标背景下的幼小课程衔接问题［J］.上海托幼，2023，（12）：
　　8-9.

顾荣芳，王艳.3~6岁儿童健康领域的关键经验与实施路径［J］.学前教育研究，
　　2015，（10）：15-23.

核心素养研究课题组.中国学生发展核心素养［J］.中国教育学刊，2016，（10）：
　　1-3.

黄瑾，田方.论幼小衔接研究理论视域的转换——从生态系统理论到社会文化理
　　论的研究展望［J］.中国教育学刊，2022，（04）：7-12+84.

黄瑾，田方，乔慧，张萌，俞畅.教师主体在幼小双向衔接中的实践特征、现实
　　困境与协同路向——基于11省市幼-小教师的实证调查［J］.华东师范大学
　　学报（教育科学版），2023，41（11）：1-12.

吉喆.儿童发展视域下适宜性幼小衔接课程的实施路径研究［J］.课程·教材·教
　　法，2023，43（10）：11-17.

贾瑜，辛涛.关注过程：落实综合素质评价育人目标的关键［J］.中国教育学刊，
　　2023，（12）：75-80.

刘富太.形成性评价应关注学生发展——对西部农村小学英语课堂教学评价的思
　　考［J］.人民教育，2013，（17）：51-52.

李志义，黎青青.过程性评价与形成性评价辨析——工程教育专业认证视角［J］.
　　高等工程教育研究，2022，（05）：6-11.

李丽，吕雪，俞冰.学习路径支持教师专业发展模式的国际经验及其对我国幼儿
　　园师资培训的启示［J］.学前教育研究，2022，（07）：12-22.

李凌艳，张志红．为学生更好地学习成长：打通教育评价改革的"最后一公里"［J］．中小学管理，2022，（11）：9-12.

马灵君，李玲玲，闫晓琳．形成性评价在幼儿园课程实践中的应用［J］．学前教育研究，2019，（09）：85-88.

马瑞，冀小婷．"双减"政策驱动下的教育评价改革探究［J］．天津师范大学学报（社会科学版），2022，（03）：7-12.

米志旭，张美琴．幼小课程衔接：价值取向、现实挑战及优化策略［J］．北京教育学院学报，2023，37（02）：61-65.

邵朝友，周文叶，崔允漷．基于核心素养的课程标准研制：国际经验与启示［J］．全球教育展望，2015，44（08）：14-22+30.

孙明焱．多元形成性评价在小学英语教学中的有效应用［J］．中国教育学刊，2016，（S2）：8-12.

王开琳．形成性评价在幼小衔接课程中的实验研究［D］．石家庄：河北师范大学，2011.

王海英，吴爽．形成性评价视域下反馈在中小学教学管理中的运用［J］．现代教育管理，2020，（03）：103-109.

王烁，李昂扬，苏君阳．近十年国际教育评价研究热点与趋势的可视化分析［J］．黑龙江高教研究，2021，39（01）：14-22.

肖曙光．改革小学教育质量评价体系的尝试［J］．中小学管理，2002，（04）：35-36.

徐晨盈，胡惠闵．幼小衔接：从课程与教学入手［J］．全球教育展望，2022，51（07）：34-44.

亓文涛，乔爱玲．形成性评价在基础教育教学中的应用研究［J］．现代教育技术，2007，（11）：89-92.

于伟．倾听儿童的声音，寻求共鸣性理解——小学课堂教学中形成性评价的田野考察与思考［J］．教育科学研究，2019，（03）：44-48.

杨慧垚，李玉杰．日本幼小一贯教育改革对我国幼小衔接课程建设的启示［J］．教育探索，2022，（03）：89-93.

赵德成．教学中的形成性评价：是什么及如何推进［J］．教育科学研究，2013，（03）：47-51.

赵传兵．从唯量化走向多维优化——发展性评价观对教师教育评价的影响［J］．黑龙江高教研究，2014，（07）：7-9.

周欣．对学前儿童数学学习与发展监测评估价值取向的思考［J］．学前教育研究，2017，（05）：3-9.

OECD. Starting strong V: transitions from early childhood education and care to primary education［M］. OECD Publishing, 2017, 147-200.

Sara E. Rimm-Kaufman, Robert C. Pianta. An ecological perspective on the transition to kindergarten: A theoretical framework to guide empirical research［J］. Journal of Applied Developmental Psychology, 2000, 21(05): 491–511.

Stephen Kemmis, Jane Wilkinson, Christine Edwards-Groves, Ian Hardy, Peter Grootenboer, Laurette Bristol. Changing practices, changing education［M］. Singapore: Springer, 2014, 4–37.